古代歷史文化研究輯刊

二 編

王明蓀 主編

第 8 冊

東周喪葬禮制初探

李淑珍 著

戰國時代泗上十二諸侯考

林天人 著

國家圖書館出版品預行編目資料

東周喪葬禮制初探　李淑珍著／戰國時代泗上十二諸侯考
林天人著 — 初版 — 台北縣永和市：花木蘭文化出版社，2009
〔民 98〕
目 2+104 面 + 目 2+96 面；19×26 公分
（古代歷史文化研究輯刊 二編：第 8 冊）

ISBN：978-986-6449-86-4（精裝）
1. 喪葬習俗　2. 喪禮　3. 東周　4. 戰國史
538.682　　　　　　　　　　　　　　　98014106

ISBN - 978-986-6449-86-4

9 789866 449864

古代歷史文化研究輯刊
二 編　第 八 冊　　　　　　ISBN：978-986-6449-86-4

東周喪葬禮制初探
戰國時代泗上十二諸侯考

作　　者　李淑珍／林天人
主　　編　王明蓀
總 編 輯　杜潔祥
出　　版　花木蘭文化出版社
發 行 所　花木蘭文化出版社
發 行 人　高小娟
聯絡地址　台北縣永和市中正路五九五號七樓之三
　　　　　電話：02-2923-1455／傳眞：02-2923-1452
網　　址　http://www.huamulan.tw 信箱 sut81518@ms59.hinet.net
印　　刷　普羅文化出版廣告事業
初　　版　2009 年 9 月
定　　價　二編 30 冊（精裝）新台幣 46,000 元　　　　版權所有・請勿翻印

東周喪葬禮制初探

李淑珍　著

作者簡介

　　李淑珍，1961 年生於台灣新營。台灣大學歷史學學士，台灣師範大學歷史學碩士，美國布朗大學歷史學博士。目前任教於台北市立教育大學，以史學從事生命教育。

　　《東周喪葬禮制》原為師大碩士論文（1986 年完成），由杜正勝、王仲孚二位教授聯合指導。其後研究工作轉向「新儒家徐復觀與當代台灣文化」、「歷史意識與自然意識」、「中國／台灣現代思想史」等不同領域，但基本關懷則始終如一：探索人如何追尋安身立命之道，並思考儒學對當代世界的可能意義。

提　要

　　本書研究春秋戰國時代喪葬禮制，以探討周人面對死亡的態度。此外，也就此一具體、個別典禮，審視禮制的一般性原則，並從歷史中觀察周禮之實際運作及其所遭遇的困境。

　　從喪葬禮制來看，周代人在面對團體成員死亡時，一方面要遞補其人亡故後所造成的身份地位空缺，另一方面則透過喪服制度，重新強調親疏之分、上下之別，以恢復既有生活秩序。當時人對屍體的處理，採用全屍土葬方式；這固然出於慎藏遺體的孝慈之心，更與「死者有知」的信仰有關。不過，儒家喪禮理論對鬼神之說存而不論，轉而強調生者情感的抒發與節制，以多數人的心理為基準，教人去惡盡哀、致哀教孝，並節哀順變。

　　根據以上對具體典禮的探討，禮的抽象原則可以作如下了解。周禮包括廣狹二義。狹義之禮是指具體典禮，廣義之禮則包括典章制度、人倫關係、情感調節表達等三個範疇。禮具有明顯的等差精神，家庭中的「親親」是出於天性，而政治上的「尊尊」則出於政治力強迫。但行之日久，「周文疲弊」，奢侈踰制層出不窮。

　　孔子攝禮歸仁，希望使僵化的禮再度恢復生機；墨子基於功利觀點，另制薄葬短喪之法；莊子則認為，毋須拘執形軀生滅，喪禮大可取消。諸子各有喪禮主張，但戰國社會大眾則繼續流行短喪厚葬。「禮制」如何因革損益，成為歷代重大課題。

目

次

第一章　緒　論

民國 8 年 5 月 4 日，由於列強在凡爾賽和會作出山東決議案，激起中國民眾高漲的愛國心和反抗列強的情緒，北京的大學生遊行示威，由此引起罷課、罷工等一連串的事件，終於造成了整個社會的變動和思想界的革命，是爲「五四運動」。五四運動對日後中國的政治社會文化等方面的發展都有深遠的影響，而其中影響至鉅的是：儒教的無上權威和傳統的倫理觀念遭受到嚴重的打擊，而自外輸入的西方思想則大受推崇。〔註 1〕魯迅在小說「狂人日記」中寫道：

> 我翻開歷史一查，這歷史沒有年代，歪歪斜斜地每頁寫著「仁義道德」幾個字。我橫豎不睡，仔細看了半夜，才從字縫裏看出字來，滿本書都寫著「吃人」兩個字！……

反儒最烈的吳虞更提出許多歷史事實來，認爲儒家倫理就是「吃人的禮教」〔註 2〕

在反傳統、反禮教的滾滾洪流中，欲力挽狂瀾之士，也不乏其人。錢賓四先生作《國史大綱》，呼籲國人應對國史略有所知，並對國史懷抱「溫情與敬意」，不可將當身種種罪惡與弱點諉卸於古人。〔註 3〕而熊十力先生直接拈出「禮」字加以闡述：

> 禮者履也，吾人踐履中無不由禮者。日常作止語默，何在非禮之表現？……朱子以天理之節文、人事之儀則言禮，意義甚深。推禮之

〔註 1〕周策縱，《五四運動史》，楊默夫編譯（臺北：龍田出版社，民國 70 年，修訂再版），頁 1～2。

〔註 2〕同註 1，頁 448。

〔註 3〕錢穆，《國史大綱》（臺北：臺灣商務印書館，民國 74 年，修訂十二版），頁 1。

原，則本乎性矣，所謂天理之節文是也。禮之用，則顯於萬事而無
不在，所謂人事之儀則是也。禮之原即天理，此不變者也。禮之用
即儀文，此隨時而酌其宜者也，故曰三王不襲禮也。今後生無知，
妄曰喫人的禮教，而必欲打倒之。是既昧其原，又不知其用也。是
將同人道於禽獸也，惡乎可！？〔註4〕

但是在那個劇變的時代，這些呼籲並沒有得到太多回應。

六十餘年後的今天，人們隔著一段不算短的時空距離，可以比較冷靜地
評估五四運動的正負面影響。余英時先生肯定五四運動的價值，他認為：五
四反傳統，一在清除長期歷史發展的罪惡渣滓，一在克服深厚傳統的排他性
及保守性，這都是可取的；五四的錯誤是忽略對本國文化的了解，在破壞舊
意理之後，並未有效重建完整的新精神。〔註5〕林毓生先生則指出，五四人物
雖然主觀上自覺地極力要攻擊中國的傳統，而實際上他們卻未能從傳統的一
元論的思想方式中解放出來，因而犯了許多「文化化約主義」的謬誤。人們
儘可以摒棄傳統中國社會中所有的罪孽，但無須攻擊整個傳統中國文化。他
主張對儒家人文主義作「創造的轉化」，將「仁」從傳統的「禮」中分離開來：
先秦儒家雖以追求「仁」與「禮」之間的均衡為最高理想，但「仁」較「禮」
為優先；「禮」之意義在於提供一個養「仁」的架構，「禮」本身並無意義，
而「仁」的價值與意義是獨立於「禮」的。〔註6〕

簡短地回顧這一段歷史，我們發現：對「禮」或「禮教」的不同態度，
決定了五四時期「反傳統」與「維護傳統」兩派陣營的立場，也影響後來學
者評估五四價值的角度。吳虞等人攻擊孝道和不平等的階段制度，將之均劃
歸為禮教的罪惡；而熊十力則認為禮之儀文盡可因時而變，但禮之本原不可
動搖；林毓生則將仁與禮二分，似乎暗示傳統的禮的架構不妨捨棄或變更，
而仁的觀念可與西方自由人文主義相互整合。

由此看來，我們可以肯定：對禮的了解關繫到對中國傳統文化的評價；
「禮」可說是傳統文化中關鍵的部分。但是，「禮」究竟是什麼？以上諸人並
沒有明確告訴我們。而如果不能確定「禮」的內容，我們無從判斷諸說之是

〔註4〕 熊十力，《十力語要》，（臺北：洪氏出版社，民國64年），卷一，頁27。
〔註5〕 余英時，《『五四』文化精神的反省》。收於：林能士、胡平生合編，《中國現
　　　　代史論文選輯》，（臺北：華世，民國69年，再版），頁188～201。
〔註6〕 林毓生，《五四時代的激烈反傳統思想與中國自由主義的前途》，收於：氏著
　　　　《思想與人物》，（臺北：聯經，民國72年），頁194～196。

非，更無從決定對固有傳統應抱持的態度。

要了解「禮」的內容及其運作情形，對禮教最盛的周代加以研究，是一重要途徑。當然，正如語源學不能代替思想史，我們絕不能以周代行禮情形籠統概括以下二千年的發展。不過，周代文化是中國精神文明的總泉源，二千年來一直是中國讀書人嚮慕的理想。因此我們探討周代禮制，不僅是一溯源的工作，同時也是探索一個不斷再現的母題。

禮在周代社會的重要性究竟如何？《禮記‧曲禮》曰：

> 夫禮者，所以定親疏，決嫌疑，別同異，明是非也。……道德仁義，
> 非禮不成。教訓正俗，非禮不備。分爭辨訟，非禮不決。君臣上下
> 父子兄弟，非禮不定。宦學事師，非禮不親。班朝治軍，涖官行法，
> 非禮威儀不行。禱祠祭祀，供給鬼神，非禮不誠不莊。

總而言之，「安上治民，莫善於禮」（《禮記‧經解》），當時的禮綜合了後世所分化的道德、法律、政治、宗教等各種範圍，而成為一種極有力的社會規範。〔註7〕

「禮」字的本義，原與祭祀有關。《說文》：「禮、履也。所以事神致福也。從示從豐。」王國維先生說：「豐」象二玉在器之形，原指行禮之器，其後字義日漸擴大：

> 盛玉而奉神人之器謂之㘞若豐，推之而奉神人之酒醴亦謂之醴，又
> 推之而奉神人之事通謂之禮。〔註8〕

後來「禮」的意義進一步擴大，不單是指宗教儀式而已，一些與世俗有關的儀式也包括進去。但是，一直到戰國時代為止，所謂八禮（《禮記‧昏義》）、九禮（《大戴禮記‧本命》）、十禮（《禮記‧仲尼燕居》），都指的是具體的典禮，包括：朝覲、盟會、錫命、軍旅、祭禱、藉蜡、喪葬、蒐閱、射御、聘問、賓客、學校、選舉、婚配、冠笄等等；〔註9〕至於抽象的孝、悌、忠、信等德目，則是從具體的典禮中抽繹出來的原則。〔註10〕《說文》所謂「禮，

〔註7〕加藤常賢，〈正統的思想〉，蔡懋棠譯。收於：東京大學中國哲學研究室編，《中國思想史》（臺北：臺灣學生書局，民國67年），第一章，頁4。

〔註8〕王國維，〈釋禮〉，《觀堂集林》卷六，收於《王觀堂先生全集》（臺北：文華，民國57年），冊（一），頁172～173。

〔註9〕沈文倬，〈略論禮典的實行和『儀禮』書本的撰作〉（上），《文史》第十五輯，頁28～29。

〔註10〕加藤常賢，前引文，頁6。

履也」，正是指具體典禮的演練實踐。

由於這個緣故，我們要探討周代禮制，就不能離事言理，而應從實際具體的典禮上來了解它的內涵。惟有仔細考察了具體、個別的事實，才能歸納出普遍性的原則，這也正是歷史學的特色。

在眾多的典禮中，我們選擇喪禮作爲研究主題。凡對禮書稍作瀏覽的人，都會發現：喪禮在禮書中佔了最多篇幅。《儀禮》十七篇中，〈喪服〉、〈士喪禮〉、〈既夕禮〉、〈士虞禮〉等篇皆專載喪制喪事之禮，佔全書十七分之四；《禮記》四十九篇中，專論喪服喪禮者有：〈檀弓上〉、〈檀弓下〉、〈曾子問〉、〈喪服小記〉、〈大傳〉、〈雜記上〉、〈雜記下〉、〈喪大記〉、〈奔喪〉、〈問喪〉、〈服問〉、〈間傳〉、〈三年問〉、〈喪服四制〉等十四篇，佔全書七分之二，而其餘篇章的零星記載尙不包括在內。〔註 11〕這不但表示儒家最重視喪禮，也反映喪禮在周代已發展成爲極精密複雜的制度，同時對社會的影響也最爲深遠。因爲：死亡是每人必然的歸宿；親人死亡是對人最沈重的打擊；成員死亡往往造成社會團體的分裂；對鬼神的畏懼影響了生者的作息。爲了治辦喪禮，人們投下龐大的人力物力；爲了服喪盡哀，正常生活俱告停頓。由於這種種因素，在春秋戰國的轉型期中，諸子常藉著對既有喪禮的擁護、改革或批判，來表達他們對傳統禮制的不同態度。選擇喪禮作討論主題，可以讓我們從多種角度探討禮的內容，幫助我們認識禮的全貌。

在先秦典禮中，《儀禮》一書詳細記載了士喪禮的參與人員、舉行地點、大小器物、儀節流程……，其書性質類似典禮程序單，在當時可能是相禮者必備的手冊，今日成爲我們了解古代喪禮不可或缺的寶貴資料。或問：《儀禮・士喪禮》所載是否能代表春秋時代的喪葬禮俗？——這個問題可就《儀禮》整體及〈士喪禮〉本身分別來看。

就儀禮整體而言：清儒顧棟高因《左傳》引經不及《儀禮》，而疑是書非周公本文。〔註 12〕錢穆先生亦認爲古代沒有專門的禮典；《楚語》載申叔時論教太子之課目，包括歷史及制度方面的掌故，均可統名爲「書」，「書」即「禮」也，「書」言其體，「禮」言其用。〔註 13〕但是，清儒俞正燮主張《儀禮》的

〔註 11〕 徐福全，〈儀禮士喪禮、既夕禮儀節研究〉，（師大國文所碩士論文，未刊，民國 68 年），頁 422。

〔註 12〕 顧棟高，《左氏引經不及周官儀禮論》，收於氏著《春秋大事表》（臺北：廣學社，民國 64 年），卷四十七，頁 3060～3063。

〔註 13〕 錢穆，《國學概論》（上海：商務，民國 20 年），頁 21。

確行於春秋時代，因為「時行其儀，故不復引其文句」。〔註14〕近人沈文倬折衷二說，而認為「典禮的實行年代」和「禮書的記錄年代」不必然一致。典禮的實踐先於文字紀錄而存在，禮器、禮儀在歷史進程中不斷從簡單而複雜，逐漸擴充完善；而禮書本身要到春秋戰國之間才撰述於簡冊。〔註15〕依照沈氏之說，則《左傳》引經雖不及《儀禮》經文，而此固不妨《儀禮》所載典禮在春秋時期舉行，二者並不矛盾。其說言之成理，我們可以接受。

再就〈士喪禮〉本身來看。據文獻記載，〈士喪禮〉的成書年代，是春秋晚期。《禮記・雜記下》：「恤由之喪，哀公使儒悲之孔子學士喪禮，士喪禮於是乎書。」當然，《士喪禮》所載各項儀節，未必放諸各國而皆準；何況在春秋時代二百四十餘年間，各國禮俗亦有流變。例如：殽之戰後，「晉於是始墨」（《左傳・僖卅三》）；魯「冬葬敬嬴，旱無麻，始用葛茀」（《左傳・宣八》）；「敗於狐駘，國人逆喪者皆髽，魯於是始髽」（《左傳・襄四》）。但一般而言，這些變更並未動搖喪禮主要架構，〈士喪禮〉可以與《左傳》、《禮記》、《周禮》等書互證。我們固然不排除〈士喪禮〉中有添入戰國材料的可能，但大體說來，《儀禮・士喪禮》所載可以代表春秋時代的喪葬禮俗。

除了禮書之外，我們還要借重史籍。《左傳》、《國語》雖然鮮少對典禮刻意敘述，但是在當時人的言行活動中，不時閃現行禮時的吉光片羽。根據史籍的敘述，我們可以具體地看到喪禮在特定時空下的運作，也看到喪禮的遞變情形。近年來豐富的考古墓葬資料相繼出土，有的補充了文字史料之不足，有的可與現有史料相互印證。但是，對考古資料的解釋必須謹慎，僅憑墓坑形制就要推測社會性質的做法，〔註16〕不足為訓。

由於文字史料的限制，本文討論的時間範圍以春秋戰國時代為主（西元前8世紀至前3世紀），對西周部分僅以若干考古資料加以補充。討論的地域，以中原及山東半島為主，偶及南方的楚與西方的秦，大體上求其通相，未遑詳列地域差別。

〔註14〕俞正燮，《儀禮行於春秋時義》，見氏著《癸巳類稿》，卷二。收於《安徽叢書》第四十八冊。

〔註15〕沈文倬，前引文，頁30。

〔註16〕仰韶文化橫陣墓地中，十五座合葬多人的小墓坑，分別套在三個大集體埋葬坑內。有的學者推測小坑各屬母系家族，大坑為氏族集體合葬；有的學者卻認為小坑屬對偶家庭，大坑則是母系家族。根據這麼少的資料就要下推論，必然意見紛紜莫衷一是。見：中國社會科學院考古研究所編，《新中國的考古發現和研究》（北京：文物出版社，1984年），頁66～67。

全文除緒論與結論之外，主體分作四章。

第二章「喪葬習俗所顯現的社會倫理規範」，討論團體如何因應成員的死亡？家庭、社群、政治關係如何重新整合？從中我們可以看到禮具有強調等差的精神。

第三章「全屍土葬習俗與死後世界觀」，討論周代的全屍土葬習俗及其動機，並探討喪禮中反映的魂魄鬼神觀念；藉此我們可以考察「周文」對「殷鬼」所作的轉化及其侷限。

第四章「儒家喪禮理論」，討論儒家如何避開鬼神問題，而專就生者情感的抒發與節制來詮釋喪禮儀節。並探討：儒家主張三年之喪的根據何在？三年之喪的實際實施狀況如何？進一步則反省禮從「因人之情」到「坊民之欲」的理論兩難及實施困境。

第五章「世變下的喪葬習俗與生死難」，討論墨家、道家、神仙方士思想對傳統喪禮的反動，並考察戰國民眾的厚葬風氣，最後則就禮制本身「文勝之弊」來檢討禮教的式微。

筆者雖志在探討禮制一般性原則，但並不急於蹈空下結論，因此全文仍以喪葬之禮為主體，最後才與禮的一般性原則互相參證。至於所言是否有中，則不敢自信妄斷，惟作為個人此一階段所學所思之紀錄而已。

第二章　喪葬習俗所顯現的社會倫理規範

第一節　喪禮中家族與社群關係的凝結

　　「死生亦大矣」。要探討死亡對人類的意義，不能只就一個生物個體生命的終結來看，同時必須從整個社會著眼，考察一個成員的消失對於社群的影響。〔註1〕換言之，我們要探討的主題是：死亡對團體構成何種威脅？團體以何種方式來因應、調適成員死亡所帶來的衝擊？

　　這裏首先牽涉到團體的社會性質。人類學家認為，「同質社區」與「異質社區」對成員死亡的反應，顯著不同。所謂「同質社區」，是指住在這一社區的成員不論在職業上、看法上甚至思想上，大都一致。所以會有這種現象，是因為他們世代定居於此，甚少流動，經驗相同，生活背景也相同。在這種社區生活的成員，社區意識濃厚，每個人聲氣相通、息息相關，一旦其中有一人不幸去世，對整個社區的震撼就非常大。反之，在居民流動性大的「異質社區」，人們因偶然的因素才聚居在一起，沒有相同的經驗與生活背景，而職業、看法也各自不同，彼此關係一向疏遠。即使居民中有人死亡，除了死者的近親之外，別人的反應大多相當漠然。〔註2〕

　　從這個標準來看，西周與春秋時代的基層社會，顯然是同質社區。對於周代的聚落組織及生活型態，杜正勝先生論之甚詳。當時的聚居型態主要有兩類：一為城外的農莊，名曰「邑」；一為城內的聚落，名曰「里」。邑與里的範圍都

〔註1〕 Maurice Bloch & Jonathan Parry, "Introduction," *Death and the Regeneration of Life*（Cambridge: Cambridge University Press, 1982）, pp. 2～4。

〔註2〕 石磊，《喪葬儀式與社會結構》，收於《生命禮俗研討會論文集》（臺北：中華文化復興運動推行委員會編，民國73年），頁127。

很小，不過三五十家。〔註3〕邑、里成員的關係，除了血親之外，尚包括姻親和朋友。〔註4〕他們雖然不全靠血緣聯繫，却也構成相當嚴密的共同體：邑里四周築牆種樹，區別內外，使同聚落的人產生認同意識；居民出外耕作，早出晚歸，皆通過門閭，門閭有父老、里正專人坐鎮、管理開闔；邑里各有旌旗標幟，區別人群。這是外在的建構。而就日常生活言，農具仍以木製石製的耒耜為主，個人生產力不高，必須採取互助合作的「耦耕」方式，集體生產；而領主徵賦役亦以整個聚落為單位，居民彼此協調，使勞逸平均。此外，邑里春秋祭酺、祭禜、祭州社，歲末索祭鬼神，費用由眾人均攤，祭畢共享酒肉；既是祭祀，也是社交與娛樂。居民既不輕易遷徙他處，連職業也是世襲。〔註5〕

聚落既小，成員生活經驗幾乎完全共享，彼此之間關係非常緊密。所謂「出入共守，疾病相憂，患難相救，有無相貸，飲食相召，嫁娶相謀，漁獵分得」《韓詩外傳·卷四》，生動地刻劃出當時的生活情況。在這樣緊密的共同體中，一旦有人不幸死亡，不啻晴天霹靂，整個社群的生活都受到影響，社群成員心中的哀慟不可言喻。如果死者是社群的領導人物，震撼更大，造成共同體社會難以彌補的創傷。在此時刻，如何克服死亡所帶來的悲痛、恐懼的陰影，使團體整合儘快地恢復，以免社群生活瀕於崩潰癱瘓，是當時社會的當務之急；而喪禮就是團體重新凝結的儀式性表現。〔註6〕

由於喪禮有重建團體整合的重大意義，因此即使生者與死者個人之間曾有嫌隙，此時也必須盡釋前嫌，前來參加喪禮。魯國的穆伯強娶其弟襄仲已聘之女，穆伯死時，襄仲銜怨未消，不願去哭他。惠伯好言勸道：

> 喪，親之終也。雖不能始，善終可也。史佚有言曰：兄弟致美、救
> 乏、賀善、弔災、祭敬、喪哀，情雖不同，毋絕親愛，親之道也。
> 子無失道，何怨於人？

襄仲才回心轉意，帥兄弟以哭之（《左傳·文十五》）。正因為喪禮可反映家族與社群的凝結程度，所以晉國的士蒍認為，能夠「讓事、樂和、愛親、哀喪」的民眾，才經得起戰爭的考驗（《左傳·莊廿七》）。

〔註3〕 杜正勝，《古代聚落的傳統與變遷》，收於《第二屆中國社會經濟史研討會論文集》（臺北：漢學研究資料及服務中心，民國72年），頁214～215。

〔註4〕 同註3，頁221。

〔註5〕 同註3，頁228～235。

〔註6〕 馬凌諾斯基，《巫術、科學與宗教》，朱岑樓譯（臺北：協志工業叢書出版公司，民國67年），頁33。

不過，儘管喪禮強調團結，亦即強調「和」與「同」的一面；但在「和」「同」中，却也不是毫無「序」與「異」。喪禮中並不是眾人哭作一團就能重建團體整合；相反的，它要藉著親疏之別、貴賤之等的不同表現，來恢復原有的團體秩序。前述周代聚落的成員關係有血親、姻親、朋友等三類，他們基於邑里建構與生活型態而緊密凝結，這種凝結在與外面的人群、外面的邑里對照時特別看得出。然而就邑里內部本身觀察，畢竟還是得承認它的成員有親疏之別、上下之分；愛有差等，血親、姻親、朋友的份量還是輕重不同的。我們先看家族。

一、服制所表現的親屬結構特色

在談喪禮實際進行狀況及族人的角色之前，我們必須先了解族的結構。一個人死亡以後，族人需依生者與死者之間的親疏關係，為死者守喪，喪服輕重及喪期長短各有不同。《儀禮·喪服》所載服制，最能顯現當時的親屬結構特色。〈喪服〉經傳保留父家長制精神，強調宗子、長子地位，同時又有臣為君服喪的規定，顯示它有古代社會遺風；但是它重五世小宗而不重百世大宗、重父系而輕母系妻系，則較適用於戰國平民社會，不適用於西周春秋時代的貴族。因此杜正勝先生認為，喪服可能是戰國人根據春秋晚期以來的社會，揉合古禮、斟酌損益而成的過渡時代體制。〔註7〕此外，章景明先生考察先秦史料，也發現當時所行喪服與儀禮所載頗有出入。〔註8〕不過，本節所討論的喪禮，本以士階層為主，士已接近平民；而已知若干出入，尚不致動搖〈喪服〉所述基本骨架，因此我們仍根據〈喪服〉篇來看春秋時代的親屬結構特色。

透過喪服與喪期所表現的族人親疏距離，共有八種：斬衰三年、齊衰三

〔註7〕 杜正勝，〈傳統家族試論〉（上），《大陸雜誌》，第六十五卷二期，民國71年，頁1。杜先生在這篇文章中較傾向「喪服主要為戰國創制」的說法，但近來對此說已有所修正。

〔註8〕 章景明舉出的例子包括：(1)喪服篇為妻齊衰杖期，而叔向（《左傳·昭十五》）及墨子（〈非儒〉、〈節葬〉）都說為妻三年。(2)〈喪服〉篇規定出妻之子為母齊衰杖期，可是孔子子思後不喪出母（《禮記·檀弓》）。(3)喪服君為妾無服，而魯哀公為妾齊衰（〈檀弓〉）、晉平公為妾少姜「在衰絰之中」（《左傳·昭三》）。(4)〈喪服〉篇僅「諸侯之大夫為天子」服繐衰，而子柳之妻為叔仲皮服繐衰環絰（〈檀弓下〉），衛靈公為公子鮮「喪之如稅服終身」（《左傳·襄廿七》）。見氏著《先秦喪服制度考》，儀禮復原研究叢刊（臺北：中華書局，民國60年），頁25～26。

年、齊衰杖期、齊衰不杖期、齊衰三月、大功九月、小功五月、緦麻三月。
大致說來，斬衰三年是為至尊所服的喪服，如子為父、妻為夫、妾為君、女
子子在室為父等；齊衰三年則是母子的守喪關係　。但是自此以下的親屬關
係，就很難純依這幾種類別來掌握了。

幸好《禮記‧大傳》扼要地提出了幾項原則，堪稱「喪服總綱」：

> 服術有六：一曰親親，二曰尊尊，三曰名，四曰出入，五曰長幼，
> 六曰從服。

陶希聖先生即根據這六項原則，來談〈服制之構成〉。〔註 9〕但是在此六項原
則背後，還有更基本的支配因素，這是〈大傳〉論服術的前提：

> 聖人南面而治天下，必自人道始矣。立權度量，考文章，改正朔，
> 易服色，殊徽號，異器械，別衣服，此其所得與民變革者也。其不
> 可得變革者，則有矣：親親也，尊尊也，長長也，男女有別，此其
> 不可得與民變革者也。

「服術有六」中的「親親」、「尊尊」、「長幼」，即此所謂親親、尊尊、長長；
服術中的「出入」與「從服」，可視為親親的輔助說明（即疏疏也）；而服術
中的「名」，則是男女有別。從這裡面我們可以看到本族血親之間的關係，也
可以看到本族與他族，即血親與姻親的關係。

由於「親親」，所以親本族、疏外族。本族的範圍，是由己上推四代、下
推四代、旁推四支，即〈大傳〉所云：「四世而緦，服之窮也。五世袒免，殺
同姓也。六世而親屬竭矣。」

由於「親親」，親者重服，疏者輕服，所以原則上旁親一世服期，二世服
大功，三世服小功，四世服緦麻。〔註 10〕此外，「親親故尊祖、尊祖故敬宗，
敬宗故收族」（〈大傳〉），長男具有特殊社會地位，故父為長子服斬衰三年（為
眾子齊衰不杖期），祖為嫡孫服齊衰不杖期（為庶孫大功九月），丈夫婦人為
宗子、宗子之母妻服齊衰三月。

由於「尊尊」，本來父母正服為期、祖宜大功、曾祖小功，而皆以尊遞加，
成為為父斬衰三年、父沒為母齊衰三年，為祖父母齊衰期，為曾祖父母齊衰三月。
〔註11〕此外，爵位高者較爵位低者為尊：雖然大夫對直系的曾祖父母、祖父母、

〔註 9〕陶希聖，〈服制之構成〉，《食貨》復刊第一卷九期，民國 60 年。
〔註 10〕同註 9，頁 13。
〔註 11〕胡培翬，《儀禮正義》（臺北：商務，民國 57 年），卷廿三喪服經傳，「曾祖父

嫡孫為士者所服一如眾人，但大夫對旁系的世父母、叔父母、昆弟之子為士者，則由原來的期服改為大功；〔註12〕除非旁系親屬亦為大夫，才不受影響。

「長幼」原則，見於三殤之服。《儀禮‧喪服傳》曰：「年十九至十六為長殤，十五至十二為中殤，十一至八歲為下殤。不滿八歲以下，皆為無服之殤。」大抵長殤中殤，降成年人之服一等，下殤則降二等。例如：期親之長殤中殤，由期服降為大功。期親之下殤，降為小功。男子縱使不滿二十歲，只要行過冠禮婚禮，即不為殤；女子則十五許嫁笄不為殤。這是因為：行過冠禮婚禮就已代表踏入成人社會，成為眾人認可的團體成員，故死亡時亦以成人之禮待之。

「親親」、「尊尊」、「長幼」，都是專就本族來說的。而當本族與他族產生婚姻聯繫時，則多了「出入」、「從服」、「名」三種服術。女子由本宗出嫁異姓，為本宗之服因出而降，是為「出入」。妻為夫族從夫之服而降一等，夫為妻黨外親皆服緦，子為母黨外親亦皆服緦（惟為外祖父母以尊加為小功、為姨母以名加為小功，則是例外），是為「從服」。從異姓來歸的婦人，各從其夫之名，定其服制：「其夫屬乎父道者，妻皆母道也。其夫屬乎子道者，妻皆婦道也」（《禮記‧大傳》），而兄弟之妻非母非婦，上下不明，男女之間易生嫌疑，故叔嫂生前不通問，死後亦不相為服；是為「名服」。

總括言之，喪服親屬制度的特色是：特重男性血親，亦即特重父系本族；強調嫡長地位，具有濃厚宗法色彩；雖與外族聯姻，但母族、妻族不受重視。〔註13〕在細密繁複的服制中，體現了親親、尊尊、長長、男女有別的「周道」精神。

二、喪禮中族人的角色

瞭解了親屬結構，再來看喪禮中族人的角色，便可一目瞭然。

儀禮士喪禮、既夕禮，是士喪其父母時所行之禮。喪禮的儀節，若根據對死者屍體的處理來劃分階段，則包括襲（始死之日）、小斂（死之第二日）、大斂（死之第三日）、停殯、葬等五個階段。

始死之日，族人紛紛趕來奔喪。在「正寢」室中，夾著尸床的是與死者最

母」條。
〔註12〕石磊，〈儀禮喪服篇所表現的親屬結構〉，中研院民族所集刊，第五十三期，民國71年，頁39。
〔註13〕石磊，〈儀禮喪服篇所表現的親屬結構〉，頁1。杜正勝，〈傳統家族試論〉，頁2。

親的斬衰之親，包括主人、眾主人（即死者之長子、眾子）和婦人（即死者之妻妾與在室女兒）。男女分開，男在床東、女在床西；主人主婦各居男女之前。較疏遠的齊衰大功之親，即「親者」（包括死者的諸父諸兄，諸姑姊妹，以及孫男孫女、姪男姪女），亦立於室中。更疏遠的小功緦麻之親，就不擠進室裏了。為謹男女之辨，眾婦人立於室戶外，眾兄弟則立於堂下〔註14〕眾人哭位略如圖一所示。〔註15〕哭位的安排，正是親疏差等、男女有別的明白寫照。

圖一：哭位圖

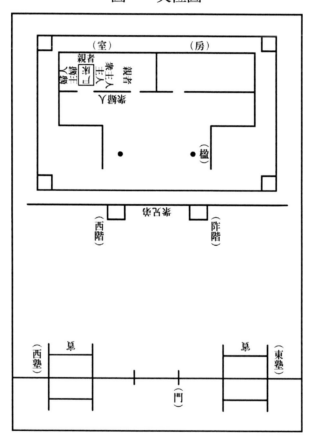

除了死者以外，喪禮中的靈魂人物，當屬主人。主人親為死者飯含（按：

〔註14〕 胡培翬，《儀禮正義》，卷廿六，士喪禮，「尸在室主人以下哭位」條。

〔註15〕 參考黃以周，《禮書通故》（臺北：華世，民國65年），第四十八，禮節圖三，「始死陳襲圖」。按：黃氏將室內主婦身後之「婦人」寫作「眾婦人」，易與室外「眾婦人」混淆，今據《儀禮》經文改作「婦人」。又，黃氏未列入「親者」，今亦添入。

將米、貝放入死者口中，代表最後一次侍奉親長飲食），率領眾主人、婦人舉哀哭踊，答謝前來弔唁的親友賓客以及國君；此外，筮宅兆、視槨視器，乃至啓殯下葬、反哭虞祭，都由主人出面主持。石磊先生將主人和其他親屬並列爲喪禮中的「參與者」，而把祝宗卜史等說成儀式的「主持者」，〔註16〕值得商榷。固然祝宗卜史嫻習儀式程序，又能通神，儀式的進行往往由他們帶領，但他們只能算是「相禮者」、「司儀」，絕不能說是主持人。喪禮中另有熟悉家務的人實際籌措大小事宜，〔註17〕如《荀子·禮論》云：「脩士之喪動一鄉，屬朋友。」楊倞注：「屬者謂付託之使主喪也」。《史記》稱項梁殺人，避仇於吳中，每吳中有大繇役及喪，項梁常爲主辦，陰以兵法部勒賓客及子弟（〈項羽本紀〉）；但是這也只能算今日所謂治喪委員會的總幹事，不是「喪主」。

據《儀禮·士喪禮》所載，親有喪時，長子爲喪主。但其實在許多情況下，親喪未必皆由子主喪。《禮記·奔喪》談到喪主的人選：

> 凡喪：父在，父爲主。（鄭玄注：與賓客爲禮，宜使尊者。）
>
> 父沒，兄弟同居，各主其喪。（鄭玄注：各爲其妻子之喪爲主也，祔則宗子主之。）
>
> 親同，長者主之。（鄭玄注：父母沒，如昆弟之喪，宗子主之。）
>
> 不同，親者主之。（鄭玄注：從父昆弟之喪。）

這裏所揭櫫的，正是「親親故尊祖，尊祖故敬宗」，以嫡長爲優先的宗法精神。只要有嫡系的尊長在，就由嫡系尊長爲喪主；若尊長已不在，同輩之喪，則由宗子主持。

至於《儀禮》所假定的狀況，則是宗子本身遭父喪的情形：由他擔任喪主，出面主持儀式、領導族人、應對賓客、拜謝國君，正表明了他是合法的繼承人，在喪禮的公開場合上得到眾人的認可。就整個團體而言，一個成員雖死，但馬上有人遞補繼承他的身份和責任，使團體仍能像往常一樣地運作，減輕了死亡所帶來的強烈衝擊。由嫡長任喪主的意義應該在此，豈只是「與賓客爲禮，宜使尊者」而已！《公羊傳》記載曹公子喜時所以讓國，就是由於「見公子負芻之當主也」；負芻既自居爲繼承人、擔任喪主，喜時乃「逡巡而退」（《公羊傳·昭二十》）。

〔註16〕石磊，〈喪葬儀式與社會結構〉，頁125。

〔註17〕尚秉和，《歷代社會風俗事物考》（臺北：商務，民國64年臺三版），頁256。

　　喪禮中主人地位居首，相形之下，其他人就是次要的了。斬衰之親隨主人行禮、答禮，終喪禮不輟。齊衰以下在始死當天群集，並向死者致襚。大斂之後，小功以下可以各自回家，直到啓殯送葬時再來。下葬反哭之後，小功與異門大功就不再來了。〔註18〕

　　各級親屬爲死者守喪，除了喪期不等、喪服有別之外，還有容體、聲音、言語、飲食、居處的不同禁忌；恩愈深者哀愈重，哀愈重者禁忌愈嚴，反之亦然。〔註19〕這裏面親疏的差等是很明顯的。

　　或問：既然在喪禮中要加強家族的凝結，何以還要將親疏之別分得那麼清楚？如此反而顯得見外了。對這個問題，我們嘗試這麼回答：家族團體生活的運作，平時就建立在親疏的差別上；遇到像死亡這樣的危機，重新強調親疏差等，使彼此的關係再次清晰定位，這正有助於維護既有的生活型態，使團體能安然度過難關。此其一。再者，親疏長幼的關係是相對的，不比政治上下關係那樣絕對；在家族中以每個人自我爲中心，都各自有其不同的五服之親。這一次有族人死亡，我只服總麻，居於親屬範圍的最邊緣；下一次我却可能遭到斬衰之喪，又居於親屬範圍的核心。強調親屬差等，其重點不在於排斥輕服親屬，而毋寧是藉著親疏的對照，更加強重服親屬彼此之間之權利義務關係。藉著「序」「異」而能達成「和」「同」，其理由在此。

　　喪禮收族的另一表現，是「族墳墓」。

　　《周禮・地官大司徒》：「以本俗六安萬民。……二曰族墳墓。」同族合葬，不僅平民如此，貴族亦然。〈春官墓大夫〉：「掌凡邦墓之地域，爲之圖，令國民族葬，……使皆有私地域」，這說的是平民墓地。〈春官冢人〉：「掌公墓之地，辨其兆域而爲之圖。先王之葬居中，以昭穆爲左右，……各以其族」，這則是指貴族墓地。在考古發掘中，河南省三門峽上村嶺虢國墓地，和湖北省江陵雨臺山楚墓群，分別是典型的公墓和邦墓。公墓的特點是幾種不同等級的貴族共葬一地，而幾座身分最高的墓居於墓地中部；邦墓則墓葬形制和隨葬器物都無太大差別，地位皆不高，〔註20〕這和文獻資料大抵相合。

　　據說齊太公封於營丘，五世皆返葬於周，君子謂之不忘本（《禮記・檀弓

〔註18〕胡培翬，《儀禮正義》，卷三十，「反哭於廟於殯宮出就次於是將舉初虞之奠矣」條。

〔註19〕見《禮記・間傳》。

〔註20〕王世民，〈中國春秋戰國時代的冢墓〉，《考古》，1981年，（5），頁464～465。

下》），由此可以看出氏族成員對族葬的重視。反之，女未廟見而死，「不遷於祖，不祔於皇姑，……歸葬于女氏之黨，示未成婦也」（《禮記‧曾子問》），他族女未經舅姑之靈的認可，是不得葬於本族族墓的。

三、朋友與鄉人的參與

比起家族成員，朋友、鄉人在喪禮中的份量又輕了許多。

朋友有廣義與狹義。廣義的朋友，包括只聽過姓名的「相趨」；打過照面，略有往還的「相揖」、「相問」；還有正式執摯行過相見禮的「相見」（《禮記‧雜記下》）。這些人依其交情深淺，前來弔唁生者，哀悼死者。有的致襚賻賵（按：致贈奠儀），有的協助饋奠。〔註21〕到送葬的時候，「相趨也出宮而退，相揖也哀次而退，相問也既封而退，相見也反哭而退」，而狹義的「朋友」——真正算朋友的朋友——在虞祔（按：安葬後返家安魂之祭）之後才離開（《禮記‧雜記下》）。只有這種朋友，才為死者服麻（《儀禮‧喪服記》）；也只有這種朋友，才能夠說「生於我乎館，死於我乎殯（按：停靈）」（《禮記‧檀弓上》）吧！

鄰里鄉人雖不為死者服喪，但他們平時與喪家朝夕相處，情感十分深厚；喪家遭逢不幸，他們懷著悲悼之心，儘量予以協助。從始死到大斂，喪家「惻怛之心，痛疾之意，傷腎乾肝焦肺，水漿不入口，三日不舉火」，鄰里乃為糜粥以食之（《禮記‧問喪》）。而且，「鄰有喪，舂不相。里有殯，不巷歌」（《禮記‧曲禮上》），鄰里間的氣氛變得低沉凝肅。出殯時，鄉人參加執紼；下葬時，鄉人幫忙盈坎實土（《禮記‧雜記下》）。若有人族屬凋零殆盡，死時無親無故，則「前後家，東西家」還要義不容辭地負起喪主的責任（〈雜記下〉）。這些都是成員關係緊密的邑里共同體中的特有現象。

第二節　喪禮中政治關係的重整

相對於邑里內部成員那種因生活型態而彼此緊密聯結的情感，邑民與領主貴族、或里民與國君之間的關係，就顯得比較勉強。邑里是由血緣及共同生活等因素自然結合而成的共同體，而國君與貴族則主要是透過政治性的征服或封賞，取得了對邑里的統治權。如果統治與被統治者利害與共，那麼上下尚可和諧相處，對外採取一致步調，反之，若上下不相得，貴族就很難守住他的采邑，

〔註21〕《禮記‧曾子問》：「大夫齊衰者奠，士則朋友奠。」

而國君也會失去里民（即國人）的支持。如：子木暴虐於其私邑，邑人訴之，鄭人省之，得晉諜焉，遂殺子木（《左傳·哀十六》）；宋公子鮑（《左傳·文十六》）、齊國陳氏（《左傳·昭三》）則陰施德於民而得國。因此，貴族固然須小心維護他與邑民的「假血緣聯繫」；〔註22〕而對於能「詢國危、詢國遷、詢立君」的國人（《周禮·小司寇》），統治者更要刻意善待才行。〔註23〕

　　遇有民眾死亡，統治者在喪禮上表達慰弔之意，可以博得眾人好感，增加民眾對統治者的向心力。宋陽門之介夫死，司城子罕入而哭之哀，而民悅，晉人之諜反報晉侯，謂宋不可伐。孔子聞之，讚美其人善於覘國：「詩云：凡民有喪，扶服救之。雖微晉而已，天下其孰當之？」（〈檀弓下〉）。而統治者死亡時，民眾為之治喪、服喪，一方面表示不忘舊恩，另一方面也與嗣立君主建立新的從屬關係。若有一方拒絕接受對方之禮，那就顯示從屬關係岌岌可危了。例如：孟儒子想在成邑養馬，成宰以民病不受，孺子怒成人。及其父孟懿子卒，孺子為喪主，成人來奔喪，孺子弗納。成人袒免哭于衢，請聽命供使，弗許。成人因而懼不敢歸（《左傳·哀十四》），次年成遂叛。

　　至於同為統治階級的天子、諸侯、卿大夫之間，在封建宗法下，大都有血緣關係。本於同族愛親哀喪之情，在喪禮中互相弔唁，本是應該。而對異姓諸侯、異姓客卿之喪，基於道義禮貌，也前往致哀。

　　政治關係和家族一樣，在和同中也存在著差等秩序。家族中的差等，是基於親疏之別，表現於服制上；而在政治關係中的差等，是基於上下貴賤，表現在喪禮的排場上。

　　但是東周以來，「天下無道，禮樂征伐自諸侯出」（《論語·季氏》），乃至大夫主盟會、陪臣執國命，漸次陵夷。君臣之間的「親情」早就蕩然無存，上下等級的紀綱也已鬆弛，剩下的只有利害關係。這個「高岸為谷，深谷為陵」的變動過程，也反映在喪禮中。為了敘述上的方便，以下我們分就國內與國際喪禮來看，最後再談喪葬等級制度。

一、國內喪禮弔唁

　　國內喪禮，又可分臣喪與君喪兩種。先看君弔臣喪。

〔註22〕杜正勝，〈古代聚落的傳統與變遷〉，頁226。
〔註23〕增淵龍夫，〈春秋戰國時代的社會與國家〉，杜正勝譯。收於杜正勝編，《中國上古史論文選集》（臺北：華世，民國68年），頁863～867。

雖都名爲臣，但是君對士與對卿大夫的待遇有很大差別。

從生病開始，「卿大夫之疾，君問之無算」，而對士只一問之（《禮記‧雜記下》）。大臣死亡時，如果正值國君祭宗廟，當天祭禮雖繼續進行，但第二日的「繹」祭要爲之停止。魯宣公有事於太廟，其臣仲遂卒于齊地，次日猶繹，只不過萬入去籥，《左傳》譏爲非禮（《左傳‧宣八》）。衛太史柳莊不只是國君的心腹股肱，而且是「社稷之臣」，愛賢的衛君祭事未畢就趕去奔喪，脫下身上的祭服作爲襚服（《禮記‧檀弓下》）。至於一般的士，當然不會這麼受禮遇和重視。

士死亡之日，公家派專門相禮之人來助治喪事，包括甸人、管人、周祝、商祝、夏祝、冢人、卜人、族長。〔註24〕當天國君會遣使致襚。若特別有恩，大斂時國君親來視斂，一般則是在停殯期間來弔唁。〔註25〕士大斂蓋棺之前，君三日不舉樂（《禮記‧雜記下》）。將葬前夕，國君派人送兩馬作助葬賵禮。出殯之日，則使宰夫在城門口贈玄纁束，使國人榮之。〔註26〕至此國君對士就算仁至義盡了。

對於大夫之喪，君臨大斂爲常，爲之賜則小斂焉；卿佐之喪，小斂大斂君皆親臨。〔註27〕齊侯伐晉夷儀，敝無存率先登城而死，齊侯特別加禮其喪，「三襚之，與之犀軒與直蓋」，出葬時還「坐引者，以師哭之，親推之三」（《左傳‧定九》）。此外，卿大夫停殯三日期間，國君不食肉；卒哭之前，不舉樂（〈雜記下〉）。晉卿荀盈在殯未葬，晉平公却飲酒奏樂，膳宰屠蒯對著樂工師曠和外嬖嬖叔指桑罵槐：

> 女爲君耳，將司職也。……君之卿佐，是謂股肱。股肱或虧，女弗
> 聞而樂，是不聰也。……
>
> 女爲君目，將司明也。服以旌禮，禮以行事。事有其物，物有其容。
> 今君之容，非其物也。而女不見，是不明也。……

一席話說得平公心服口服，不但撤酒，還命荀盈之子佐下軍，以自解說（《左傳‧昭九》）。

君弔臣喪有等級之別，臣哀君喪也有等級之別。大抵恩愈重者報之愈厚，

〔註24〕胡培翬，《儀禮正義》，卷二十六，「沐浴飯含之具陳於階下」條。

〔註25〕胡培翬，前引書，卷二十八，「君臨視大斂之儀」條。

〔註26〕胡培翬，前引書，卷三十，「柩車發行及君使贈之儀」條。

〔註27〕竹添光鴻，《左傳會箋》（臺北：鳳凰出版社，民國66年，景印三版），隱元箋。

反之亦然。庶人與國君之間隔著貴族領主，關係不深。大喪時他們去供勞役、屬引屬紼，〔註28〕此外據說還要服齊衰三月之喪（《儀禮・喪服》），並「巷市三日」（《禮記・檀弓下》）。

至於士以上，和國君之間就真有君臣名義了，而臣為君是要服斬衰三年之喪的。學者討論三年之喪是否實行，主要都集中於親子間的服制，而很少談到君臣之間的喪服。筆者認為親子之間的三年之喪的確存在，惟多數人已不實行（見第四章第二節）；而臣為君斬衰三年的實例，恐怕更罕見了。史載「崔氏之亂，申鮮虞來奔，僕賃於野，以喪莊公」（《左傳・襄廿七》），杜預注謂：「為齊莊公服喪也」。但是這段記載中沒有說明喪服和喪期，無從得知是否即斬衰三年。齊莊公多嬖臣，在他被弒時多人從死，申鮮虞也是其「私暱」之一，或許因此他才為君服喪；而正因為臣服君喪十分難得，所以楚人為此而召他去當右尹。由此看來，為君服喪的喪制是曾經存在的，只是甚少人認真實行。

雖然為君可能未服三年之喪，《禮記・雜記》所云：「大夫次於公館以終喪，士練而歸」，大概很少人能做到；但一些短期的禁忌還是有的。君喪停靈期間，大夫只能食粥，士則可以疏食水飲（《禮記・喪大記》）。君對大夫恩深，故大夫報之也重，這是制禮原意。魯悼公之喪，季昭子問於孟敬子曰：「為君何食？」孟氏答道：「食粥，天下之達禮也」，可是他自己却打算食食。因為：

> 吾三臣者之不能居公室也，四方莫不聞矣。勉而為瘠，則吾能，毋
> 乃使人疑夫不以情居瘠者乎哉？！（《禮記・檀弓下》）

真可謂小人而無忌憚了。此外，臣在殯君不舉樂，君在殯臣亦應去樂。季札將宿於孫文子之邑，聞鐘聲焉，曰：「異哉！……夫子獲罪於君以在此，懼猶不足，而又何樂？……君又在殯，而可以樂乎？」遂去戚不宿。孫文子為此深自悔恨，終身不聽琴瑟（《左傳・襄廿九》）。

「君臣以義合」，君臣關係不如家族成員那般緊密。而在喪禮弔唁中，藉著君對大夫、士的不同恩遇，大夫、士對君的不同回報，建立起一種類似親屬服制般的差等關係。在喪禮中重申各人的權利義務，加強權力核心集團的凝結，其用意和親屬服制大抵相同。

〔註28〕《周禮・地官大司徒》：「大喪，帥六鄉眾庶屬其六引。」〈遂人〉：「大喪，帥六遂之役，屬六紼。」

二、國際喪禮弔唁

這裏所談的國際喪禮弔唁，包括天子與諸侯，及諸侯與諸侯之間的弔唁往來。

天子有喪，遣使訃告各國，諸侯派大夫赴弔、派卿會葬；雖說「天子七月而葬，同軌畢至」，其實諸侯並不親往。〔註29〕反之，若諸侯有喪，天王亦使人來弔，歸含且賵，並參加會葬。照理說來，天子為君，諸侯為臣，周王惟視宋為客，才「有事膰焉，有喪拜焉」（《左傳・僖廿四》）；但在天子陵替的時代，反倒是周對諸侯備極慇懃，諸侯對周勉強應卯，鬧出許多笑話來。魯隱公元年，「王使宰咺來歸惠公、仲子之賵」。周王雖出於好意，但惠公早已下葬，而仲子還好端端活著，「贈死不及尸，弔生不及哀，豫凶事，非禮也」（《左傳・隱元》），這份好意來的不是時候。春秋周十二王，魯赴弔又會葬者，僅有五王；只赴弔而不會葬者，有四王；而莊、僖、頃三王時代，周魯交惡，周不派人來告崩，魯就連赴弔也省了。〔註30〕周襄王崩時，魯派穆伯攜幣前往弔喪，不料穆伯帶著金帛中途開溜，跑去莒國「從己氏（莒女）焉」。害得周人厚著臉皮叫毛伯衛來「求金」，魯文公才再派卿佐叔孫得臣去會葬（《左傳・文八、文九》）；而且這還是衝著襄王曾遣使會葬僖公、又來錫命、且含賵會葬成風的情面咧！〔註31〕魯國與王室最親，尚且如此簡慢，其他國家更不用說了。周靈王崩，鄭上卿有事，子展使少卿印段往會葬。伯有認為印段年少官卑、不宜出使，子展答道：

> 與其莫往，弱不猶愈乎！詩云：「王事靡盬，不遑啓處。東西南北，
> 誰敢寧處？」堅事晉楚，以蕃王室也。王事無曠，何常之有？

遂使印段如周（《左傳・襄廿九》）。少卿會葬，聊勝於無，在當時已是難能可貴的了。至於〈喪服〉篇所載「諸侯為天子斬衰三年」、「諸侯之大夫為天子繐衰七月」的體制，在春秋時代一點也找不到痕跡。

〔註29〕《荀子・禮論》有「天子之喪動四海，屬諸侯」之語，《尚書・顧命》亦載成王崩、東西方諸侯群集。不過，竹添光鴻懷疑〈顧命〉所載只是特例：「成王崩于乙丑，癸酉康王定位，相距僅九日耳，五服群辟，豈能聞訃並集？意是適當入覲諸侯，召畢二公得率之以見。如曰聞訃而來，則封域有遠邇，訃至有先後，斷不能群集于九日之前也。」（《左傳會箋・隱元》）。春秋時代天王崩，諸侯以遣上卿往為禮（見《左傳・襄廿七》，伯有不欲使少卿印段往一事），不見諸侯親往。時人不以為非，左氏亦無異議。

〔註30〕《左傳會箋》，莊二年，引張自超之說。

〔註31〕《左傳會箋》，文八。

　　諸侯對周天子禮數有闕，並不表示他們已不重視喪禮；而是因為周天子在當時的國際社會中已失去地位，他的生死並不影響國際政治的運作，各國自然不必花心思在天子喪禮上。而在諸侯彼此之間，喪禮仍是一件大事。舊君死，新君立，對國際同盟政治會產生立即的影響。故諸侯同盟，「薨則赴以名，告終稱嗣也，以繼好息民，謂之禮經」（《左傳‧隱七》）。諸侯之母、妻有喪，他國來弔，也是一種示好的表現。秦人在文公祖母成風死後四年才來歸襚，《左傳》猶稱「禮也，諸侯相弔賀也。雖不當事，苟有禮焉，書也，以無忘舊好也」（《左傳‧文九》），這和譏天子「贈死不及尸」的態度有多麼不同！天子不受重視，故非禮即被譏；而秦是有實力的大國，它來示好，已值得稱慶，合不合理就暫且不管了！

　　國君聞他國諸侯之喪，應該在本國城外或廟中哭弔：「異姓臨於外，同姓臨於宗廟，同宗於祖廟，同族於禰廟」（《左傳‧襄十二》）。除了在本國之廟哭臨之外，「禮為鄰國闕」，還要徹樂示哀（《左傳‧襄廿三》）。「諸侯五月，同盟至」（《左傳‧隱元》），對一般盟國國君之喪，普通是遣士弔、遣大夫會葬，故「大夫如秦葬景公，禮也」（《左傳‧昭六》）。魯派卿佐叔弓如宋葬平公，則是對宋的特別禮遇（《左傳‧昭十一》）。

　　可是對盟主之喪就不同了，不但經常使卿弔葬，甚至國君本身亦親自奔喪。魯在東土算是一方之霸，故魯定公薨，邾子來奔喪，滕子來會葬（《春秋‧定十五》）。但對於齊、晉，魯就得低頭了：齊惠公卒，魯宣公如齊奔喪（《左傳‧宣十》）；魯成公如晉親弔晉景公，晉人止公使送葬，諸侯莫在，魯人辱之（《左傳‧成十》）。晉國霸權極盛之時，晉平公寵妾少姜卒，魯昭公有意親弔，已到晉國國界，晉人自知「非伉儷也」，請魯君無辱臨，昭公才回國，改命季孫氏去致襚。少姜之喪，鄭國也派上卿游吉前往會葬。晉大夫梁丙私見游吉，曰：「甚哉子之為此來也。」游吉歎一口氣，無奈地說：

> 將得已乎？昔文襄之霸也，其務不煩諸侯。……君薨，大夫弔、卿共葬事。夫人士弔，大夫送葬。足以昭禮命事謀闕而已，無加命矣。
> 今嬖寵之喪，不敢擇位，而數於守適（按：不敢以其位卑，而令禮數如守嫡夫人）。惟懼獲戾，豈敢憚煩？！（《左傳‧昭三》）

這完全是懾於霸主之威，情非得已。而等到晉國霸權衰微時，情形就改觀了。晉頃公卒，鄭國還是派游吉去，可是按禮弔喪不共使，游吉卻弔且送葬。晉人責問其中緣故，游吉理直氣壯答道：

> 先王之制：諸侯之喪，士弔，大夫送葬。惟嘉好聘享三軍之事，於
> 是乎使卿。晉之喪事，敝邑之間，先君有所助執紼矣。若其不間，
> 雖士大夫有所不獲數矣。大國之惠，亦慶其加，而不討其乏，明底
> 見情。取備而已，以爲禮也。……今大夫曰：「女盍從舊」，舊有豐
> 有省，不知所從？從其豐，則寡君幼弱，是以不共；從其省，則吉
> 在此矣！唯大夫圖之。

一番話說得晉人啞口無言（《左傳・昭卅》）。

對盟主強國固須特別加禮，對其他國家也應待以基本的尊重。齊孝公
卒，魯雖有齊怨，而不廢喪紀（《左傳・僖廿七》）。晉士匄侵齊及穀，聞齊
靈公卒，乃還（《左傳・襄十九》）。左傳讚二國有禮。反之，不尊重他國君
主的喪禮，往往造成國際關係的破裂。邾文公卒，魯使弔焉，不敬，邾人來
討（《左傳・文十四》）；陳共公之卒，楚人不禮，陳靈公轉盟于晉（《左傳・
宣元》）。至於敵國之間，則常利用他國大喪乘隙伐之。吳人曾兩度因楚喪而
侵楚，都未得逞：一次中了楚軍的埋伏（《左傳・襄十三》），另一次則因國
內生變而中止（《左傳・昭廿七》）。相形之下，楚人還比較能哀人之喪：在
吳國發生弒君之亂時，楚軍聞吳亂而還（《左傳・昭廿七》）；楚將伐陳，聞
陳成公卒乃止，陳人猶不領情聽命，楚人才去伐它（《左傳・襄四》）。其實，
因喪而伐不僅不仁，而且不智。因爲大喪時期上下同哀，最能激發同仇敵愾
的向心力；晉國就是以「秦不哀吾喪，而伐吾同姓」的名義，墨絰從軍，大
敗秦於殽（《左傳・僖卅三》）。

霸政陵夷後，政在大夫。宋小君景曹卒，魯大夫季康子發命，使陪臣冉
有弔且送葬（《左傳・哀廿三》）。齊國大夫陳莊子死，赴於魯；君本無哭鄰國
大夫之禮，魯繆公畏而哭諸異姓之廟（《禮記・檀弓上》）。從這裏我們可以清
楚看到國際政治重心的轉移。

三、喪葬等級制度

《荀子・禮論》篇云：

> 禮者，以財物爲用，以貴賤爲文，以多少爲異，以隆殺爲要。

禮固然有結合團體的功能，但這個功能是透過等差秩序來達成的。家族有親
等差異，政治更有貴賤之別。說貴賤之別只表現在政治上，並不恰當；其實
貴賤之別貫串了所有社會活動。周代的社會等級，據說有十等：

> 天有十日，人有十等。下所以事上，上所以共神也。故王臣公，公
> 臣大夫，大夫臣士，士臣皂，皂臣輿，輿臣隸，隸臣僚，僚臣僕，
> 僕臣臺。馬有圉，牛有牧，以待百事。(《左傳·昭七》)

此語出於楚大夫芊尹無宇之口，所言雖未必爲各國通行之制度，但各國自諸
侯以下有許多階級，則屬可信。〔註32〕對這種等級身分，貴族常用「天命」
思想予以合理化，並透過禮儀、禮器等來表現。〔註33〕如劉康公云：

> 民受天地之中以生，所謂命也。是以有動作禮儀之則，以定命也。
> 能者養以之福，不能者敗以取禍。是故君子勤禮，小人盡力。(《左
> 傳·成十三》)

以禮來表現等級身分，即所謂「尊尊」。「尊尊」精神雖不是禮的惟一特色，
但不可否認它的確是相當主要的一項。

《禮記·禮器》提到，禮有以「多」、「大」、「高」、「文」爲貴者，亦有
以「少」、「小」、「下」、「素」爲貴者：

> 禮之以多爲貴者，以其外心者也。德發揚，詡萬物，大理物博，如
> 此則得不以多爲貴乎？故君子樂其發也。禮之以少爲貴者，以其內
> 心者也。德產之致也精微，觀天下之物，無可以稱其德者，如此則
> 得不以少爲貴乎？是故君子慎其獨也。

但是，「禮之以少爲貴者」多表現在祭禮上；〔註34〕在喪禮中，我們看到的皆
是「以多爲貴者」。也就是說，階級愈高，喪禮排場愈大。

禮家對喪葬等級制度述之甚詳：

> 天子之喪動四海，屬諸侯。諸侯之喪動通國，屬大夫。大夫之喪動
> 一國，屬脩士。脩士之喪動一鄉，屬朋友。庶人之喪，合族黨，動
> 州里。(《荀子·禮論》)

這是動員的規模。此外像含貝的數量、停靈及卒哭的時間、虞祭的次數、執

〔註32〕 孫曜，《春秋時代之世族》(臺北：華世，民國 65 年臺一版)，頁 32。

〔註33〕 沈文倬，〈略論禮典的實行和《儀禮》書本的撰作〉(上)，頁 30。

〔註34〕 《禮記·禮器》：「(禮) 有以少爲貴者：天子無介，祭天特牲。……有以小爲
貴者：宗廟之祭，貴者獻以爵，賤者獻以散；尊者舉觶，卑者舉角。……有
以下爲貴者：至敬不壇，埽地而祭。……有以素爲貴者：至敬無文，父黨無
容。……大圭不琢，大羹不和，大路素而越席，犧尊疏布冪，樿杓。……」
這些都是祭禮中「以少爲貴」的表現。楚昭王問祀牲之大小，觀射父曰：「郊
禘不過繭栗，烝嘗不過把握」，祭天祭祖只需角還未長大的小牛小羊，因爲「神
以精明臨民者也，故求備物，不求豐大。」(《國語·楚語下》)

紼的人數、〔註35〕斂衣的多寡、〔註36〕棺槨的重數（見下文）、……，都有自下至上、逐次遞增的情形。但是這些禮制是否眞實行了呢？我們現在就史書與考古資料來考察。

> 齊晏桓子卒，晏嬰粗縗斬、苴絰帶杖、菅屨、食鬻、居倚廬、寢苫枕草。其老曰：「非大夫之禮也。」曰：「唯卿爲大夫。」（《左傳・襄十七》）

晏嬰所行之禮，與〈喪服〉所載相同。而其室老曰「非大夫之禮」，可見士喪禮和大夫喪禮，的確有所不同。〔註37〕

從入棺到下葬的停靈時間，《左傳》說是天子七月、諸侯五月、大夫三月、士踰月（《左傳・隱元》），與《禮記・雜記》所述略同（唯〈雜記〉謂士三月而葬）。但徵諸《春秋》經文，此一喪制在當時並未嚴格遵守。就天子言：周匡王四月而葬（《左傳・宣三》）、簡王五月（《左傳・襄二》）、景王三月（《左傳・昭廿二》），皆爲速葬。就諸侯言：以魯爲例，桓公九月（《左傳・桓十八》）、莊公十一月（《左傳・閔元》）、僖公七月（《左傳・文元》）、昭公八月（《左傳・定元》），皆爲緩葬。而晉自襄公以後（《左傳・文六》），悼公（《左傳・襄十六》）、平公（《左傳・昭十》）、昭公（《左傳・昭十六》）、頃公（《左傳・昭卅》）多爲三月速葬。通《春秋》經文加以統計，行「天子七月，諸侯五月」喪制的王、侯，只有廿五位。而緩葬者則有十九位，速葬者二十一位。一般而言，臣子之所以緩葬君主，多因國有亂事；如魯桓公爲齊襄公所害，魯莊公薨後慶父作亂，魯昭公則死於外國。至於速葬則沒有特殊理由，而慢慢蔚爲一股風氣。

在棺槨制度方面，文獻有兩種不同記載。《禮記・檀弓上》：「天子之棺四重。」鄭注：「諸公三重，諸侯再重，大夫一重，士不重。」這是一種說法。另一說則見於《莊子・天下》：「天子棺槨七重，諸侯五重，大夫三重，士再重。」《荀子・禮論》亦有類似說法，惟「七」作「十」；王引之《經義

〔註35〕《禮記・雜記下》：「天子飯九貝，諸侯七，大夫五，士三。士三月而葬，是月也卒哭；大夫三月而葬，五月而卒哭；諸侯五月而葬，七月而卒哭。士三虞，大夫五，諸侯七。……升正柩，諸侯執紼五百人；……大夫之喪，其升正柩也，執引者三百人。……」

〔註36〕《禮記・喪大記》：「小斂：……君錦衾、大夫縞衾、士緇衾，皆一。衣十有九稱。……大斂：……君陳衣于庭，百稱。……大夫陳衣于序東，五十稱。……士陳衣于序東，三十稱。」

〔註37〕章景明，《先秦喪服制度考》，頁27。

述聞》認爲「十」當爲「七」之誤。﹝註38﹞就考古發掘資料顯示，後說較爲可信。﹝註39﹞在河南省發掘出的虢國墓地，時間約當西周晚期到東周早期，其中包括虢國太子之墓。在二三四座墓中，廿六座是重槨單棺，一一四座一槨一棺，八十六座無槨有棺，二座無棺無槨，六座情形不明。﹝註40﹞太子地位相當於卿，而其棺槨則用大夫三重之制。

　　陪葬的青銅禮器也是區別身分的重要象徵。青銅禮器以鼎爲主，以簋爲輔。俞偉超、高明二氏結合文獻與考古資料，對周代用鼎制度作了深入的探討。﹝註41﹞據他們研究，西周前期（武王至恭王時期）實行兩套對應的鼎制。就周王室言，天子大牢九鼎，卿大牢七鼎，大夫少牢五鼎，士牲三鼎或特一鼎。而就分封在外的諸侯言，分公侯伯子男五等爵，公、侯相當於天子之卿，用七鼎；伯相當於天子之大夫，用五鼎；子、男相當於天子之士，用三鼎或一鼎。﹝註42﹞至於鼎與簋的配合方式則是：大牢九鼎配八簋，少牢五鼎配四簋，牲三鼎配二簋，一鼎無簋。﹝註43﹞目前所發現的西周早期墓葬中，未見九鼎、七鼎之墓；而少牢五鼎見於甘肅靈臺白草坡潶伯墓、陝西寶雞竹圓溝M 一等墓，牲三鼎見於陝西扶風劉家莊豐姬墓、陝西長安普渡村長甶墓，特一鼎類亦發現三十餘例。﹝註44﹞

　　但是這套鼎制在西周後期至春秋初期開始遭到破壞，愈來愈多的天子之卿和五等爵僭用天子九鼎八簋之制。例如：陝西扶風白莊窖藏出土懿王時微伯史牆的銅簋八等；湖北京山曾侯墓出土九鼎；河南上村嶺虢國太子墓出七鼎六簋，傳出陝西戶縣的郿國王子墓亦有七鼎六簋，可以想見虢公、郿王也用九鼎八簋。﹝註45﹞

　　在禮制之中，本也有喪禮加等的規定：「凡諸侯薨于朝會，加一等。死王時，加二等，於是有以袞斂」（《左傳・僖四》）。但是後來諸侯可以任意決定

﹝註38﹞梁啓雄引王引之說，見《荀子簡釋・禮論》（臺北：木鐸，民國72年），頁262。

﹝註39﹞王仲殊，〈中國古代墓葬概說〉，《考古》，1981年，（5）。

﹝註40﹞中國科學院考古研究所，《上村嶺虢國墓地》（北京：科學出版社，1959年），頁3～4。

﹝註41﹞俞偉超、高明，〈周代用鼎制度研究〉，分（上）、（中）、（下），分別刊載於「北京大學學報」1978年（1）、1978年（2）、1979年（1）等期。

﹝註42﹞〈周代用鼎制研究〉（中），《北京大學學報》，1978年，（2），頁89。

﹝註43﹞〈周代用鼎制研究〉（上），《北京大學學報》，1978年，（1），頁95～96。

﹝註44﹞〈周代用鼎制研究〉（中），頁85～87。

﹝註45﹞〈周代用鼎制研究〉（中），頁90～94。

加等，如：臧僖伯卒，魯隱公曰：「叔父有憾於寡人，寡人弗敢忘。」乃葬之加一等（《左傳・隱五》）。既然可以擅自加等，也難怪喪葬逾禮的現象會愈演愈烈。〔註46〕

和逾禮加等相反的現象，是損壞減等。國君遭弒不成喪，亂臣賊子自然不會以正禮葬他。晉欒書、中行偃使程滑弒厲公，葬之於翼東門之外，以車一乘（《左傳・成十八》）。齊崔杼弒莊公，十三日即葬，四翣、不踴，下車七乘，不以兵甲（《左傳・襄廿五》）。

嚴格說來，逾禮與不及禮，一樣都會斲傷禮制的權威。禮制如果不能確定，也就不能藉以維護身份等級制度。從西周晚期到春秋時代，失禮的現象所在多有，顯示身份等級制度已經開始動搖了。

綜合以上二節的討論，我們看到：成員死亡對不同的團體有不同的衝擊。家族邑里的結合，是出於血緣及生活情感；國內君臣之間，血緣情感已不明顯，強調道義；至於國際關係，則以現實利害考慮爲結合基礎。在關係愈緊密的團體中，成員死亡所帶來的衝擊愈大。因此，家族邑里對死亡的感受最強烈，國內君臣之間次之，而諸國之間又次之。

雖然結合方式不同，所受到的衝擊不同，但在因應死亡的態度上，却有基本的一致。原則上，每一種團體都要一方面哀悼死者，一方面彌合生者社會的創傷。彌合創傷的方法，是遞補該成員死亡後所造成的身分地位空缺，並重新凝結整合舊有的關係。就遞補空缺言：在家族中，新的宗子繼位；在國內政治中，新君即位；在國際關係上，新的盟主產生。至於重建整合的方式，則是將原有的位序差等再加以強調，使因成員死亡而陷於紊亂的團體，能照原來正常的方式繼續生活、運作，因此家族中有親等服制，而政治社會則有上下等級。這整個過程中，幾乎都牽涉到「禮」的概念。時人不斷以「禮也」、「非禮也」來評斷當事人的各種舉措。究竟「禮」具有何種內涵呢？值得吾人進一步考察。

第三節　禮──社會規範的具體化

周代人所謂禮，包括狹義與廣義。

〔註46〕王明珂，〈慎終追遠──歷代的喪禮〉，收於《中國文化新論：敬天與親人──宗教禮俗篇》（臺北：聯經，民國71年），頁320。

　　狹義的禮，是指具體的典禮儀式：

　　　夫禮，始於冠，本於昏，重於喪、祭，尊於朝、聘，和於射、鄉。(《禮
　　　記・昏義》)

　　　冠、昏、朝、聘、喪、祭、賓主、鄉飲酒、軍旅，此之謂九禮也。

　　　禮經三百，威儀三千，機其文之變也。(《大戴禮記・本命》)

這些典禮，構成了當時貴族社會的主要活動內容。具體的典禮在舉行時，祝
宗卜史等相禮者須負責準備禮器、熟知程序；而行禮的貴族則依其身分，表
現出周旋揖讓之禮容。因此時當人論禮，常從禮器是否合乎制度、禮容是否
稱於身分二方面來看。

　　仲叔于奚有功，辭不受邑，而請曲縣繁纓以朝，衛人許之。孔子聽說此
事，歎道：「惜也，不如多與之邑。唯器與名，不可以假人。」因為「名以出
信，信以守器，器以藏禮」，統治者若不謹守名器，就等於把自己的地位拱手
讓人(《左傳・成二》)。這是就禮器論禮。

　　郳隱公朝魯，子貢在場觀禮。郳子執玉高，其容仰。魯定公受玉卑，其
容俯。子貢就憑著二人禮容不當，預測他們皆將死亡：「夫禮生死存亡之體也，
將左右周旋進退俯仰於是乎取之，朝祀喪戎於是乎觀之。今正月相朝，而皆
不度，心已亡矣。嘉事不體，何以能久？高仰驕也，卑俯替也。驕近亂，替
近疾。君為主，其先亡乎？」(《左傳・定十五》)這就是禮容論禮。

　　但是在表面可見的禮器、禮容之外，禮實有更深遠的意涵。魯昭公如晉，
自郊勞至于贈賄，無失禮。晉侯讚美魯侯善於禮，而女叔齊卻說：

　　　是儀也，不可謂禮。禮者所以守其國，行其政令，無失其民者也。

魯侯任令「公室四分，民食於他，思莫在公」，徒然「屑屑焉習儀以亟」，本
末不分，豈可謂知禮(《左傳・昭五》)？！

　　將禮的儀節形式與實質精神加以區分，而把禮的內涵推擴得更為廣袤，
則見於子大叔與趙簡子的一番談話。簡子問揖讓周旋之禮，而子大叔對曰：「是
儀也，非禮也。」他引述子產的話：

　　　夫禮天之經也，地之義也，民之行也。天地之經，而民實則之。則
　　　天之明，因地之性，生其六氣，用其五行，氣為五味，發為五色，
　　　章為五聲，淫則昏亂，民失其性，是故為禮以奉之。

　　　為六畜、五牲、三犧，以奉五味。為九文、六采、五章，以奉五色。

　　　為九歌、八風、七音、六律，以奉五聲。

　　爲君臣上下，以則地義。爲夫婦外内，以經二物。爲父子兄弟姑姊
　　甥舅昏媾姻亞，以象天明。

　　爲政事庸力行務，以從四時。爲刑罰威獄，使民畏忌，以類其震曜
　　殺戮。爲溫慈惠和，以效天之生殖長育。

　　民有好惡喜怒哀樂，生于六氣。是故審則宜類，以制六志。哀有哭泣，
　　樂有歌舞，喜有施舍，怒有戰鬥。喜生於好，怒生於惡。是故審行信
　　令，禍福賞罰，以制死生。生好物也，死惡物也。好物樂也，惡物哀
　　也。哀樂不失，乃能協於天地之性，是以長久。（《左傳・昭廿五》）

這段話所揭櫫的「禮」的內容，大致可分成三個範疇：一是典章制度，二是人
倫關係，三是情感調節表達；而三者都根源於「天經地義」。在我們看來，這三
個範疇並非各自獨立，互不相關；事實上，它們是緊相扣連的，其中又以人倫
關係爲樞紐。人倫關係是一種社會規範，典章制度使此一社會規範得以落實、
具體化，而藉著社會規範的界定，使人的情感之抒發與節制有一遵循方向。

　　將禮視爲人倫規範的觀念，晏子說得更爲明白：

　　禮之可以爲國也久矣，與天地並。君令臣共，父慈子孝，兄愛弟敬，
　　夫和妻柔，姑慈婦聽，禮也。君令而不違，臣共而不貳，父慈而教，
　　子孝而箴，兄愛而友，弟敬而順，夫和而義，妻柔而正，姑慈而從，
　　婦聽而婉，禮之善物也。（《左傳・昭廿六》）

這裏又分「禮」與「禮之善物」，前者是人倫的起碼基礎，而後者則是人倫的
理想狀態。人倫關係繁然萬端，而晏子獨抽出君臣、父子、兄弟、夫妻、姑
婦等五種來說。以後儒家也有「五倫」（《孟子・滕文公上》）、「十義」（《禮記・
禮運》）等分類，皆與此相似，而不離《禮記・大傳》所謂「親親、尊尊、長
長、男女有別」的精神。

　　禮家認爲，每一種典禮都有其特別強調的人倫關係，如《禮記・經解》云：

　　朝覲之禮，所以明君臣之義也。聘問之禮，所以使諸侯相尊敬也。
　　喪祭之禮，所以明臣子之恩也。鄉飲酒之禮，所以明長幼之序也。
　　昏姻之禮，所以明男女之別也。

其實，每一單項的典禮往往就涵括各種不同的人倫關係。以上文所討論的喪
禮而言，不就包含了親親、尊尊、長長、男女有別〔註47〕等社會規範？但是

────────────────

〔註47〕喪禮中的「男女有別」，除了叔嫂不相爲服之外，還包括：「男子不絕于婦人
　　　　之手，婦人不絕于男子之手」（〈士喪禮記〉）、「嫂不撫叔，叔不撫嫂」（《禮記・

我們也必須承認,「臣子之恩」——君臣與父子關係——的確是喪禮中最顯著的二倫。

相對於「樂」的驅愛和同,「禮」的序位差等顯得格外森嚴。《禮記·樂記》中特別凸出了這項對照:

> 樂者爲同,禮者爲異。同則相親,異則相敬。樂勝則流,禮勝則離。

在喪禮中,服制和喪葬等級就是最明顯的序位差等。

禮爲何要特別強調序位差等呢?荀子認爲:

> 人生而有欲,欲而不得,則不能無求。求而無度量分界,則不能不爭。
>
> 爭則亂,亂則窮。先王惡其亂也,故制禮義以分之。以養人之欲,給
>
> 人之求。使欲必不窮乎物,物必不屈於欲。是禮之所起也。(〈禮論〉)

用現在的話來說,就是:由於資源有限,而人類慾望無窮,爲了防止爭奪,因而設立等級制度,使資源重新分配,令它們容易進入若干人的掌握中,而其他人則認命地安於匱乏。荀子的說法,得到今日人類學者的支持。〔註48〕若此說可以成立,則當生產力提高、資源較往昔充裕時,等級制度就容易被衝破,沒有存在的必要了。春秋晚期以後,鐵製工具普及,手工業進步,灌溉農耕技術都有所改良,生產力因之提高,〔註49〕此時僭禮現象層出不窮,並非偶然。

不過,以上的理論只能解釋政治社會上的貴賤等級,而不能解釋家族中的親疏差等。家族中的親等差別,是出於人情天性,而非政治力強迫。不過,基於私情親親而疏疏,進一步往往會變成自私而害人,連親人也不顧,如墨家所謂「子自愛不愛父,故虧父而自利。弟自愛不愛兄,故虧兄而自利」(〈兼愛上〉),天下之大亂皆由自愛而不愛人而起,故墨者主張「愛無差等,施由親始」。但孟子却認爲親親源於人之本性,不可抹煞:「夫夷子信以爲人之親其兄之子,爲若親其鄰之赤子乎?!」(〈滕文公上〉)儒家以個人主觀情感爲出發點,而墨子則由客觀的社會考量來定愛惡取捨,〔註50〕陳義雖高,而世

雜記下》)。

〔註48〕 張光直先生即認爲:三代的主要農具是耒耜、石鋤和石鐮,生產技術一直都
是恒數。爲了使資源重新分配,乃有昭穆制、宗法制和封建制,以嚴密的上
級控制來使此一系統保持穩定。見氏著〈中國青銅時代〉,收於同名書(臺北:
聯經,民國72年),頁22。

〔註49〕 楊寬,《戰國史》(上海:上海人民出版社,1981年二版八刷),第二章。

〔註50〕 蕭公權,《中國政治思想史》,蕭公權全集之四(臺北:聯經,民國71年),
頁140。

人終難接受。

　　總而言之：透過禮器、禮容等具體典禮所表現的社會規範，是一種具有等差精神的人倫關係。這種等差，有的基於政治力的強迫，有的則出於人情天性。禮的等差精神，一度為主張「法律之前，人人平等」的法家所擊破；但從漢至清，歷代儒臣仍透過法律制裁極力維護此種等差規範，成為中國社會的特色。〔註51〕

〔註51〕瞿同祖，《中國法律與中國社會》（臺北：里仁，民國73年），頁422～437。

第三章　全屍土葬習俗與死後世界觀

第一節　全屍與土葬

一、全屍觀念

　　根據人類學家馬凌諾斯基（B. Malinowski）的研究，原始民族對死者屍體的處理方式，不外下列幾種：

> 土葬——用土掩埋屍體，或用開壙，或用閉壙；露葬——置屍體
> 於岩穴內、土台上、樹枝間、或曠野荒僻之處；火葬——一把火燒
> 掉屍體；水葬——置屍體於獨木舟上，任其隨波漂走。

在這些方式中，顯示兩種相反的傾向：有的要保全屍體，有的却要消滅屍體。
〔註1〕

　　以這個標準來看，周代的葬俗顯然屬於極力要保存屍體的那一種。不僅死後以土葬保存屍體，而且在生前即全力維護身體的完整；是即全屍觀念。不過，我們且不正面談全屍觀念，而反過來先看當時人是在何種情形下才會破壞身體完整。

　　破壞身體完整的最主要原因，是刑殺。

　　封建時代的刑制，以肉刑和死刑為主，而徒刑在先秦則非主要的刑罰。
〔註2〕《周書·呂刑》云：

〔註1〕馬凌諾斯基，《巫術、科學與宗教》，頁30。
〔註2〕杜正勝，〈從肉刑到徒刑——兼論睡虎地秦簡所見古代刑法轉變的信息〉，《食

墨罰之屬千，劓罰之屬千，剕罰之屬五百，宮罰之屬三百，大辟之
罰其屬二百：五刑之屬三千。

《周禮‧司刑》則云：

掌五刑之法，以麗萬民之罪：墨罪五百，劓罪五百，宮罪五百，刖
罪五百，殺罪五百。

在肉刑方面，墨刑刻額或面，劓刑割鼻，剕刖皆斷下肢，宮刑去勢幽閉，
都是對人身體的殘毀。受過肉刑，往往淪為賤役：「墨者使守門，劓者使守關，
宮者使守內，刖者使守囿」（《周禮‧掌戮》）；如楚鬻拳自刖，楚人即以為大
閽。刑人深受社會鄙視，故楚子欲「以韓起為閽，以羊舌肸為司宮」而辱晉
（《左傳‧昭五》）；魯臧堅以受禮於刑臣夙沙衛為恥，自抉傷而死（《左傳‧
襄十七》）；而閽弒吳子餘祭，《公羊傳》戒之曰：「君子不近刑人。近刑人，
則輕死之道也。」（《公羊傳‧襄廿九》）

至於死刑，也不只是奪人生命而已，往往還以極殘酷的方式凌遲身體。
史書可見的凌遲死刑，有轘（車裂）、醢（剁成肉醬）、烹、焚等。轘刑之例，
如鄭高渠彌弒君，齊襄公轘之（《左傳‧桓十六》）；夏徵舒弒陳靈公，楚莊王
殺而轘諸栗門（《左傳‧宣十一》）；楚令君子南偏寵觀起，楚康王殺子南而轘
觀起於四境（《左傳‧襄廿二》）。醢刑之例，如南宮長萬、猛獲弒君，宋人皆
醢之（《左傳‧莊十二》）；孔子弟子子路赴衛孔悝之難，亦死而受醢（《左傳‧
哀十五》，《禮記‧檀弓上》）。烹刑之例，如石乞從白公作亂，楚人拘白乞而
烹之（《左傳‧哀十六》）。焚刑之例，則見於王子朝之黨鄩肸為王子猛之黨所
獲，焚諸王城之市（《左傳‧昭廿四》）。

有罪受刑，死後必須裸身陳屍示眾，這也是對保存屍體原則的破壞。《周
禮‧秋官》鄉士、遂士、縣士、掌戮都有「肆之三日」的記載。一般而言，「大
夫以上尸諸朝，士以下尸諸市」（《應劭《漢書‧刑法志注》》）。陳屍示眾，沒
有得到特別的允許，親友是不得斂屍埋葬的。衛獻公殺寧喜，尸諸朝；寧喜
之黨石惡衣其屍，枕之股而哭之，欲斂以亡，懼不免，乃行（《左傳‧襄廿七》）。
楚康王殺子南於朝，子南之臣謂其子棄疾：「請徙子屍於朝。」棄疾不欲犯命
移父屍，曰：「君臣有禮，唯二三子。」三日之後，棄疾請屍，王許之，乃葬
（《左傳‧襄廿二》）。

刑死之人，不得葬於族墓。《周禮‧冢人》：「凡死於兵者，不入兆域。」

鄭玄注云：「戰敗無勇，投諸塋外以罰之。」按：鄭說甚爲可疑。一來戰爭勝負未必由勇怯決定；二來戰爭已使人生畏，若戰敗即罰，豈不使人更不敢從軍？童子汪錡戰死，孔子曰：「能持干戈以衛社稷，可毋殤也。」（《禮記‧檀弓》）李宗侗先生即舉此例反駁鄭說：「童子戰死，還行有鄭重的葬禮，成年的人安能不入兆域？所謂兵者確是指的有罪被殺的人。」〔註3〕早於鄭玄的班固，在《白虎通義》中記下當時經說，才是的解：

> 〈檀弓〉曰：「不弔三：畏、厭、溺也。」畏者兵死也。《禮‧曾子記》曰：「大辱加於身，支體毀傷，即君不臣，士不交，祭不得爲昭穆之尸，食不得□昭穆之牲，死不得葬昭穆之域也。」（〈論三不弔〉）

根據此說，曾受過肉刑的人死後且不得入族墓，則遭死刑的人更不用說了。鄭玄將「死於兵者」解作「戰敗無勇」者，可能是因爲經文下面接著一句「凡有功者居前」，也許他推想「有功」的相反即「戰敗」，所以有了那樣的注解。刑死的人不葬於昭穆之域，而以「棺槨三寸，衣衾三領」草草收埋（《荀子‧禮論》）；而且，有些屍體是根本不埋葬，而被隨意丟棄的。《韓非子》即曾提到：

> 荊南之地，麗水之中生金，人多竊采金。采金之禁，得而輒辜磔於市，甚眾，壅離其水也，而人竊金不止。（〈內儲説上〉）。

刑殺而死，死而陳屍，繼之更丟棄逐水流，這是對身體完整的徹底否定。

在戰爭中，公開暴露敵人屍體，是一種強烈挑釁。晉文公圍曹，攻門者多死，曹人尸諸城上，以耀武揚威。晉侯以其人之道還治其人之身，將軍隊遷往曹人墓地駐紮，作勢要發掘墳墓。「曹人兇兇懼」，趕緊將晉人死者屍體裝入棺中運出城門，晉人乘此機會攻下曹（《左傳‧僖廿八》）。又如：齊頃公圍龍，曹人囚其嬖人，殺而膊屍於城上；齊侯悲憤親鼓，遂三日取龍（《左傳‧成二》）。

至於像齊懿公掘邴歜之父之墓而刖之（《左傳‧文十八》），伍子胥掘楚平王墓而鞭屍三百（《史記‧伍子胥列傳》），因深仇大恨而僇及死者，眞可謂倒行逆施之至了！

從上面的討論看來，當時人只有對罪犯、仇敵，才會以破壞全屍的方式來表示懲罰、報復。那都是非常的情況。而在正常的時候，就大大不同了。

首先，爲了避免殘毀屍體，一般人在自殺的時候，多選擇自縊，而不用兵器。例如：楚莫敖屈瑕兵敗於羅，縊於荒谷（《左傳‧桓十六》）；衛夷姜失宣公之寵而自縊（《左傳‧桓十六》）；晉太子申生受驪姬之譖，縊於新城（《左

〔註3〕 李宗侗，《中國古代社會史》（臺北：華岡，民國66年，三版），頁268。

傳‧僖四》）。李宗侗先生指出，在《左傳》中有幾十處被逼而自殺的記載，只有二處說明是用兵器的：一為里克伏劍而死（《左傳‧僖十》），一為吳王夫差賜伍子胥屬鏤（按：劍名）而死（《左傳‧哀十一》）；可能是當時壓迫很緊，沒有機會自縊。〔註4〕此外，魏絳得罪於晉侯，將伏劍而為人所止，也是在壓力強大而迫促時才如此（《左傳‧襄三》）。至於像檇李之戰，句踐使罪人三行屬劍於頸，當眾自剄（《左傳‧定十四》），那已經不能算是有選擇死亡方式的餘地了。不用自縊、也不用兵器自戕者，《左傳》唯有一例：刺客鉏麑不忍殺趙盾，乃觸槐而死（《左傳‧宣二》）。

絞縊不殘毀肢體，飲酖亦然。不過，酖通常用於暗殺他人，一般不採用此種方式自殺。例如：魯叔牙欲立慶父，成季使人酖之（《左傳‧莊卅二》）；衛成公無道，晉文公使醫衍酖之（《左傳‧僖卅》）。叔牙不直誅慶父而酖之，是因為「行討乎其兄，隱而逃之，使託若以疾死然，親親之道也」（《公羊傳‧莊卅二》）；而晉文公酖衛侯，則是因為「諱而惡殺之」，故臧文仲稱之為「隱」（《國語‧魯語上》）。用酖殺人的目的在於掩飾行跡，和一般保全屍體的動機不同。

在戰爭中，時人以暴露敵人屍體為快，而己方袍澤屍體則儘量帶回故鄉收埋，否則「死傷未收而棄之，不惠也」（《左傳‧文十二》）。楚連尹襄老死於邲之戰，楚人不獲其屍。九年之後，經過一番外交折衝，晉楚換俘，襄老之屍終於被送回楚國（《左傳‧成二、成三》）。殽之戰，秦師大敗，逃歸者不及收戰死袍澤之屍；四年之後，秦穆公報仇雪恥，「遂自茅津濟，封殽屍而還」（《左傳‧文三》）。即使不能讓戰死者歸葬故國，也得好好在當地收埋。

對死於道路的飢民或旅人，政府也有專人負責收埋，如《周禮‧秋官蜡氏》：「若有死於道路者，則令埋而置楬焉，書其日月焉，縣其衣服任器于有地之官，以待其人。」

由此看來，只要是對沒有犯罪、沒有仇恨的人，人們多半盡心盡力地尊重他的屍體完整。對自殺、戰亡、道死等凶死者已如此，更何況一般壽終正寢的人呢！

二、土葬習俗

墨子在駁斥儒家厚葬久喪的主張時，曾拿遠方異國的葬俗來作比較：

〔註 4〕同註3，頁 268～269。

楚之南有炎人國者，其親戚死，朽其肉而棄之，然後埋其骨，乃成
爲孝子。秦之西有儀渠之國者，其親戚死，聚柴薪而焚之燻上，謂
之登遐，然後成爲孝子。（《墨子‧節葬下》）

炎人國所行是洗骨二次葬，而儀渠國所行是火葬；古代「中國」既有全屍的
觀念，可以想見它不太可能採行這些方式。

考古學者在甘肅臨洮寺洼山，曾發掘出新石器時代的火葬遺跡，〔註5〕與
墨子所述儀渠國地望略合符節。在華夏地區，土葬一直是最主要的葬俗，而
以火焚屍認爲是極大的侮辱與不祥。火焚之刑用以懲罰殺害親人的罪犯（《周
禮‧秋官掌戮》），或用以報復仇人，如諸師比逐衛侯，衛侯掘其父定子之墓
而焚之（《左傳‧哀廿五》）。而夏父弗忌躋魯僖公，亂昭穆之序，「既其葬也，
焚煙徹於上」，應驗了展禽所云「必有殃」的預言（《國語‧魯語上》）。

周代不但對人屍體用土葬保存，對狗馬亦然。孔子的狗死了，使子貢埋
之：「吾聞之也：敝帷不棄，爲埋馬也。敝蓋不棄，爲埋狗也。丘也貧，無蓋。
於其封也，亦予之席，毋使其首陷焉。」（〈檀弓下〉）魯昭公流亡在外，愛馬
死時還欲作棺埋它；在子家子的強烈抗議下，才改用帷裏之（《左傳‧昭廿九》）。

對狗馬尚且如此鄭重，對人更不必說了。一個壽終正寢的正常人，一般
都能在生前維持肢體的完整；而在他死後，親友也努力使他的屍體不致太快
腐朽。這些努力包括：

（1）沐浴：士死後用煮潘沐浴（《儀禮‧士喪禮》，卷廿六），君死後用
　　　煮鬯沐浴（《周禮‧肆人》），使身體清潔。

（2）襲斂：士始死之日有「襲」、「冒」，耳內塞以新綿，頭臉分別裏覆，
　　　穿衣三稱，再以袋狀之「冒」將全身套住。小斂時又衣十九稱、大
　　　斂再衣三十稱，加以絞衾重重綑紮（〈士喪禮〉，卷廿六～廿八），
　　　可使昆蟲不致侵入。

（3）冷藏：自仲春之後，天氣轉熱，屍體容易腐敗，故「大夫命婦喪浴
　　　用冰」（《左傳‧昭四》），設夷槃於等床下。士不用冰，以瓦盤裝水
　　　（〈喪大記〉鄭注），聊勝於無。

（4）棺槨：等級愈高，棺槨愈多重（見第二章第二節），而且厚度隨之
　　　增加，材質亦愈見堅緻。〔註6〕孔子制於中都，四寸之棺，五寸之

〔註5〕劉仕驥，《中國葬俗搜奇》（上海：上海書局，1957年），頁27。
〔註6〕栗原圭介，〈棺槨考〉，《大東文化大學紀要》，文學編（9），1971年，頁22。

槨，其意正在「不欲速朽」（《禮記·檀弓上》）。〔註7〕

（5）設熬：在棺旁設熬香之黍稷及魚腊，目的在於「惑蚍蜉」，使昆蟲「食穀不侵屍」，惛惛愚誠十分可感。（〈士喪禮〉，卷廿七）。不過今日觀來，設熬容易滋生昆蟲微生物，效果適得其反。

（6）葬地：《呂氏春秋》云：「葬不可不藏也，葬淺則狐狸抇之，深則及於水泉，故凡葬必於高陵之上，以避狐狸之患，水泉之濕」（〈孟冬紀，節喪〉）。當時慎擇葬地之用意在此，尚未有風水之說。

（7）墓壙：《周禮·地官》有掌蜃之職，掌以蜃炭塞於墓壙禦濕。宋文公卒，「始厚葬，用蜃炭」（《左傳·成二》），可見此本為天子之制。但是考古發現，戰國大墓已普遍在墓室內積石加固，積炭防潮。〔註8〕這也是保存屍體的一種努力。

雖然有這種種的保護措施，但是實際上真能維持屍體長期完整的，畢竟少之又少。考古家所掘的墓中，有的還存有棺槨、骨架；而久遠一些的，往往棺槨腐朽了，骨骸也不見蹤影。

可是，像奇蹟一般地，周代真的有某些墓主維持了身體的不朽。託名劉歆著作的《西京雜記》卷六中記載：漢景帝孫廣川王去疾好聚無賴，國內冢藏，一一發掘。其中屍身不朽者，有三例：

> 幽王冢甚高壯，羨門既開，皆是石堊，撥除丈餘深，乃得雲母，深尺餘。見百餘屍縱橫相枕藉，皆不朽。惟一男子，餘皆女子。或坐或臥，亦猶有立者，衣服形色不異生人。

> 晉靈公冢甚瑰壯。……棺器不復形兆，屍猶不壞，竅中皆有金玉。其餘器物，皆朽爛不可別。……

> 魏王子且渠冢甚淺狹，無棺框，但有石床，……床下悉是雲母。床上兩屍，一男一女，……俱東首裸臥，無衣衾，肌膚顏色如生人，鬚髮齒爪亦如生人。

周幽王冢之所以能保屍身不壞，可能與深厚的石堊、雲母層有關。至於晉靈公冢，棺器皆朽，惟屍不朽，則殊不可解。時人或以為竅含金玉可保屍身長

〔註7〕 以上屍體入土前的處理方式，參見：湖南醫學院，《長沙馬王堆一號漢墓：古屍研究》（北京：文物出版社，1980年），頁14～15。

〔註8〕 王仲殊，《中國古代墓葬概說》，頁452。

久，〔註9〕但現代考古發現：以玉匣斂葬之漢代中山靖王劉勝及其妻竇綰，俱已腐朽，〔註10〕可見晉靈公屍體之保存當另有原因。至於魏王子墓淺狹無棺、墓主裸身而能不朽，是否得力於床下雲母，現在已無從論斷。又按：周幽王爲犬戎所殺，晉靈公爲趙穿所弒，遇弒之君而能有「高壯」、「瑰壯」之大冢，殊違常理。因此我們對《西京雜記》的說法，不能遽信。

文獻記載之眞僞雖然難以察考，但近年來在考古上的確發現了屍身不朽的實例。1972 年 4 月，考古學者在湖南長沙馬王堆一號墓發現保存完整的西漢古屍，據推測是長沙國丞相軑侯利蒼的妻子。屍體頭、頸、軀幹、四肢均大致維持原有的外形，內臟也相當完好；全身潤澤，皮膚覆蓋完整，毛髮附於原位，指、趾紋清晰。該古屍出土時全身裹斂各式衣著、衾被、絲麻織物，連同貼身衣，共二十層。屍體置於四棺一槨中，棺木蓋口用膠漆固封；墓室構築嚴密，以厚一〇〇～一三〇厘米的白膏泥築成周壁，內附一層厚四〇～五〇厘米的木炭，把全部葬具封閉在裏面，形成低溫缺氧環境；而且墓室又埋在地下近二十公尺深處，隔絕了外界氣候變化和物理、化學因素的可能損壞。科學家推測，多層衣物、棺木及墓室封閉性良好、深埋地下，都是古屍能長期保存的原因。〔註11〕

周代人爲保存屍體所致力的各個項目，雖和現代科學調查所得知的實際保存原因不盡脗合；不過，周代葬俗的確有保存屍體的意圖，則是可以肯定的。

周代人除了將屍體土葬，妥爲保存之外，並以豐富的器物隨葬。

隨葬品依其性質，可分爲兩種：一爲人器，一爲鬼器。所謂人器，即生人的用品，以祭器爲代表。所謂鬼器，又稱明器，略具器形，不能實用，即孔子所謂「竹不成用，瓦不成味，木不成斲，琴瑟張而不平，笙竽備而不和，有鐘磬而無簨簴」也（〈檀弓下〉）。〔註12〕使用人器或鬼器，據說其背後的象徵意涵

〔註 9〕 《抱朴子》卷三內篇云：「金玉在九竅，則死人爲之不朽。」《後漢書‧劉盆子傳》載：赤眉發掘諸陵，「凡賊所發有玉匣殮者，率皆如生。」又干寶《搜神記》卷十五載：吳孫休時，戍將發冢取版治城，有一大冢中死者如生人，「棺中雲母厚尺許，以白璧三十枚藉屍。」此皆強調屍身所以不朽是由於金玉護身。參見傅樂治，〈談玉匣〉，《故宮文物》，一卷八期，民國 72 年，頁 39。
〔註 10〕 中國科學院考古研究所滿城發掘隊，〈滿城漢墓發掘紀要〉，《考古》，1972 年，（1），頁 15。
〔註 11〕 湖南醫學院，〈長沙馬王堆一號漢墓古屍研究綜合報告〉，收於湖南省博物館編，《馬王堆漢墓研究》（長沙：湖南人民出版社，1981 年），頁 392～396。
〔註 12〕 王明珂謂明器是指「大多爲陶製的日用器皿，如鬲、盆、罐等」，而祭器則指

是：用人器代表相信「人死後有知」，用鬼器意味「人死後無知」；人器鬼器兼用則表示在「有知」與「無知」之間的存疑（〈檀弓上〉，仲憲語）。〔註13〕

隨葬明器的現象，在殷代即有。殷墟周圍近三千座中小型墓葬中，所用隨葬品以陶器爲主，尤以陶觚、陶壺的使用最爲普遍，多係明器；鬲、簋、豆、觶、罐等則大多爲實用器。〔註14〕安陽殷墟五號墓墓主是殷王武丁之配偶婦好，隨葬器物非常豐富，而其中亦有極少數專用於隨葬的明器。〔註15〕

但是從新石器時代早期到西周春秋，隨葬品一直以「人器」爲主流。新石器時代早期的河南裴李崗墓地上，隨葬品一般很少，個別較大墓穴隨葬品稍多，均爲生產、生活實用器，如磨盤、磨棒、斧、鏟、陶器。〔註16〕新石器時代晚期的大汶口墓地，隨葬品貧富懸殊，其中十號墓主排場最大，除了生活實用器外，還有玉臂環、玉指環、玉鏟等裝飾品。〔註17〕上村嶺虢國墓

「銅製禮，如觚、爵、鼎等」（見〈慎終追遠——歷代的喪禮〉，頁315），此說有誤。明器固然大多是陶製的，但既有日用器皿的形制，也有禮器的形制；它與祭器最大的差別不在材質，也不在形制，而在於祭器可用、明器「備物而不可用」（〈檀弓下〉，孔子語）。

〔註13〕仲憲的這個定義，和孔子的本意微有差別，孔子曰：「之死而致死之，不仁，而不可爲也。之死而致生之，不知，而不可爲也」（〈檀弓上〉），故隨葬以「備物而不可用」的明器；「明器本身」即已象徵有知與無知之間的折衷。而仲憲則以「明器與祭器並用」象徵有知與無知之間的存疑。

仲憲與曾子的一段對話，引起後人頗多誤解，在此稍作辨正。

〈檀弓上〉：「仲憲言於曾子曰：『夏后氏用明器，示民無知也。殷人用祭器，示民有知也。周人兼用之，示民疑也。』曾子曰：『其不然乎！其不然乎！夫明器鬼器也，祭器人器也。夫古之人，胡爲而死其親乎？』」鄭玄注云：「言仲憲之言三者皆非，此或用鬼器，或用人器。」而後陳澔《禮記集說》引石梁王氏之說加以發揮：「三代送葬之具，質文相異，故所用不同，其意不在有知無知及示民疑也。仲憲之言皆非，曾子非之。末獨識其說夏后明器，蓋舉其失之甚者也。」這段話值得商榷。曾子說「明器鬼器也，祭器人器也」，可見他分明同意仲憲的定義。他所不同意的，是仲憲所說夏后氏全用明器、不用祭器，因爲那樣等於斷然肯定死者無知，未免太冷酷了。曾子純孝，故有此疑。陳澔等人認爲三代使用明器、祭器的差別在於質文相異，沒有別的涵義，這是不合孔門之教的。

〔註14〕中國社會科學院考古研究所，《新中國的考古發現和研究》（北京：文物出版社，1984年），頁232～233。

〔註15〕中國社會科學院考古研究所安陽工作隊，〈安陽殷墟五號墓的發掘〉，《考古學報》，1977年，（2），頁62。

〔註16〕《新中國的考古發現和研究》，頁36。

〔註17〕濟南市博物館，《大汶口：新石器時代墓葬發掘報告》（北京：文物出版社，1974），頁24～25。

地，一般隨葬有玉玦、項鍊、石戈、陶製生活器皿、青銅禮器、兵器、車馬器等。〔註 18〕春秋晚期的壽縣蔡侯墓出土五八四件遺物中，包括了禮器、樂器、兵器、車馬器、食器，〔註 19〕也多是「人器」。

由此看來，當時人不但保存死者屍體，而且像生前一樣準備各種器物供死者使用。尤有甚者，有的還殺人以殉，以備死者使喚。

目前確切可知最早殉人墓，見於鄭州商代遺址：一百多座中小型墓中，有二座殉人。商代殉人風氣極盛，安陽殷墟侯家莊、武官村一帶，是殷王陵和貴族墓葬的中心，墓中有大量殉人，墓外又有數以千計的殺殉坑。〔註 20〕根據考古發掘報告，殺殉的風氣在西周前期仍很普遍，西周中期以後稍稍減退，但在春秋晚期和戰國初期的大墓裏仍經常存在。〔註 21〕以春秋時代為例：莒南大店莒國二座殉人墓中，各殉十人；〔註 22〕壽縣蔡侯墓也有一個無葬具的殉人。〔註 23〕

文獻所載春秋時代殉葬之例，更是不勝枚舉。秦武公卒，從死者六十六人（《史記·秦本紀》）；秦穆公卒，以三良為殉，國人哀之，為賦〈黃鳥〉（《左傳·文六》）；宋文公卒，始用殉，君子謂華元、樂舉於是乎不臣（《左傳·成二》）；楚靈王縊，申亥使其二女殉而葬之（《左傳·昭十三》）；邾莊公卒，殉五人（《左傳·定三》）。諸侯死時固然有人殉葬，大夫死亦往往有人殉死：如魏武子病，命以妾為殉（《左傳·宣十五》）；陳子車死，其妻與其家人大夫謀以殉葬（《禮記·檀弓》）。墨子也說：「天子殺殉，眾者數百，寡者數十。將軍大夫殺殉，眾者數十，寡者數人」（〈節葬下〉）。殉死者的身份，不外三類：即一般奴隸、寵妾愛婢和幸臣親信。〔註 24〕君主貴族以人為殉時，往往引起有識之士的抨擊，偶爾也來得及挽救幾條性命；可是更多時候，許多人連抗議的餘地都沒有，就這麼無辜地犧牲了寶貴的生命。

〔註 18〕《上村嶺虢國墓地》，頁 6～28。
〔註 19〕中國科學院考古研究所，《壽縣蔡侯墓出土遺物》（北京：科學出版社，1956年），頁 6～17。
〔註 20〕黃展岳，〈我國古代的人殉和人牲〉，《考古》，1974年，（3），頁 156。
〔註 21〕王仲殊，《中國古代墓葬概說》。
〔註 22〕山東省博物館，〈莒南大店春秋時期莒國殉人墓〉，《考古學報》，1978年，（3），頁 319，頁 329。
〔註 23〕同註 19，頁 5。
〔註 24〕山東省博物館，〈臨淄郎家莊一號東周殉人墓〉，《考古學報》，1977年，（1），頁 99～100。

第二節　魂魄鬼神觀念

一、全屍土葬習俗的動機

　　以上列舉了周代全屍、土葬等現象，我們在本節要討論：爲什麼當時人會有這些習俗？

　　當時文獻所留下來的解釋，均出於知識份子之說，而他們多從人子孝心的觀點出發。對於生前保全身體的動機，曾子之說可爲代表：

> 身也者，父母之遺體也。行父母之遺體，敢不敬乎！（《禮記‧祭義》）

是以樂正子春下堂傷足，數月不出，猶有憂色：蓋「天之所生，地之所養，無人爲大。父母全而生之，子全而歸之，可謂孝矣！不虧其體，不辱其身，可謂全矣！」（《禮記‧祭義》）樂正子春只不過是失足跌傷就如此內疚，遑論犯法受刑、殘毀肢體？

　　對於死後保存屍體的動機，則以孟子之說爲典型：

> 蓋上世嘗有不葬其親者，其親死，則舉而委之於壑。他日過之，狐狸食之，蠅蚋姑嘬之，其顙有泚，睨而不視。夫泚也，非爲人泚，中心達於面目。蓋歸，反虆梩而掩之。掩之，誠是也。則孝子仁人之掩其親，亦必有道矣！（《孟子‧滕文公》）

棄屍於溝壑，有傷孝子仁人之心。《呂氏春秋》亦云：「所重所愛，死而棄之溝壑，人之情不忍爲也，故有葬死之義。」（〈節喪〉）荀子也說：「葬埋，敬藏其形也。……終始具而孝子之事畢。」（《荀子‧禮論》）

　　國子高則從另一個觀點來看土葬：

> 葬也者，藏也。藏也者，欲人之弗得見也。是故衣足以飾身，棺周於衣，槨周於棺，土周於槨。反壤樹之哉？！（《禮記‧檀弓上》）

他認爲人死之狀可怕，因此斂以衣衾棺槨、深埋地中，都是爲了掩飾屍體，使人不要看見。但當時不但厚葬，且在葬地堆墳種樹，以作標識，這豈不違反「欲人之弗得見」的本意嗎？（參見孔穎達疏）

　　爲恐大辱加身，貽先人羞，因而要愛護自己軀體；爲恐親人屍骨被狐狸蠅蚋所食、水潦所侵，因而要敬慎埋葬屍體；這個理由我們能夠接受。至於國子高所說「欲人之弗得見也」的動機，在某種程度下，我們也必須無可奈何地承認。但是，僅憑以上兩種理由，不能充份解釋全屍土葬的現象。自殺的人不用兵器而用繩縊，是爲了不傷先人遺體嗎？既然先人所賦予的生命都

不要了，為什麼還要顧全肢體的完整呢？再者，如果埋葬僅是為了敬藏死者之形，為什麼還要陪葬那麼多器物呢？何況這些器物主要是人器，明器甚少。最難以解釋的是以人從死：不管是從孟子等人或從國子高的觀點看，只要是假設死者無知，就無法說明為什麼當時有殉葬的現象。

事實上，以上諸人都是反對殉葬的。孟子引孔子「始作俑者，其無後乎！」之語，責備梁惠王「如之何其使斯民飢而死也」(《孟子‧梁惠王》)；荀子謂「刻生而附死謂之惑，殺生而送死謂之賊」(《荀子‧禮論》)；國子高則云「生有益於人，死不害於人」(《禮記‧檀弓上》)。正因為他們反對殉葬，所以都不從「死者有知」的立場著眼，而從別的方面提出解釋。但是一般人之所以重視全屍、土葬、乃至以人殉葬，恐怕都要從「死者有知」信仰的角度來看，才能解釋各種相關現象。

不過，當時人普遍都堅信「死者有知」嗎？却也不盡然。不說那些反對殉葬的人；即使是主張殉葬的人，對死者是否有知亦疑信參半。齊大夫陳子車死，其妻與家大夫謀以殉葬，理由是：「夫子疾，莫養於下」，須有人從死以隨侍。但當子車弟子亢一說欲以其二人侍養死者時，兩人就嚇得不敢說話了(《禮記‧檀弓下》)。又如：秦宣太后愛魏醜夫，太后病將死，出令曰：「為我葬，必以魏子為殉。」或人為魏子說太后曰：「以死者為有知乎？」太后曰：「無知也。」(《戰國策‧秦策》)秦太后明知死者無知，却仍要心愛的人陪著自己一塊兒死，這是基於強烈的佔有慾，許多要愛妾從死的人大概也有這樣的心理。不過，以上二例出於春秋晚期和戰國時代，當時的人對「死者有知」已不敢肯定，但仍沿襲以往習慣而以人殉葬。而若追溯殉葬的起源以及它之所以歷久不衰，我們還是得說它是和「死後有知」的信仰極有關係的。

許多現代學者認為：保存屍體的葬俗與「靈魂不滅」的信仰是彼此呼應的。〔註25〕因為惟恐傷痕留在靈魂上，所以在生前就要維護身體完整，自殺也寧可繩縊而不以兵器。〔註26〕而豐富的陪葬品和殉死者，則使墓主死後不虞匱乏。換言之，是死後世界觀影響了對屍體的處理方式。〔註27〕而要談死

〔註25〕馬凌諾斯基，前引書，頁 31～32。李宗侗，前引書，頁 263。栗原圭介，前引文，頁 17。王明珂，前引文，頁 329。

　　　　當然，說保存屍體的葬俗與靈魂不滅觀念有關，並不等於說毀棄屍體的葬俗中就一定沒有靈魂不滅觀念。──印度流行火葬，還不是有輪迴轉世之說？

〔註26〕李宗侗，前引書，頁 269。

〔註27〕Robert Hertz 則認為：對屍體的處理方式和死後世界觀，都受社會性質及集體

後世界觀，是與魂魄鬼神觀念分不開的。

二、魂魄鬼神觀念

　　對於魂魄鬼神觀念，前輩學者如錢穆、〔註28〕池田末利、〔註29〕余英時〔註30〕等先生已有相當精闢的討論。不過，池田先生所談以鬼神為主，余先生則專門討論魂魄，至於魂與魄與鬼神之間有何關係，二人皆未論及。錢先生魂魄鬼神兼談，將之放在思想史的發展上看，但是在關鍵資料的解釋上，似有牽強之處。此外，我們所關心的問題——魂魄鬼神觀念如何表現在喪禮上？——也有待進一步探索。

　　請先言魂魄。

　　先秦以前，魂魄觀念二分。二者雖皆指「心之精爽」（《左傳‧昭廿五》），但「魂」指精神之知，如今日所云智情意等活動；而「魄」則指形體之知，如今日所云感官知覺。鄭伯有死後為厲，子產為之立後以撫之，乃止。晉趙景子問子產曰：「伯有猶能為鬼乎？」子產答道：

> 能。人生始化曰魄，既生魄，陽曰魂。用物精多，則魂魄強。是以有精爽，至於神明。匹夫匹婦強死，其魂魄猶能憑依於人以為淫厲。況良霄（按：即伯有），我先君穆公之胄，子良之孫，子耳之子，敝邑之卿，從政三世矣。……其用物也弘矣，其取精也多矣，其族又大，所憑厚矣；而強死，能為鬼，不亦宜乎？！（《左傳‧昭七》）

孔穎達《左傳正義》對魂魄之義有詳細注解：

> 人之生也，始變化為形，形之靈者，名之曰魄也。既生魄矣，魄內自有陽氣。氣之神者，名之曰魂也。……附形之靈為魄，附氣之神為魂也。附形之靈，謂初生之時，耳目心識、手足運動、啼哭為聲，此則魄之靈也。附氣之神，謂精神性識，漸有所知，此則附氣之神也。是魄在於前，而魂在於後，故曰既生魄，陽曰魂。……

孔穎達疏以魄為「附形之靈」，但是杜預注則說「魄，形也」，二人之見解顯

　　　　意識決定。見：Maurice Bolch & Jonathan Parry, ibid, pp. 2～4。

〔註28〕錢穆，〈中國思想史中之鬼神觀〉，《新亞學報》，一卷一期，民國45年；收於氏著《靈魂與心》（臺北：聯經，民國65年）。

〔註29〕池田末利，〈古代中國に於ける靈鬼觀念の展開——文字學的考察を主として〉，《中研院民族所集刊》，第三十期，民國59年。

〔註30〕余英時，〈中國古代死後世界觀的演變〉，《明報月刊》，1983年，（9）。

有不同。錢穆先生承認春秋時代一般都以魄爲形體之知，而非形體本身；但他却認爲子產所談的「魄」是指形體本身，此乃子產之特創義；〔註31〕錢先生論鬼神觀念，即由此演申。但是余英時先生指出：「如果『魄』即是『形』，後文怎麼會說『魂、魄猶能憑依於人』呢？可見『魄』也指一種精神或覺識。」〔註32〕余先生的論點相當有力。孔穎達根據《禮記・祭義》鄭玄注「耳目之聰明爲魄」而來的說法，我們可以接受。

至於「鬼神」又是什麼呢？

《周禮・春官大宗伯》云：「掌建邦之天神人鬼地示之禮，以佐王建保邦國。」從這裏看來，神屬天上神祇，鬼則爲人死後所化，二者有別。除此之外，尚有「地示」，大概是指山林川澤及動物精怪，如「夔罔兩」、「龍罔象」、「羵羊」之類（《國語・魯語下》）。據池田末利分析，一般而言，神能降福，亦能降禍：「國之將興，明神降之，監其德也。將亡，神又降之，觀其惡也。故有得神以興，亦有以亡」（《左傳・莊卅二》）。鬼則多出現於報仇的場合，使人生畏：〔註33〕如彭生化爲大豕（《左傳・莊八》）、伯有強死爲厲（《左傳・昭七》）、杜伯報殺周宣王（《墨子・明鬼下》）等。但鬼能報恩的例子不是沒有，如魏顆不以妾殉魏武子，妾父即結草亢杜回以報答魏顆（《左傳・宣十五》）。

不過，在另外一些記載中，神、鬼之間的分別並不在於天、人。墨子曰：

> 古之今之爲鬼，非他也。有天鬼，亦有山水鬼神者，亦有人死而爲
> 鬼者。（〈明鬼下〉）

這裏把天、地、人的精神俱稱爲鬼。我們且不說天、地的精怪，單看人。狐突曰：「神不歆非類，民不祀非族」（《左傳・僖十》），而同樣的意思，寧武子說：「鬼神非其族類，不歆其祀」（《左傳・僖卅一》），孔子則說：「非其鬼而祭之，諂也」（《論語・爲政》）。這裏的鬼、神均指已故的祖先。

何以人死後既是鬼又是神呢？這就和魂魄的問題扣連起來了。子產論魂魄的談話中提到：「用物精多，則魂魄強，是以有精爽至於神明」，又說：「匹夫匹婦強死，其魂魄猶能憑依於人，以爲淫厲」（《左傳・昭七》）；由此看來，神明與淫厲，皆爲人之魂魄所化。不過，子產的意思是：在不同的條件下，有的人的魂魄化爲神明，有的人的魂魄化爲淫厲。而在晚出的《禮記・祭義》

〔註31〕同註28，頁62～67。
〔註32〕同註30，頁14。
〔註33〕同註29，頁124～125。

中，則說魂、魄分屬鬼、神：

> 氣也者，神之盛也。魄也者，鬼之盛也。合鬼與神，教之至也。眾
> 生必死，死必歸土，此之謂鬼。骨肉斃於下，陰爲野土。其氣發揚
> 於上，爲昭明焄蒿悽愴，此百物之精也，神之著也。

在段話裏，氣與神有關，而魄與鬼有關。左昭七年《正義》云：

> 聖王緣生事死，制其祭祀。存亡既異，別爲立名。改生之魂曰神，
> 改生之魄曰鬼。

換言之，生前名之爲魂與魄，死後則改稱爲神與鬼。〔註34〕〈祭義〉將神、
鬼分屬魂、魄，與子產之說不同。大抵人生時有魂魄，死後化爲鬼神，則是
當時人共同的看法。

三、死後世界觀對喪禮的影響

　　爲便於敘述，以下只用魂魄的概念來討論死後世界觀對喪禮的影響。

　　生前與死後最大的不同在於：生前形體與魂魄是合一的，而死後魂魄却
離形體而散開了。因此始死之時，即有「復」禮，持衣登屋，朝北呼死者之
名。在南方則稱爲「招魂」：

> 魂魄歸徠，無遠遙只。魂乎歸徠，無東無西無南無北只。……魂乎
> 無東，湯谷寂只。……魂乎無南，蜮傷躬只。……魂魄歸徠，閒以
> 靜只，……窮身永樂，年壽延只，魂乎歸徠，樂不可言只。(《楚辭‧
> 大招》)

呼號禱頌完畢，將死者之衣墜入堂下籠筐中，象徵魂魄已經回返(〈士喪禮〉
卷廿六)。但是魂魄只是返回故居，却未必能返回死者肉體，必須設物使之憑
依。因此在庭中立「重」木，使死者之神得以歇止。

　　在喪禮中，對「魂」、「魄」似乎是分開對待的。《禮記‧郊特牲》云：「魂
氣歸于天，形魄歸于地」，《禮記‧禮運》云：「體魄則降，知氣在上」。季札
旅次葬子則曰：「骨肉歸復于土，命也。若魂氣則無不之也，無不之也」(〈檀
弓下〉)。如此看來，魄雖離形，但似仍在形之左右；而魂則毫無拘羈，四方
飄散。未葬以前，體魄尚在，立「重」木使魂得以託附。出殯埋葬，「送形而
往，迎精而反」(《禮記‧問喪》)，當日中午舉行「虞」祭，安死者之魂，立

〔註34〕同註6，頁71。

「尸」以爲魂所依（按：「尸」乃代表死者受祭之人，多爲孝子之兄弟）（《士虞禮》卷卅二）。三虞之後有卒哭之祭，卒哭之次日則是「祔」祭，「祔而作主」（《左傳・僖卅三》），此後魂即附於「主」（按：神主牌位）上。〔註35〕朞而小祥（按：父母死後十三個月後舉行之祭祀），又朞而大祥（按：二十五個月後之祭祀），中月而禫（二十七個月後之祭祀）（《儀禮・士虞記》卷卅二），直到喪期結束，祭祀的對象主要都是「魂」。

至於「魄」，因其環繞屍體左右，故屍體不是無知腐肉，而須以「事死如事生，事亡如事存」之禮待之。所以要沐浴、飯含、襲斂、飾柩；又有名目十種、次數上百的饋奠。過屍必由足，不敢由首；將葬遷柩朝祖廟辭行，親人設祖奠爲死者餞行，〔註36〕都是「事死如事生」的表現。〔註37〕由於魄離形而隨形，屍體不是毫無感知，因此當時人要保全屍身完整，同時以豐富的人器隨葬，乃至以人殉葬隨侍死者，目的都在於使有「低度感知」的死者死後生活無虞。而土葬保護屍體不使速朽，大概是保障「魄」不要也離形而去。——「魄」是感官知覺，如果肉體都朽爛了，哪裏還談得上任何感知呢？有的學者由當時人保護屍體而推論其中含有期待「死者復活」的意念，〔註38〕我們倒不敢驟下此種論斷。

上文談到，祭祀多在家中舉行，其對象主要是魂。王充因謂「古禮廟祭，今俗墓祀」（《論衡・四諱》）。但在漢代以前，對藏體魄之墓果眞一點也不重視嗎？——不然。

在新石器時代晚期，已有墓祭現象。甘肅永靖大何莊齊家文化墓地上，曾發現石圓圈建築，直徑約四・一米，附近有砍了頭的牛羊骨架和卜骨，這可能就是墓祭痕跡。（見圖二）在墓上建享堂，確切可靠的實例見於殷墟五號婦好墓。該墓壙口有夯土房屋，房基面上有排列整齊的柱洞，洞內埋有卵石柱礎，房基外側有成行的夯土柱基。復原之後，是一座進深三間、面闊三間

〔註35〕錢穆在〈論古代對於鬼神及喪祭之觀念〉中說：「人死魂離，於是而有臯號，於是而有招魂，於喪也有重，於祔也有主以依神，於祭也有尸以像神，凡以使死者之魂得所依附而寧定，勿使飄游散蕩。」見《靈魂與心》，頁55～56。

〔註36〕徐福全，《儀禮士喪禮、既夕禮儀節研究》，下編：〈禮義研究〉，頁437～444。

〔註37〕《左傳》載：陳侯使公孫貞子聘吳，貞子中道而卒。其介欲以屍將事，成聘問之禮。吳人一度婉拒，最後還是接納了（《左傳・哀十五》）。這是「事死如事生」的最佳例證。

〔註38〕栗原圭介，〈棺槨考〉，頁39。章景明，〈祭、喪之禮吉凶觀念之分別〉，收於《三禮研究論集》（臺北：黎明，民國70年），頁175。

或三間以上、四周有廊廡的享堂建築（見圖三）。據推測，享堂是爲墓祭而建。春秋時代的享堂建築目前並未發現；戰國時代的享堂建築，則以河北平山中山王墓、河南輝縣魏王墓最著。以中山王墓爲例：墓上有方形堂基，由下至上構築三層夯土臺階，底邊長約一百米，現存高十五米，臺頂建享堂。〔註39〕這也是爲墓祭而建的。

圖二：永靖大何莊齊家文化墓地上的石圓圈痕跡

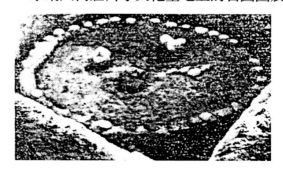

圖三：殷墟五號墓（婦好墓）享堂復原設想圖

在文獻資料上，我們也看得到墓祭的痕跡。《周禮·春官冢人》掌祭墓爲尸；孟子所述「驕其妻妾」之齊人，是到墦間乞討祭墓酒肉之餘（《孟子·離妻》）。此外，「適墓不登壟」（《禮記·曲禮上》），「去國則哭于墓而后行；反其國不哭，展墓而入」（《禮記·檀弓下》），皆顯示當時人重視墓地。〔註40〕《詩經·唐風》中有一首悼亡詩：

　　葛生蒙棘，蘞蔓于域。予美亡此，誰與獨息？

〔註39〕黃展岳，〈說墳〉，《文物》，1981年，（2），頁89～90。本文圖二、圖三皆轉載自該文所附圖片。
〔註40〕尚秉和，《歷代社會風俗事物考》，頁275～276。

　　　　角枕粲兮，錦衾爛兮，予美亡此，誰與獨旦？

　　　　夏之日，冬之夜，百歲之後，歸于其居。（〈葛生〉）
這顯然是對著墓中死者而發的淒切追思。

　　不過，當時人的確重「魂」甚於重「魄」。楚師敗於吳，吳師駐紮於麋，楚帥子期不顧袍澤屍體仍陳於戰場，而欲焚麋。

　　　　子西曰：「父兄親暴骨焉，不能收，又焚之，不可。」子期曰：「國
　　　　亡矣！死者若有知也，可以歆舊祀，豈憚焚之？」
於是焚之而戰，打敗吳師（《左傳・定五》）。焚吳復楚，則祭祀不廢；魂有所託，體魄雖被焚毀也是值得的。

　　從這裏也可以看出：只要國家不亡，有子孫後代，則人死後可以得祀，不致成為孤魂野鬼。反之，若無後代，魂魄無人祭祀，就要飄蕩受苦乃至為害人間了。因此，楚子文預見越椒必滅本宗，臨死泣曰：「鬼猶求食，若敖氏之鬼不其餒而！」（《左傳・宣四》）。晉叔向歎公室無度、家無賢子，自謂「幸而得死，豈其獲祀？！」（《左傳・昭三》）。鄭人相驚伯有，子產立其子以撫之，伯有之患乃止，蓋「鬼有所歸，乃不為厲」也（《左傳・昭七》）。

　　在結束本節之前，我們還要對一個問題加以澄清。筆者認為魂四方飄蕩，魄隨死者屍體埋於土中；而余英時先生認為魂上天而魄下地；這兩種說法是否衝突呢？我想不但沒有衝突，而且可以互相補充。余先生是根據馬王堆漢墓帛畫與紀事木牘來立說：馬王堆一號墓和三號墓帛畫都畫著天上、人世、地下三層世界，帛畫上顯示墓主魂靈升天，但是木牘則是呈給地下世界的官僚的文書。這種人死後同時上天入地的思想，和〈郊特牲〉所云「魂氣歸于天，形魄歸于地」的說法是相合的。〔註41〕筆者以為，所謂「魄下地」，並非離開形體自行入黃泉，否則隨葬屍體旁的人馬器物便沒有意義。魄是環繞屍體四周，使屍體亦有若干感知，能在地下世界過著與人世相當的物質生活。而所謂「魂上天」，也不必是在天庭覓得居所不再游移，而是「無所不之」。魂平時附於廟中神主上，祭祀時附於尸上；儺疫驅鬼，魂受驚動而離主，故孔子朝服立於阼階以依神（《論語・鄉黨》）；大概只有王公貴人的魂才能偶爾到天上去一遭。申生託夢的故事最具代表性了：

　　　　晉侯改葬恭大子。秋，狐突適下國，遇大子，大子使登僕，而告之
　　　　曰：「夷吾無禮，吾得請於帝矣。將以晉畀秦，秦將祀余。」對曰：

───────────────
〔註41〕余英時，同註30，頁15～18。

> 「臣聞之：神不歆非類，民不祀非族。君祀無乃殄乎？且民何罪？
> 失刑乏祀，君其圖之。」君曰：「諾，吾將復請。七日新城西偏，將
> 有巫者而見我焉。」許之，遂不見。及期而往，告之曰：「帝許我罰
> 有罪矣，敝於韓。」（《左傳‧僖十》）

《國語》亦載：晉惠公即位，出申生之屍而改葬之，臭達於外（〈晉語九〉）。申生是因體魄受瀆而不悅，其魂乃上天請於帝，使秦滅晉。狐突以「君祀無乃殄乎」動之，申生之魂才回心轉意，再度上天向帝請示，而後附於新城之巫，借其口告以秦將敗晉於韓。這段話中雖沒有明白提到魂魄二字，但實際上卻相當完整地呈現了魂魄的活動情況。魂升魄降，從「魂無所不之、魄隨形骸」的角度來看，或許是比較周全的。

第三節　從「殷鬼」到「周文」的轉變

以「文」為教，是周代禮制的一大特色。太史公云：

> 夏之政忠，忠之敝，小人以野，故殷人承之以敬。敬之敝，小人以
> 鬼，故周人承之以文。文之敝，小人以僿，故救僿莫若以忠。（《史
> 記‧高祖本紀》）

這裏所謂的周之「文」，相對夏之「忠」言，有文貌文飾之意；而相對於殷之「鬼」言，則有人文、世俗化（secularization）之意。《禮記‧表記》也引孔子之說：

> 夏道尊命，事鬼敬神而遠之，近人而忠焉。先祿而後威，先賞而後
> 罰，親而不尊。其民之敝，惷而愚，喬而野，朴而不文。
>
> 殷人尊神，率民以事神，先鬼而後禮，先罰而後賞，尊而不親。其
> 民之敝，蕩而不靜，勝而無恥。
>
> 周人尊禮尚施，事鬼敬神而遠之，近人而忠焉。其賞罰用爵列，親
> 而不尊。其民之敝，利而巧，文而不慚，賊而蔽。

孔子比較三代文化，夏與周都比殷商富有人文精神，而周代又較夏代更注重文飾。《白虎通義‧三教》章中，亦有類似看法。文飾的問題，第五章第三節會討論到，在此先談人文精神的問題。

在初民社會中，由於對自然界的規律了解有限，當人類面對險惡多變的環境時，往往認為自然現象的背後另有一種超自然的力量在作祟。人類因此設計

了種種特殊的儀式與咒語，企圖掌握不可知的世界；日常生活取決於巫術，人與神的距離十分接近。所謂：「民神雜揉，不可方物，夫人作享，家為巫史」(《國語·楚語下》)，生動地刻劃出當時濃厚的鬼神信仰習俗。這種現象在社群小而散漫時可以存在，但是當氏族組織擴大、形成部落或部落聯盟時，為了社會秩序的統一，就不能再容許每個人都有上天通神、自傳神論的權利了。因此傳說中的政治共主顓頊乃大加整頓，「命南正重司天以屬神，命火正黎司地以屬民」，使民神無相侵瀆，是謂「絕地天通」(〈楚語下〉)。〔註42〕

　　據〈表記〉云，夏代人依然「事鬼敬神」，但是人和神的距離拉遠了；然而到了商代，却又恢復遠古遺風，「率民以事神，先鬼而後禮」。對於夏代，我們了解不多，不能深論。至於商代，占卜資料顯示，那的確是個「尚鬼」的時代。《卜辭》所記殷人的宗教崇拜包括三類：一是天帝崇拜，崇拜上帝及其臣正；二是自然崇拜，崇拜土地諸祇；三是祖先崇拜，祭祀先王、先妣、多祖、多妣、多父、多母、多兄、多子等等。〔註43〕向神祇祖先卜問的事項，大致有四種：〔註44〕(1)進一步的儀式活動，如用牲、求雨、求出日。〔註45〕(2)王在特定時間內(如一夕)的運氣。(3)某些計劃的潛在後果，如戰爭冒險、田獵、遷徙、旅行等等。(4)對個別事件的潛在後果的解釋，如夢、天災、疾病、生、死等等。〔註46〕從崇拜對象繁多、問卜事項廣泛上，可以看出當時尚鬼風氣鼎盛。

　　此外，大批墓葬殺殉也是尚鬼風氣下的產物。根據學者在 1974 年的統計，安陽殷墟有十一座大墓，共殉四五一人，大墓旁有五十一個殺殉坑，殉二七八人。中型墓三十座，內有殉人墓十一座，殉廿八人。小墓五三四座，內有殉人墓十二座，殉十三人。另外還有四座車馬坑，內殉三人。殉死的人，有的可能是在墓主近幸臣妾，僥倖保全身軀完整，還有棺材及隨葬品；而有許多奴隸則身首異處，散亂置於填土和墓道中。〔註47〕所謂「率民而事神，先

〔註42〕徐旭生，《中國古史的傳說時代》(北京：科學出版社，1962 年，一版二刷)，頁 77〜84。

〔註43〕陳夢家，《殷墟卜辭綜述》(北京：科學出版社，1956 年)，第十九章第三節。

〔註44〕Kwang-Chih Chang, *Shang Civilization* (New Haven and London: Yale University Press, 1980), p. 203。

〔註45〕參見：張秉權，〈殷代的祭祀與巫術〉，《中研院史語所集刊》，四十九本三分，民國 67 年。

〔註46〕參見：胡厚宣，〈殷人疾病考〉、〈殷人占夢考〉，收於氏著《甲骨學商史論叢初集》(下)(臺北：大通，民國 61 年)。

〔註47〕黃展岳，〈我國古代的人殉和人牲〉，頁 158〜160。

鬼而後禮」，不僅是人的生活、命運掌握在鬼神的手中，而且某些微賤的人還要被另外一些人當作取悅鬼神的犧牲品。

至於「事鬼敬神而遠之，近人而忠焉」的周代，是否能肯定人的地位，並把微賤的人也當人看？我們發現：歷史演進以漸不以驟，從「殷鬼」到「周文」是緩慢的量變，而非立竿見影的質變。

《周禮・大宗伯》所掌祀之對象，包括昊天上帝、日月星辰、司中、司命、風師、雨師、社稷、五祀、五嶽、山林川澤、四方百物，以及先王；崇拜對象之多，不下於商代。但展禽論祀，則已從人本位出發：「法施於民則祀之，以死勤事則祀之，以勞定國則祀之。能禦大災則祀之，能扞大患則祀之。非是族也，不在祀典。」故臧文仲祭海鳥，為其所譏（《國語・魯語上》）。

《周禮》大卜及其屬官，除從龜兆、易筮、占夢來覘吉凶之外，還觀察日暈、天星、星土、歲相、雲物、十二風等以辨妖祥。《左傳》中以術數占測吉凶變化之例不勝枚舉，故范寧譏左氏「其失也巫」。實則失之巫者不是《左傳》作者，而是他所紀錄的那個時代。不過在濃厚的迷信氛圍中，我們還是看到了清明的理性光輝。不受鬼神信仰左右，而將天道變化推本於人事者，相繼有人，如：季梁（《左傳・桓六》）、申繻（《左傳・莊十四》）、史嚚（《左傳・莊卅二》）、宮之奇（《左傳・僖五》）、內史叔興（《左傳・僖十六》）、士貞伯（《左傳・成五》）、士文伯（《左傳・昭七》）、師曠（《左傳・昭八》）、子服惠伯（《左傳・昭十二》）、晏子（《左傳・昭廿六》）等等，〔註48〕其中尤以子產最為突出。

子產以「天道遠，人事邇，非所及也，何以知之」（《左傳・昭十八》）一語聞名於世，但與其說子產主張「人道、天道對立」，〔註49〕毋寧該說他是持一種「敬鬼神而遠之」的態度。子產博學多聞，熟知鬼神掌故；他為晉平公敘述實沈、臺駘二神淵源（《左傳・昭元》），又為韓宣子解說黃熊典故（《左傳・昭七》），而對鬼神出於魂魄所化亦瞭然於胸（《左傳・昭七》）。但是知道有鬼神存在是一回事，以何種態度去面對鬼神又是另一回事。

子產對鬼神的態度亦曾幾度變化。早期他認為山川星辰之神無關人君疾病，禜之無益（《左傳・昭元》），透露出他的理性傾向。可是數年後他却建議

〔註48〕《左傳會箋》總論引錢錡之說。
〔註49〕饒宗頤，〈神道思想與理性主義〉，《中研院史語所集刊》，四十九本三分，頁504。

晉人祀鯀，使晉侯之疾爲之少瘳（《左傳・昭七》）。伯有爲厲，他立其後以撫之，理由是「從政有所反之以取媚也」（《左傳・昭七》）。不過，一度軟化的態度，最後又趨於強硬。大夫爲求雨而斬木，子產奪其官邑（《左傳・昭十六》）；裨竈預言鄭將大火，其說雖然應驗，而子產寧可盡人事救災，亦不肯事先禳火。但是我們看到，火災發生當時，畢竟還是有祝史「禳火於玄冥回祿，祈於四鄘」（《左傳・昭十八》）。

　　子產不能完全排除鬼神的影響，固然是因爲受到當時整體環境的限制，但也何嘗不是他通達睿智之處。對於直到現代也無從肯定或否定的鬼神，他不盲目接受或排斥，但總緊緊地把握住「人事努力優先」的原則。惟其如此，他所肯定的人的地位，不是一種「目中無神」的自大，而是可以與冥冥力量平起平坐的尊嚴。

　　在墓葬方面，上村嶺二三四座虢國貴族墓中，全部沒有殉人現象，〔註50〕這可能代表周代正式禮制是禁止殺殉的。但這套禮制不能有效規範越軌行爲；墓葬殺殉的現象雖然少，但畢竟仍舊存在。當然，殺殉不能完全歸咎於鬼神信仰。嚴密的社會等級制度使某些人天生微賤，國家或種族的敵對戰爭使俘虜性命輕如鴻毛，這些也是使得殺殉現象能長期存在的條件。無論如何，不把人當人看，不能平等看待每一個人的生命價值，都是對人文精神的嚴重戕害。

　　徐復觀先生分析，周人對殷代原始宗教的轉化，表現在四個方面：一是強調「天命靡常」的憂患意識；二是特別崇敬文王文德；三是五世親盡毀廟；四是透過人民以把握天命的思想。但是周初人文精神有其侷限：人雖已有責任感，可是行爲的根源與保障仍在天命，人沒有獨立的道德根源，距離性善說還很遠。〔註51〕由於缺乏獨立的道德根源，所以不能自我完足，仍仰承鬼神鼻息；也因此不能將人平等看待，以至殺殉現象繼續發生。以「文」著稱的周代禮制，還是要等到孔子以後，才得到進一步的境界提昇。

〔註50〕《上村嶺虢國墓地》，頁 52。

〔註51〕徐復觀，〈周初宗教中人文精神的躍動〉，收於氏著《中國人性論史》（臺北：商務，民國 67 年），第二章。

　　　　周初的天命說，與帝王興替密切有關。但在春秋以後，天命觀每每從政治轉移到道德方面。見：饒宗頤，〈天神觀與道德思想〉，《中研院史語所集刊》，四十九本一分，頁 85～88。

第四章 儒家喪禮理論

第一節 哀懼之情的抒發與節制

「敬鬼神而遠之」的態度，在孔子身上更明晰地表現出來。孔子不語怪力亂神（《論語‧述而》），對人死後是否有知、鬼神是否存在的問題，總不正面給予肯定或否定的答覆：

> 季路問事鬼神。子曰：「未能事人，焉能事鬼？」曰：「敢問死？」
> 曰：「未知生，焉知死？」（《論語‧先進》）

《說苑》中也有類似記載，其可信度雖不及《論語》，但大抵也能說明孔子的態度：

> 子貢問孔子：「死人有知無知也？」孔子曰：「吾欲言死者有知也，
> 恐孝子順孫妨生以送死也。欲言無知，恐不孝子孫棄而不葬也。賜
> 欲知死人有知將無知也，死徐自知之，猶未晚也。」（〈辨物〉）

孔子對未可知的鬼神冥界存而不論，而一再強調現世為人的責任。相形之下，死亡不是「進入另一個世界的大門」，〔註 1〕而是這一生鞠躬盡瘁後的圓滿終點，永恒休息：

> 子貢問於孔子曰：「賜倦於學矣，願息事君。」孔子曰：「詩云：『溫
> 恭朝夕，執事有恪。』事君難，事君焉可息哉？」「然則賜願息事親。」
> 孔子曰：「詩云：『孝子不匱，永錫爾類。』事親難，事親焉可息哉？」
> 「然則賜願息於妻子。」孔子曰：「詩云：『刑於寡妻，至於兄弟，

〔註 1〕馬凌諾斯基，《巫術、科學與宗教》，頁29。

以御於家邦。』妻子難，妻子焉可息哉？」「然則賜願息於朋友。」
孔子曰：「詩云：『朋友攸攝，攝以威儀。』朋友難，朋友焉可息哉？」
「然則賜願息耕。」孔子曰：「詩云：『晝爾于茅，宵爾索綯，亟其
乘屋，其始播百穀。』耕難，耕焉可息哉？」「然則賜無息乎？」孔
子曰：「望其壙，皋如也。嵮如也，鬲如也，此則知所息矣。」子貢
曰：「大哉，死乎！君子息焉，小人休焉。」（《荀子·大略》）

既生爲人，無論在哪一個崗位上都鬆懈不得，這一份人的責任是無從逃避轉
移的。影響所及，孔門弟子對生命也抱持敬慎的態度，將死亡看作生命最後
一刻的莊嚴收筆。因此子路赴難，結纓而死（《左傳·哀十五》）；曾子易簀，
得正而逝（《禮記·檀弓上》）；子張卒事，安然以終（《禮記·檀弓上》）。

　　儒家既有這樣的生死觀，他們對喪禮的詮釋，也就不會從鬼神有無上著眼。

　　孔子贊成以明器隨葬，對「始作俑者」則深感痛絕，斥之爲「其無後乎」
（《孟子·梁惠王》），更不用說「殺生以送死」的人殉了：

孔子謂爲明器者知喪道矣，備物而不可用也。哀哉，死者而用生者
之器也，不殆於用殉乎哉？！……

孔子謂爲芻靈者善，謂爲俑者不仁，不殆於用人乎哉？！（《禮記·
檀弓下》）

儒家除了激烈反對人殉之外，對喪禮中其他原有迷信意味的儀式，也不從死
者有知無知上立論。儒家認爲：以爲死者有知，是爲不智；但若以爲死者無
知，則是不仁。死者之有知無知，實生者所不可知；生者唯有致其愛親哀喪
之心，以盡孝道。儒家所特重的是生者的主觀情感如何在客觀理智下流露調
節，這一種態度被後世學者譽之爲「詩與藝術」。〔註2〕生者在喪禮中情感的
轉折，包括「去惡盡哀」、「致哀教孝」與「節哀順變」，以下我們分別來看。

一、去惡盡哀

　　人對親人死亡的心理感受，基本有三：一爲悲哀，二爲恐懼，三爲厭惡。
悲哀之情，自不待言；恐懼是出於鬼魂爲祟的信仰；而厭惡則來自死者屍體
的變形。〔註3〕儒家喪禮理論對悲哀之情最爲強調，對恐懼鬼魂一項略而不
提，而對厭惡屍體一事不忍明說，但也必須無奈地承認：

〔註2〕馮友蘭，《中國哲學史》，頁418。
〔註3〕馬凌諾斯基，前引書，頁29。

　　喪有死之道焉，先王之所難言也。（〈檀弓上〉）

人死時軀體僵冷，面容扭曲可怕，完全失去平時的模樣，而與其他動物的死亡情狀無異，敘生者不敢相信這就是自己素日所敬愛的親人。如果不克服對屍體的厭惡，而直情徑行，則生者可能會有遠離屍體的衝動，不顧往日恩情；這麼一來，維繫團體整合的紐帶就岌岌可危了。為了避免這種情形發生，所以要將屍體形貌加以遮掩或裝飾，使生者能壓抑厭惡的心情，而將另一種本能反應──悲哀──盡情流露出來，如荀子所謂：

　　死之為道也，不飾則惡，惡則不哀。……故變而飾，所以滅惡也。
　　（〈禮論〉）

　　始死楔齒綴足畢，即帷堂：「尸未設飾，故帷堂」（《禮記・檀弓》，曾子語）。當日有沐浴飯含，沐浴由死者外御為之，而飯含則須喪主親自動手。本來主人為死者飯含時，都是直接面對死者臉孔；惟有當大夫以上來賓為死者飯含時，因恐怕貴賓憎嫌屍體，才用「鑿巾」。後來從一個叫公羊賈的開了惡例，連主人也「鑿巾以飯」了（《禮記・雜記下》）。飯含畢即「襲」，「襲」之後屍體頭臉雖已不見，身上也穿了三套衣服，但是還不夠，要再用「冒」套住全身：「冒者何也？所以揜形也。自襲以至小斂，不設冒則形，是以襲而后設冒也」（〈雜記下〉）。此後小斂大斂「制絞衾」，目的也在進一步揜形，「使人勿惡之也」（〈檀弓下〉）。小斂之後因屍已飾，所以徹帷；此時親人才與死者屍體靠近，有「撫之」、「挽之」、「馮之」、「奉之」、「拘之」、「執之」而哭之禮，〔註4〕其實此時屍體早已被二十多件衣服、被單裹得厚厚嚴嚴的了。大斂時再度帷堂，斂畢以後徹帷，此後才不復帷堂，因為屍體已「斂於棺，殯於庠」了。〔註5〕將葬之前，飾柩設蔞翣，「以華道路及壙中，不欲眾惡其親也」（《禮記・喪大記》鄭注）。

二、致哀教孝

　　去惡之後，乃可盡情流露心中的哀痛：

　　親始死，雞斯徒跣，扱上衽，交手哭。惻怛之心，痛疾之意，傷腎

〔註4〕《儀禮正義》，卷二十七，〈士喪禮〉，「小斂遷尸及主人主婦袒髺髮免髽襲絰之節」。並參見《禮記・喪大記》。
〔註5〕帷堂、徹帷義，見《儀禮正義》，卷二十六，〈士喪禮〉，「楔齒綴足奠帷堂」條。

> 乾肝焦肺，水漿不入口，三日不舉火。……夫悲哀在中，故形變於
> 外也。痛疾之心，故口不甘味，身不安美也。
>
> 三日而斂，……動尸舉柩，哭踊無數。惻怛之心，痛疾之意，悲哀
> 志懣氣盛，故袒而踊之，所以動體安心下氣也。……（《禮記‧問喪》）
>
> 拜稽顙，哀戚之至隱也。……奠以素器，以生者有哀素之心也。（《禮
> 記‧檀弓下》）

對於原有宗教意味的儀節，也用生者盡孝哀思來解釋。「復」原是招魂復
魄，而儒家說：

> 復，盡愛之道也，有禱祠之心焉。（《禮記‧檀弓下》）

飯含、饋奠原爲的是饗死者，而儒家說：

> 飯用米貝，弗忍虛也。不以食道，用美焉爾。（《禮記‧檀弓下》）
>
> 唯祭祀之禮，主人自盡焉耳。豈知神之所饗，亦以主人有齊敬之心
> 也。（《禮記‧問喪》）

三日大斂，三月而葬，儒家也從孝思及世俗功能上去詮釋：

> 三日而后斂者，以俟其生也。三日而不生，亦不生矣。孝子之心，
> 亦益哀矣。家室之計，衣服之具，亦可以成矣。親戚之遠者，亦可
> 以至矣。（《禮記‧問喪》）
>
> 喪三日而殯，凡附於身者，必誠必信，勿之有悔焉耳矣。三月而葬，
> 凡附於棺者，必誠必信，勿之有悔焉耳矣。（《禮記‧檀弓上》）

葬畢反哭虞祭，安魂的原意被轉化爲孝子心存徼幸、期待死者復反：

> 其往送也，望望然，汲汲然，如有追而弗及也。其反哭也，皇皇然，
> 若有求而弗得也。故其往送也如慕，其反也如疑。求而無所得之也，
> 入門而弗見也，上堂又弗見也，入室又弗見也。亡矣！喪矣！不可復
> 見矣！故哭泣辟踊，盡哀而止矣！心悵焉，愴焉，惚焉，愾焉，心絕
> 志悲而已矣！祭之宗廟，以鬼饗之，徼幸復反也。（《禮記‧問喪》）

我們說儒家用孝思悲哀來詮釋原有迷信色彩的儀式，並不表示原來的儀式中
徒有迷信而無哀思。傳統的喪儀是由哀思與鬼神信仰混揉而成的，儒家只不
過將哀思的部分特別強調，鬼神信仰則若有若無。反過來若說儒家要把鬼神
信仰根本取消，也是不對的。先秦時代超自然觀念仍深植人心，儒家自不能
免於時代氛圍的影響；而且，荀子有「其在君子，以爲人道也；其在百姓，

以爲鬼事也」（〈禮論〉）之語，只要能夠達成某些世俗人文性的功能，儒家並不反對百姓行「鬼事」。〔註6〕

悲哀的心情，表現在容體、聲音、言語、飲食、居處、衣服上；悲哀的程度，因親等不同而有很大差別。《禮記·間傳》詳細列了這些差異：

> 斬衰貌若苴，齊衰貌若枲，大功貌若止，小功總麻容貌可也。……

「苴」爲有子之麻，其色黎黑；「枲」爲無子之麻，其色枯黯。斬衰、齊衰之親內心極慟，故面目深黑。「止」謂不動於喜樂之事，「容貌」則爲平日表情。

> 斬衰之哭，若往而不反；齊衰之哭，若往而反；大功之哭，三曲而偯；小功總麻，哀容可也。

「往而不反」謂竭力哭喊，一哭即幾至氣絕；「往而反」謂哭時有餘氣，換氣後再哭；「三曲而偯」謂哭聲有轉折；「哀容」則聲雖哀而從容。

> 斬衰唯而不對，齊衰對而不言，大功言而不議，小功總麻議而不及樂。

斬衰僅有應人之聲，齊衰答人之問而不先發言，大功雖可先發言而不議論，小功總麻可議論而不及享樂之事。

> 斬衰三日不食；齊衰二日不食；大功三不食；小功總麻再不食。……
> 父母之喪，既殯食粥，朝一溢米，莫一溢米。齊衰之喪，疏食水飲，不食菜果。大功之喪，不食醯醬。小功細麻，不飲醴酒。……

親人始死，在三日成服之前，依親等而有不同的禁食時間，既殯以後逐漸放寬飲食限制。

> 父母之喪，居倚廬，寢苫枕塊，不說絰帶。齊衰之喪，居堊室，芐剪不納。大功之喪，寢有席。小功總麻，床可也。

遭父母之喪，住在殯宮門外斜靠牆邊搭成的草棚裏，睡草墊、枕土塊。齊衰之喪，住在稍加塗飾的屋裏，睡未札緣的蒲席。大功可睡一般席子，小功可睡床。

> 斬衰三升；齊衰四升、五升、六升；大功七升、八升、九升；小功十升、十一升、十二升；總麻十五升去其半，有事其縷，無事其布日總。……

斬衰喪服用三升粗布製成；齊衰有四升、五升、六升三種；大功、小功亦各有三種不同粗細的布製成的喪服；總麻之服質地更細緻，但織成後不再加灰洗治。

〔註6〕楊慶堃，《儒家思想與中國宗教之間的功能關係》，段昌國譯，收於《中國思想與制度論集》（臺北：聯經，民國68年，修訂第三次印行），頁324～333。

〔註7〕除此之外，居喪禁忌還包括：不得行房事、〔註8〕不得舉樂、〔註9〕不得沐浴佩玉。〔註10〕

這些禁忌，將人類大自飲食男女、小至喜好安逸整潔的種種慾望，都降到極低的限度。種種禁忌項目，有如模擬死亡後的狀態。〈問喪〉曰：「居倚廬，哀親之在外也。寢苫枕塊，哀親之在土也。」居處固然模仿死者身居野地的情景，其他不言、不食、不樂、不浴等禁忌，又何嘗不是如此？將慾望降到最低，一方面是哀慟之至，無心從事其他活動；另外一方面，也不願讓其他活動干擾哀思，寧可專心一意、「思慕盡情」（《白虎通義》論喪禮不言）。

喪禮主哀，居喪不哀往往招致嚴重物議。如衛石共子卒，其子悼子不哀；孔成子曰：「是謂蹷其本，必不有其宗。」（《左傳·襄十九》）魯昭公居母喪不哀，穆叔曰：「居喪而不哀，在慼而有嘉容，是謂不度。不度之人，鮮不為患。」（《左傳·襄卅一》）莒郊公父喪不慼，國人弗順，改立他人（《左傳·昭十四》）。孔子所說：「居上不寬，為禮不敬，臨喪不哀，吾何以觀之哉？」（《論語·八佾》）是有傳統根據的。

三、節哀順變

致哀的目的在於教慈教孝，但是若悲哀過度，以死傷生，對社會團體不啻第二度打擊。因此喪禮雖然是「哀戚之至」，但也須「節哀順變」（《禮記·檀弓下》），否則「不勝喪，乃比於不慈不孝」（《禮記·曲禮》），「毀而死，君子謂之無子」（《禮記·雜記下》）。

喪禮中防止以死傷生的辦法，主要是以既定的節度，限制生者過哀。就

〔註 7〕 各親等的不同居喪生活，參見：章景明，《先秦喪服制度考》，頁 280～295。

〔註 8〕 《禮記·喪大記》：「父母之喪，……禫而從御，吉祭而復寢。期居廬終喪、不御於內者，父在為母為妻齊衰期者。大功布衰九月者，皆三月不御於內。」

〔註 9〕 《禮記·雜記下》：「父有服，宮中子不與於樂。母有服，聲聞焉，不舉樂。妻有服，不舉樂於其側。大功將至，辟琴瑟。小功至不絕樂。」他人有服，尚須避免樂聲干擾其哀思，何況己身有服？

〔註10〕 《禮記·雜記下》：「凡喪，小功以上，非虞附練祥，無沐浴。」《禮記·玉藻》：「凡帶必有佩玉，唯喪否。」〈檀弓下〉也記載一則故事：衛大夫石駘仲卒，無嫡子，有庶子六人，卜所以為後者。五人沐浴佩玉，欲齊絜得吉兆；惟石祁子曰：「孰有執親之喪，而沐浴佩玉者乎？」乃維持其喪容不變。結果石祁子兆，衛人以龜為有知。

跳踊而言，動屍舉柩皆「踊無算」，陳奠、徹奠則「要節而踊」。〔註11〕就哭泣而言，君使人弔，主人迎賓不哭；君視斂，主人見馬首不哭；公史讀遣（按：宣讀主人所備陪葬品），主人主婦皆不哭；婦人下堂不哭；男子出寢門外，見人不哭。〔註12〕就服飾而言，「有所袒，有所襲，哀之節也」（《檀弓下》）。又如筮宅擇墓地時，北面免絰（《儀禮・士喪禮》，卷二十八）；葬時弁葛絰（《檀弓下》）；祥祭朝服（《喪服小記》）；皆有變服不純凶。而喪期的規定也有寓有節哀之意：「三日而食，三月而沐，期而練，毀不滅性，不以死傷生也。喪不過三年，苴衰不補，墳墓不培。祥之日鼓素琴，告民有終也，以節制者也。」（《禮記・喪服四制》）

弁人有其母死，而如孺子一般哭泣無節者，孔子曰：

> 哀則哀矣，而難為繼也。夫禮為可傳也，為可繼也。故哭踊有節。（〈檀弓上〉）

曾子執親喪，水漿不入於口者七日，子思也批評道：

> 先王之制禮也，過之者俯而就之，不至焉者跂而及之。故君子之執
> 親喪也，水漿不入於口者三日，杖而後能起。（〈檀弓上〉）

弁人與曾子都哀傷踰制，是賢者之過，而有違「不以死傷生」之原則，故應當依禮加以節制。所以說：「君子有終身之憂，而無一朝之患。」（〈檀弓上〉）

喪禮中儀節採徐徐漸進方式，如荀子所云：「動而遠，久而平」（〈禮論〉），也是節哀順變的方法之一。〔註13〕所謂「動而遠」，是指處理屍體的地點由近而遠：

> 飯於牖下，小斂於戶內，大斂於阼，殯於客位，祖於庭，葬於墓，
> 所以即遠也。（〈檀弓上〉）

親人撒手長逝，生者如遭晴天霹靂；若朝死於家而暮葬於野，沒有緩衝適應的餘地，生者難以接受此一事實，勢必慟不可止。而以徐緩漸進的方式動屍舉柩，象徵死者一步一步慢慢離開生者，「奪孝子之恩以漸」（《白虎通義・崩薨》），生者心理上才比較容易適應，慢慢接受親人已死的事實。

所謂「久而平」，是指生者哀情隨著時日增加而漸次收止。始死主人哭不絕聲，小斂後代哭（服喪者依次更替號哭），殯後哀至則哭，卒哭後則哀稍殺

〔註11〕徐福全，《儀禮士喪禮既夕禮儀節研究》，頁433。
〔註12〕竹添光鴻，《左傳會箋》，隱元。
〔註13〕徐福全，前引書，頁443～445。

（按：三月而葬，葬後終止無時之哭）、惟朝夕哭。〔註14〕除了哭泣逐漸減少之外，守喪的禁忌亦逐漸由重而輕。始死到下葬之前，禁忌最嚴；既虞卒哭開始另一階段，再到期而小祥、又期而大祥、中月而禫等各階段，飲食、居處、衣服都由粗而精，慢慢恢復正常的生活（參見〈間傳〉）。生者的情緒也由悲哀忐懣而漸趨平靜：「始死，充充如有窮；既殯，瞿瞿如有求而弗得；既葬，皇皇如有望而弗至；練而慨然，祥而廓然。」（〈檀弓上〉）

除此之外，為了不以死傷生，對於病人、老者、婦幼、殘障者等體質較孱弱或行動不便的人，都有權宜的變禮：

> 居喪之禮，頭有創則沐，身有瘍則浴，有疾則飲酒食肉，疾止復初。
> （《禮記・曲禮上》）

> 喪有疾，食肉飲酒，必有草木之滋焉。（〈檀弓上〉）

這是病人守喪的權宜之禮。

> 五十不致毀，六十不毀，七十唯衰麻在身，飲酒食肉，處於內。（〈曲禮上〉）

這是對老者的優遇。

> 婦人不居廬，不寢苫。（《禮記・喪大記》）

> 婦人童子不杖，不能病也。（《禮記・喪服四制》）

這是對婦幼的體恤。

> 禿者不髽，傴者不袒，跛者不踊。（〈喪服四制〉）

這是對殘障者的變通。

為了節哀，在哭踊、飲食、沐浴、衣服上都可暫行權宜之法，但在行房、舉樂上則絕不可寬假。〔註15〕因為若對之加以寬假，就不是「節哀」，而成「樂喪」了。宋樂祁卒於晉，其族人樂大心舉樂。樂祁之子子明責問道：「吾猶衰絰，而子擊鐘，何故也？」大心以「喪不在此」作為搪塞的藉口，背地裏卻反唇相譏：「己衰絰而生子，余何故舍鐘？」子明被揭瘡疤，大怒，將大心驅逐出國（《左傳・定九》）。由於長期禁慾徹樂並非易事，所以孟獻子在喪期終

〔註14〕《儀禮正義》，卷三十，〈既夕禮〉，「略言葬後儀節及祭名」條。

〔註15〕竹添光鴻謂衰麻有時可釋，哭泣飲食亦可通，「惟御內為不可假」（《左傳會箋・隱元》）。實則舉樂也是嚴格禁止的。本文第二章中談到：晉平公有卿喪而舉樂（《左傳・昭九》）、孫文子有君喪而擊鐘（《左傳・襄廿九》），都受到時人的強烈批評，舉樂之禁由此可見一斑。

了後還「縣而不樂、比御而不入」，孔子譽之為「加於人一等」（〈檀弓上〉）。

　　總結上文的討論，我們看到：儒家對死者有知與否的問題存而不論，而從生者情感的抒發調節上，來詮釋既有的喪葬儀式。喪禮中情感的抒發調節，包括三種轉折：去惡盡哀、致哀教孝、節哀順變。如何在不哀與過哀間折衷，發乎情而止乎禮，是儒者再三致意的課題。

第二節　三年之喪的理念與實際

一、三年之喪的理念

　　孔子重視生者在喪禮中所流露的真摯情感，因此他不講究厚葬：

> 林放問禮之本。子曰：「大哉問！禮，與其奢也，寧儉；喪，與其易也，寧戚。」（《論語・八佾》）

當子路感歎：「傷哉貧也！生無以為養，死無以為禮」時，孔子便說：「啜菽飲水盡其歡，斯之謂孝。斂手足形，還葬而無椁，稱其財，斯之謂禮」（〈檀弓下〉），可見孔子對禮的外在形式並不太在意。不過，孔子雖不重視「厚葬」，可是對「久喪」──特別是三年之喪──卻十分堅持。

> 宰我問三年之喪：「期已久矣！君子三年不為禮，禮必壞；三年不為樂，樂必崩。舊穀既沒，新穀既升，鑽燧改火，期可已矣！」子曰：「食夫稻，衣夫錦，於女安乎？」曰：「安。」「女安則為之。夫君子之居喪，食旨不甘，聞樂不樂，居處不安，故不為也。今女安，則為之。」宰我出，子曰：「予之不仁也！子生三年，然後免於父母之懷。夫三年之喪，天下之通喪也。予也有三年之愛於其父母乎？」
>
> （《論語・陽貨》）

宰我從維持禮樂制度的形式上立論，就這個角度看，禮文樂章若久不演練，勢必生疏退化，生者將不屬於封建社會的一份子，因此三年之喪的確太長。可是孔子則從禮文之「本」──仁愛之心──上考慮，〔註16〕如果禮文徒具形式，而欠缺人心之「安」，則禮文的形式根本難以維持。當宰我自稱安於食稻衣錦時，孔子也只好說「女安則為之」，但背地裏還是以「三年之喪，天下

〔註16〕章景明，〈儒家對於喪禮的基本觀念與態度〉，收於《三禮研究論集》（臺北：黎明，民國 70 年），頁 167。

之通喪也。予也有三年之愛於其父母乎？」來責備他。此中透露的進一步消息是：禮的施行並非只訴諸每個個體的「安」，而是要以大多數人的「安」作判準；若與眾人不合，自己雖然可以心安理得，仍是非禮的。所以說：「直情徑行者，戎狄之道也。禮道則不然。」（〈檀弓下〉）

三年之喪基於仁愛之情的理論，由荀子加以闡揚完成。他也採用宰我的說法，說「至親以期斷」：「天地則已易矣，四時則已變矣；其在天地之中者，莫不更始焉；以是象之也」。既然如此，何以又有三年之喪呢？「曰加隆焉爾」：

> 凡生乎天地之間者，有血氣之屬必有知，有知之屬莫不知愛其類。今夫大鳥獸則失亡其群匹，越月踰時，則必反鉛；過故鄉則必徘徊焉，鳴號焉，躑躅焉，踟躕焉，然後能去之也。小者是燕爵，猶有啁噍之頃焉，然後能去之。
>
> 故有血氣之屬，莫知於人；故人之於其親也，至死無窮。將由夫愚陋邪淫之人與？則彼朝死而夕忘之，然而縱之，則是曾鳥獸之不若也，彼安能相與群居而無亂乎！將由夫脩飾之君子與？則三年之喪，二十五月而畢，若駟之過隙，然而遂之，則是無窮也。故先王聖人安為之立中制節，一使足以成文理，則舍之矣。（《荀子·禮論》）

愛親哀喪本為中人之常情，然而在中人之下，有「愚陋邪淫之人」，他們對親喪無動於衷；而在中人之上，又有「脩飾之君子」，他們對親喪哀慟終身。不論依據這兩種人中的哪一種來設定禮制，都有礙於「群居」：前者將使團體失去聯繫，分崩離析；而後者則將使團體長期陷於傷痛中，不能恢復正常運作。因此「先王聖人」要立中制節，根據中人一般的情感反應來設定三年之喪。而既設定了，脩飾君子與淫邪小人也都和一般人一樣，必須勉力遵守。

《禮記》記載：子路有姊之喪，可以除而弗除。孔子曰：「先王制禮，行道之人，皆弗忍也。」子路聞之，遂除（〈檀弓上〉）。這是「過之者俯而就之」之例。魯人有朝祥而暮歌者，子路笑其為樂太速。孔子認為子路責人太苛：「三年之喪，亦已久矣。」但子路離開後，孔子又惋惜道：「又多乎哉！踰月則其善也。」（〈檀弓上〉）在這裏孔子是希望「不至焉者跂而及之」。

「過」與「不及」皆須自我節制的情形，在子夏、子張身上更明白可見：

> 子夏既除喪而見，予之琴，和之不和，彈之而不成聲。作而曰：「哀未忘也。先王制禮，而弗敢過也。」
>
> 子張既除喪而見，予之琴，和之而和，彈之而成聲。作而曰：「先王

制禮，不敢不至焉。」（〈檀弓上〉）

二人哀思雖有深淺之異，但都克制了本有的性情傾向，勉力從禮，所以被認爲同樣可取。在這種情形下，禮制已脫離「因人之情而爲之節文」（《禮記‧坊記》）的性質，而反過來成爲一種神聖而不可侵犯的制度，要求人盡可能去符合它的標準。

又如：

> 齊宣王欲短喪，公孫丑曰：「爲朞之喪，猶愈於已乎？」孟子曰：「是猶絞其兄之臂，子謂之姑徐徐云爾。亦教之孝弟而已矣！」
>
> 王子有其母死者，其傅爲之請數月之喪。公孫丑曰：「若此者，何如也？」曰：「是欲終之而不可得也，雖加一日愈於已。謂夫莫之禁而弗爲者也。」（《孟子‧盡心》）

禮制既規定三年之喪二十五月而畢，就該勉力發揮孝心，如數履行，不能用聊勝於無的朞年之喪去取代。另一方面，禮制規定王子只能爲其生母服練冠麻衣縓緣、既葬除之，王子想服喪數月、多盡一些孝心而不可得，而按禮可以終喪的人卻自己想放棄，豈不怪哉！？此中意味著：既定的各種親等喪期，該長的不能縮短，該短的也不能增長。禮制是不容許人率性妄爲的。

在上一節中，我們已談過守喪期間個人私生活方面的禁忌。在此我們再來看和團體生活有關的禁忌，從中可以進一步了解「久喪」對社會活動可能會有什麼影響？三年之喪的可行性如何？

在一般政事方面：有父母之喪，既葬，「君言王事，不言國事。大夫士言公事，不言家事」；要過一年小祥之後，君才謀國政，大夫士才謀家事（《禮記‧喪大記》）。在當時，有「三年之喪卒哭，金革之事無辟也」的變禮，孔子說那是源自伯禽伐徐戎時的權宜，按禮說是不應該的，因爲「君子不奪人之親，亦不可奪親也」（《禮記‧曾子問》）。

庶人有三年之喪，要等祥之後才可「從政」，亦即供給繇役（見《禮記》鄭注）。其他的喪等則是：「期之喪，卒哭而從政。九月之喪，既葬而從政。小功緦之喪，既殯而從政」（《禮記‧雜記下》）。

在學習活動方面，〈檀弓上〉云：「大功廢業。或曰：大功誦可也。」據陳澔《禮記集說》的解釋，「業」是指「身所習」，如學舞、學射、學琴瑟之類；「誦」則是「口所習」。「廢之者，恐怕其忘哀也」（《禮記集說》卷二）。

在社交活動方面，「疏衰之喪，既葬，人請見之，則見；不請見人。小功，

請見人可也。大功不以執摯。」（《禮記・雜記下》）社交活動除了相見之外，還包括饋贈：「喪者不遺人。人遺之，雖酒肉，受也。從父昆弟以下，既卒哭，遺人可也。」受酒肉並非食之，而是荐於廟或供其他用途（〈雜記下〉）。

在各種典禮中，只有冠禮不受守喪的影響。除了在冠禮當天聞喪，須立即停止或簡化儀式之外，在居喪期間，冠禮可以如常舉行，惟不加吉冠而加喪冠，〔註 17〕所謂「以喪冠者，雖三年之喪可也」（〈雜記下〉）。這是因爲：成年加冠，意味著踏入社人社會，擔負成人責任，〔註 18〕此事不可延擱，故雖居喪亦如常舉行。

在婚禮方面：「既納幣，有吉日」，而男方遭父母之喪時，男方要派人去請女方另行婚嫁，不敢以累年之喪誤人青春；但是「女氏許諾而弗敢嫁，禮也」。等男方除喪之後，女方父母再使人向男方請成婚之期，若男方不肯繼續原訂婚約，女方才可另擇婚配。女方遭父母之喪時，情形也是如此。只有在親迎途中聞喪時，因六禮已具，這個婚約才不會被取消，男女皆改服回家奔喪，而事後不再補行婚禮（《禮記・曾子問》）。〔註 19〕三年之喪與期年、大功之喪喪期內均不可舉行婚禮，惟有己當小功卒哭之後才可娶妻（〈雜記下〉）。

己有三年之喪在殯、而又遭其他親人之喪時，雖僅是緦麻之親，亦必往哭；但若非骨肉，「雖鄰不往」（〈檀弓上〉）。守三年之喪直到小祥之後，仍不參加朋友或鄰人的喪禮（〈雜記下〉），因爲：爲人哀則不專於親，爲親哀則是妄弔，所以說：「三年之喪而弔哭，不亦虛乎！」（〈曾子問〉）至於服其他喪等者，限制較寬：「期之喪未葬，弔於鄉人，哭而退，不聽事焉。功衰弔，待事不執事。小功緦，執事不與於禮」（〈雜記下〉）。

根據以上所述，我們歸納列表於下，以醒眉目：

〔註 17〕〈曾子問〉：「曾子問曰：『將冠子，冠者至，揖讓而入，聞齊衰大功之喪，如之何？』孔子曰：『內喪則廢，外喪則冠而不醴，徹饌而埽，即位而哭。如冠者未至，而未及期日，而有齊衰大功小功之喪，則因喪服而冠。』」
〔註 18〕參見，楊寬，〈冠禮新探〉，收於《古史新探》（北京：中華書局，1965 年）。
〔註 19〕現代臺灣人在居喪百日期內趕辦婚事的風俗，與古代「除非親迎途中聞喪、否則須待守喪結束再議婚約」的習俗有所不同。古代吉凶不相襲，因此絕對避免喪期中行婚禮；而親迎是結婚六禮中的最後一道程序，既然已經迎新娘在路上了，婚禮即等於完成，因此雖然途中聞喪，此一婚姻仍可成立。至於臺灣居喪百期嫁娶的風俗，主要是爲了增加喪禮哀榮、補充人力、節省宴客或嫁粧費用，而不考慮「吉凶不相襲」的問題。參見：洪秀桂，〈臺灣人居喪百期嫁娶婚禮俗的研究〉，《思與言》，六卷一期，民國 57 年，頁 36。

表一：服喪期間內的社會活動禁忌

社會活動 ＼ 喪等		三　年	期	大　功	小　功	緦
政　事		小祥後君謀國政，大夫士謀家事。				
徭　役		祥而從政。	卒哭從政。	既葬從政。	既殯從政。	既殯從政。
學　業		廢業。	廢　業。	廢　業。		
社　交		不遺人，可受酒肉。	既葬見人，不請見人。	既卒哭，遺人可也。不執摯。	可請見人。	
典	冠	以喪冠。	以喪冠。	以喪冠。	以喪冠。	以喪冠。
	婚	喪期結束再議。	喪期結束再議。	喪期結束再議。	卒哭之後可娶妻。	
禮	喪	有服則弔，無服不往。	未葬即可弔鄉人，不聽事。	弔於鄉人，待事不執事。	弔於鄉人，執事不與於禮。	弔於鄉人，執事不與於禮。

　　從上表中可以明顯看出：服三年之喪時——尤其在第一年內——，多數的社會活動都告停頓。守喪者對外界採封閉、消極的態度，一心一意沉浸在失去至親的悲痛之中。從今天的觀點來看，一般人在遭逢親喪的打擊時，的確都會有痛不欲生的經驗，因而食旨不甘、聞樂不樂，無心工作，也不願和外界接觸。但是這一階段是否會長達一年乃至兩年呢？三年之喪的禮制，對中人的悲哀程度恐怕太高估了。

　　此外，以三年之喪爲中心的久喪制度，其可行性還要放在整個族群人數上考慮。根據〈喪服〉經傳的規定，我們假設：一個身爲庶子的士，很幸運地生來九族俱全，却又很不幸地族人一一相繼謝世；即使每一種稱謂的親屬均只有一人，他也要花足四十八年的時間來服喪！當然，這是一個極端的假設。但是在《禮記》之〈曾子問〉、〈雜記〉、〈喪服小記〉諸篇中，確曾一再談到並有喪事時如何除服、易服的問題。其實改換喪服事小，更嚴重的是正常生活不能恢復，個人長期哀毀，對團體生活的影響至深且鉅。

二、三年之喪在東周時代的實行狀況

　　以上我們考察了三年之喪的理論，接下來要問的是：三年之喪在當時的實行況究竟如何？

　　關於這個問題，近代學者曾熱烈討論過。學者一般都承認當時實行三年之喪的例子十分罕見，有的學者因此推測此制另有所本，或只是地方性葬俗。

傅斯年先生說：「試看關於大孝、三年之喪及喪後三年不做事之代表人物，如太甲、高宗、孝己，皆是殷人。而『君薨，百官總已以聽于冢宰者三年』，全不見於周人之記載。」他因而主張：

> 三年之喪，在東國，在民間，有相當之通行性，蓋殷之遺禮，而非
> 周之制度。〔註20〕

胡適先生完全受這個看法，他認爲：滕國百官所謂魯、滕先君不行三年之喪，與孔子所謂「三年之喪，天下之通喪也」二說之間的矛盾，經傅氏解說之後方始解決。〔註21〕後來孔德成先生又根據〈雜記〉所載東夷之子少連、大連行三年之喪，而推測三年之喪是東夷舊俗。孔子因受居所習俗的影響，採用此制而賦予新的理論。〔註22〕

關於三年之喪爲殷之遺禮的說法，郭沫若氏已加以駁斥。殷墟卜辭所見帝乙時代紀錄中，在王即位的第二年，王已自行貞卜、自行稽疑、自行主持「衣」祭；祭祀侑神必有酒肉樂舞，王想必亦親預其事。由此看來，殷王並未行三年之喪。〔註23〕郭氏此說，我們大致可以接受；不過他將「高宗諒陰三年」解釋爲「高宗眞的瘖瘂了三年」，則頗爲牽強。

傅、胡二人認爲周代無三年喪制，郭氏又否認三年喪制出於殷代，那麼三年喪制眞的只是儒家的創制嗎？——是又不然。《左傳》中就有數則關於三年之喪的談話，而且都出於晉人之口：

> （晉平公卒，諸侯會葬畢，欲因見新君。）叔向辭之，曰：「大夫之
> 事畢矣，而又命孤。孤新斬焉，在衰経之中。……」（《左傳・昭十》）

喪服中惟斬衰服三年，此所謂「新斬」，當是晉昭公爲其父平公所服三年之喪。

> （魯小君齊歸薨，大蒐于比蒲。）叔向曰：「魯公室其卑乎！君有大
> 喪，國不廢蒐；有三年之喪，而無一日之感。……」（《左傳・昭十一》）

> （周景王之太子、王后相繼而卒，景王不憂。）叔向曰：「……王一
> 歲而有三年之喪二焉，於是乎以喪賓宴，又求彝器，樂憂甚矣。……
> 三年之喪，雖貴遂服，禮也。……」（《左傳・昭十五》）

〔註20〕 傅斯年，〈周東封與殷遺民〉，《史語所集刊》，第四本三分，頁288。

〔註21〕 胡適，〈說儒〉，《史語所集刊》，第四本三分，頁244。

〔註22〕 章景明，《先秦喪服制度考》，頁17引。

〔註23〕 郭沫若，〈駁『說儒』〉，收於氏著《青銅時代》（北京：人民出版社，1954年），
頁130～131。

（趙襄子有父簡子之喪。）越圍吳，趙孟降於喪食。楚隆曰：「三年
之喪，親暱之極也。主又降之，無乃有故乎？」……（《左傳‧哀廿
五》）

史籍對三年之喪的紀錄，彰彰在目，而傅先生謂「《左傳》《國語》所記周人
之制，毫無此痕跡」，〔註24〕是有待商榷的。從以上四則記載中，我們可以得
到兩個結論：1. 三年之喪在春秋時代曾行於晉國。2. 魯人、周王雖不行三年
之喪，但三年之喪確曾一度為周代通制，否則叔向就沒有道理由指責魯人、
周王非禮。

不過，除了晉國之外，春秋時代行三年之喪者的確已如鳳毛麟角。即以
魯國君為例：魯莊公父喪諒闇時為王姬主婚（《左傳‧莊元》）、又在母喪未滿
之前親自如齊納幣（《春秋‧莊廿二》），魯宣公也在父喪朞年後迎娶齊女（《春
秋‧宣元》），可見當時風氣之一斑。孔子以下儒家都提倡三年之喪，可是不
太有成效。到了戰國時代，竟變成只有儒者才行三年之喪了，所以齊宣王謂
田過曰：「吾聞儒者喪親三年，喪君三年」（《說苑‧修文》）；而孟子勸滕世子
行三年之喪時，滕國父兄百官群起反對，謂：「吾宗國魯先君莫之行，吾先君
亦莫之行」（《孟子‧滕文公》）。久喪不復通行，固然與整個大環境的「禮崩
樂壞」趨勢有關，但是禮制本身的窒礙難行之處，恐怕也是它不被普遍接受
的原因吧！

第三節　「因人之情」與「坊民之欲」之間的兩難

在第二章第三節中我們已經談到：子產將禮的內容分成三個範疇——一
是典章制度，二是人倫關係，三是情感調節表達。就喪禮而言，種種儀節、
禮器、禮容均屬於典章制度；父子有親、君臣有義是它所特別強調的人倫關
係；而去惡盡哀、致哀教孝、節哀順變則是情感的抒發調節。

儒家對禮之範疇的體認大致與子產相同，所不同的是：子產將禮的根源
歸諸「天經地義」，禮類似「自然秩序」；而孔子則就仁說禮、攝禮歸仁，於
是禮乃成為一種「文化秩序」。〔註25〕

〔註24〕同註20，頁288。
〔註25〕勞思光，《中國哲學史》，第一卷（香港：香港中文大學崇基書院出版，1980
　　　年三版），頁47。

　　徐復觀先生對孔學中的「仁」字有相當精闢的見解。他認爲：仁字最初的解釋是「仁者人也」——「所謂仁者，是眞正算得人的人」。這話意味著：純生理的人，並不眞正算得是人；而應當在生理之上，追求一個人之所以爲人的根據。《論語》中的仁之第一義，便是「一個人面對自己而要求自己能眞正成爲一個人的自覺自反」。徐先生特別強調道德性底自覺自反；當人有「不像個眞正的人」的不安時，透過「憤」、「悱」激起對自己的責任感、無限的向上心，這一「爲仁」的過程，即是「仁」自身的逐步呈露。所謂「仁者愛人」，也是經由這個反省過程而得到的結論。〔註26〕

　　我們接受徐先生對「仁」的闡釋。從這個定義來看，仁與禮之間有何種關係呢？

　　　　子曰：「人而不仁，如禮何？人而不仁，如樂何？」（《論語‧八佾》）

　　　　子夏問曰：「詩云：『巧笑倩兮，美目盼兮，素以爲絢兮』，何謂也？」
　　　　子曰：「繪事後素。」曰：「禮後乎？」曰：「起予者商也，始可與言
　　　　詩已矣。」（〈八佾〉）

人如果沒有對「人之所以爲人」的自反自覺，行禮時徒然以周旋揖讓、玉帛鐘鼓爲事，對於禮所蘊含的人倫、情感絲毫不能體會，則禮不過是虛文形式而已，與自己痛癢不相關；而流於形式的禮文，是遲早會癱瘓僵死的。因此孔子說：

　　　　禮云禮云，玉帛云乎哉？樂云樂云，鐘鼓云乎哉？（《論語‧陽貨》）

禮之實行應以仁爲前提。

　　但是，仁和禮之間有另一種關係存在：

　　　　顏淵問仁。子曰：「克己復禮爲仁。一日克己復禮，天下歸仁焉。爲
　　　　仁由己，而由人乎哉？」顏淵問曰：「請問其目」。子曰：「非禮勿視，
　　　　非禮勿言，非禮勿動。」（《論語‧顏淵》）

人自反自覺、求爲眞正之人，其律己途徑在於克制生理生命的情欲，而履行禮的規定；依禮提振向上，才稱得上是仁。在這裏，人須通過禮才能達成仁。

　　前一種說法，是孔子針對禮文之弊所下的藥石。而後一種說法，則反映孔子對周禮所代表的規範之肯定。關於禮文之弊的討論，見於第五章第三節；在此我們先談克己復禮的問題。

─────────────────

〔註26〕徐復觀，〈釋論語的『仁』——孔學新論〉，《民主評論》，第六卷第六期，民
　　　　國44年。

　　孔子對於禮所代表的社會規範之認可，除見於與顏淵的對話之外，還可見於下面一段話：

> 子曰：「恭而無禮則勞，慎而無禮則葸，勇而無禮則亂，直而無禮則絞。」（《論語·泰伯》）

恭慎勇直已屬人性中正面的德性，而尚須依禮持中而行，何況是人性中那些負面的情欲呢？！孔子對禮有這麼高的肯定，我們不禁要問：禮的「正當性（legitimacy）」何在？它何以能成為行為的至高準則？

> 孔子曰：「夫禮，先王以承天之道，以治人之情。故失之者死，得之者生。……故人情者，聖王之田也。脩禮以耕之，陳義以種之，講學以耨之，本仁以聚之，播樂以安之。」（《禮記·禮運》）

> 禮也者，合於天時，設於地財，順於鬼神，合於人心，理萬物者也。（《禮記·禮器》）

> 凡禮之大體，體天地、法四時、則陰陽、順人情，故謂之禮。訾之者，是不知禮之所由生也。（《禮記·喪服四制》）

孔門後學仍沿用春秋時代以「天命」、「天經地義」當做禮之根源的傳統，但值得注意的是：他們又加了「合於人心」、「順人情」，以做為禮之正當性的另一根據，這是直承孔子人本之教而來。

　　但是，所謂合人心、順人情，是合哪些人的心，順哪些人的情呢？「先王之制禮也，過之者俯而就之，不至焉者跂而及之」（〈檀弓上〉）；荀子論三年之喪的設定原則，是「立中制節」，以中人的情感反應為標準。當然，說「中」是指「中人」並不很恰當。馮友蘭先生認為：「中」是「人之情欲之流露之一恰好點」；禮之制中，一以調和己身諸情欲間的衝突，一以防止人與人之衝突。〔註27〕但是，「人之情欲之流露之一恰好點」又是如何設定的？如果不是以大多數中人的反應為根據，又怎麼能使大家接受、防止人與人之衝突？而己身情欲的調和標準，也要安頓於人群中才能見出：「人是否像個真正的人？」這個問題，只有在群居生活中才會產生，否則人就是人，何來「真正」「不真正」的比較？

　　禮根據中人之情設制，此中含有甚深妙義。所謂「君子尊德性而道問學，致廣大而盡精微，極高明而道中庸」（〈中庸〉），在廣大群眾的心靈中，有人

〔註27〕馮友蘭，《中國哲學史》，頁 411～412。

性微妙的共通處，即令極高明之君子，其德性學問亦必由此人性共通處來，不離中庸。〔註28〕禮合中人之情，得人情之中，乃能可繼可傳，播之久遠。

但是，隨著時間的流逝，人情緩緩改變了，原先設定的禮又當如何自處？三年之喪設定的原意，也就正如孔子所說是由於「子生三年，然後免於父母之懷」，故子應報此三年褓抱之恩。可是人情改變了，漸漸認為「三年之喪是強人所不及也，而以偽輔情也」（《淮南子‧齊俗訓》），禮該如何對應此種人心人情呢？

先秦儒家不太願意承認人性有這種改變的趨勢。他們認為：縱使人確有這種涼薄不孝的心理，也應勉力提振、「克己復禮」，努力學著做一個真正像人的人：

> 凡不孝生於不仁愛也，不仁愛生於喪祭之禮不明，喪祭之禮所以教仁愛也。……夫祭祀致饋養之道也，死且思慕饋養，況於生而存乎？……故有不孝之獄，則飾喪祭之禮也。（《大戴禮記‧盛德》）

在這裏，禮所發揮的是教化誘導的功能，或者說是一種預先防堵的功能。可是如果人性的變化太大，防堵也往往失效：

> 子云：父母在，不稱老。言孝不言慈。閨門之內，戲而不歎。君子以此坊民，民猶有薄於孝而厚於慈。……
> 子云：喪父三年，喪君三年，示民不疑也。……以此坊民，民猶忘其親而貳其君。（《禮記‧坊記》）

「大為之坊，民猶踰之」，有時候只好訴諸政治力的制裁：

> 族之相為也，宜弔不弔，宜免不免，有司罰之。（《禮記‧文王世子》）

〈檀弓下〉也載有一則故事：成人有其兄死而不為衰者，聞孔門弟子子皋將為成宰，遂為衰。當地人笑他不是為哥哥服喪，而是為子皋服衰。子皋大概素有懲罰失禮者之威名。

禮不再是「因人之情」，而變為「坊民之欲」；教化防堵之不足，進一步要以政治力來強迫人行禮，這實在是一種悲哀。正本清源，「禮儀三百，威儀三千，待其人而後行」（〈中庸〉），惟「忠信之人，可以學禮。苟無忠信之人，則禮不虛道。是以得其人之為貴也。」（《禮記‧禮器》）。禮無法再代表多數人的共通心理，而變成對他們的限制；但是起碼對某些「忠信之人」而言，禮還算是「因人之情」的。三年之喪尤其是對人孝心的重大考驗，可是就天

〔註28〕錢穆，《中國思想通俗講話》自序（臺北：國民出版社，民國45年臺一版）。

性仁厚淳篤的人而言，行三年之喪是完全發自內心的哀思，而非被迫遵循的禁忌。只有這種人，才算眞正有資格行禮：

> 免喪之外，行於道路，見似心瞿，聞名心瞿；弔死而問疾，必有以
> 異於人也；如此而後可以服三年之喪。（《禮記・雜記下》）

可是這麼一來，就和「立中制節」的本意衝突了。禮本是爲多數中人而設的，現在却只有少數君子才能做到，禮無法普及社會大眾，怎能成爲有效的規範？

禮由「因人之情」演變爲「坊民之欲」，使人油然而興「世風日下，人心不古」之歎。可是在慨歎之餘，必須考慮現實的問題：禮應該如何加以調整，如何重新掌握人情之中，合乎中人之情，使之爲眾人所接受？「禮，時爲大」（〈禮器〉），信然也。

第五章　世變下的喪葬習俗與生死觀

第一節　諸子對傳統喪禮與生死觀的反動

一、墨子的節葬主張

儒家所維護的傳統喪禮，受到墨家強烈的抨擊。儒家自稱是從多數人立場出發，而墨子亦就「國家百姓人民」整體來考慮；不過儒家關注的是人的情感，而墨子却著重於實利。儒、墨所以會有這種差別，可能是因為儒士原來自社會中上層，較有經濟餘裕，可以顧及情操涵養；而墨子則為社會下層庶民窮人代言，故亟欲另立新制，以利用厚生。〔註1〕

在當時的厚葬風氣下，人力物力的耗費是相當可怕的。墨子說：

> 此存乎王公大人有喪者曰：「棺椁必重，葬埋必厚，衣衾必多，文繡必繁，丘隴必巨。」存乎匹夫賤人死者，殆竭家室。□乎諸侯死者，虛車府，然後金玉珠璣比乎身。綸組節約，車馬藏乎壙，又必多為屋幕，鼎鼓几梴壺濫，戈劍羽旄齒革，寢而埋之。

除此之外，從天子到大夫還有數百、數十人的殺殉（〈節葬下〉）。將有用之財盡數埋於土中，絲毫無補於國計民生；「以此求富，此譬猶禁耕而求穫也」，因此墨子呼籲禁絕厚葬。

比「厚葬」更妨礙社會活動的，是「久喪」。久喪不僅違背「求富」原則，也違背「求眾」原則。如果行儒家處喪之法，其後果將是：

〔註1〕馮友蘭，〈原儒墨〉，《清華學報》，十卷二期，民國24年，頁309。

> 面目陷阨，顏色黧黑，耳目不聰明，手足不勁強，不可用也。……
> 使王公大人行此，則必不能蚤朝。（士大夫行此，則必不能治）五官
> 六府，辟草木、實倉廩。使農夫行此，則必不能蚤出夜入、耕稼樹
> 藝。使百工行此，則必不能修舟車、爲器皿矣。使婦人行此，則必
> 不能夙興夜寐、紡績織紝。（《墨子·節葬下》）

爲了守喪，正常的生產活動都要停止。統治者有閒有錢尚可做到，一般庶民
又將何以維生？〔註2〕更何況：

> 君死喪之三年，父母死喪之三年，妻與後子死者，五皆喪之三年。
> 然後伯父叔父兄弟孽子其（按：期），族人五月，姑姊甥舅皆有月數，
> 則毀瘠必有制矣。

服喪對象既多，守喪禁忌又重；百姓若「法若言，行若道」，不僅「作疾病死者
不可勝計也」，而且「敗男女之交多矣」。這麼一來，人口怎能繁衍？（〈節葬下〉）

因此，墨子根據「國家百姓人之利」，制爲葬埋之法曰：

> 棺三寸足以朽骨，衣三領足以朽肉。掘之地深，下無菹漏。氣無發
> 洩於上，壟足以期其所，則止矣。哭往哭來，反從事乎衣食之財，
> 佴乎祭祀，以致孝於親。

墨子認爲這樣就足以表達孝思，而且「不失死生之利」（〈節葬下〉）。這裏所說
的只有薄葬，至於喪期之規定，據韓非引述是「服喪三月」（《韓非子·顯學》）。

墨子嘗謂「言有三表」：「上本之於古者聖王之事」，「下原察百姓耳目之
實」，「發爲刑政，觀其中國家百姓人民之利」（《墨子·非命上》）。他自認爲
薄葬短喪是合乎這三個標準的。可是百姓人民能接受這套新制嗎？恐怕不見
得。《莊子·天下》批評墨子之道云：

> 以此教人，恐不愛人；以此自行，固不愛己。……其生也勤，其死
> 也薄，其道太觳；使人憂，使人悲，其行難爲也，恐其不可以爲聖
> 人之道，反天下之心，天下不堪。墨子雖獨能任，奈天下何！

《淮南子》也說：「三月之服，是絕哀而迫切之性也」，和儒家三年之喪一樣，
都是「不原人情之終始，而務以行相反之制」（〈齊俗訓〉）。

〔註2〕 其實在儒家喪禮理論中，已考慮到庶民無法哀毀的問題，而有所權宜：「百官
備，百物具，不言而事行者，扶而起。言而后事行者，杖而起。身自執事而
后行者，面垢而已。」（《禮記·喪服四制》）凡事有人代辦的貴族，可以盡情
致哀；可是凡事得自己動手跑腿的庶民，無法專心盡哀，因此飲食的禁忌可
以放寬，只要面垢即可。

　　墨子一心以實利為務，但是不曾考慮人的情感如何適切地抒發，因此他雖有心照顧多數人的利益，却不能被大眾接受。墨子指責儒家「繁飾禮樂以淫人，久喪偽哀以謾親」（〈非儒下〉），此語可說切中周文之弊，但却抹煞了孔子攝禮歸仁的努力。從墨家對儒家的攻詰中，我們知道了儒家理論的缺陷；但是，從墨家矯枉過正、不近人情的做法上，却也對照出儒家學說的可貴所在。

　　墨子以主張「明鬼」著稱，但從他的葬埋之法看來，顯然無意保存屍體。他是否真的相信鬼神存在，大可懷疑。他批評始死招魂的儀式是非愚即偽：

　　　其親死列屍弗歛，登屋窺井，挑鼠穴，探滌器，而求其人矣。以為實
　　　在，則贛愚甚矣。如其亡也，必求焉，偽亦大矣。（《墨子‧非儒下》）

由此看來，他並不相信人死後魂魄仍存。他曾譏笑儒者「執無鬼而學祭禮，是猶無客而學客禮也，是猶無魚而為魚罟也」（《墨子‧公孟》），可是他自己對於鬼神是否會來享用祭祀所供的酒醴粢盛，也沒有把握：

　　　若使鬼神請有，是得其父母姒兄而飲食之，豈非厚利哉！若使鬼神
　　　請亡，是乃費其所為酒醴粢盛之財耳。自夫費之，非特注之汙壑而
　　　棄之也；內者宗族，外者鄉里，皆得如具飲食之。雖使鬼神請亡，
　　　此猶可以合驩聚眾，取親於鄉里。（〈明鬼下〉）

不管有無鬼神，祭祀供品最後還是被人喫了，怎樣說仍是划算的。總而言之，墨子一切由「利」出發，神道設教只是為了儆戒世人，加強其學說權威；[註3]他將「天鬼不說」列為儒家喪天下四政之一（〈公孟〉），其實在潛意識中墨子和儒家一樣對鬼神存疑。

二、莊子的生死觀

　　道家對傳統喪禮的反動比墨家更為徹底。墨家只是修改喪禮，而道家則根本否定喪禮。《老子》云：「禮者忠信之薄而亂之首」（卅八章），基本上對禮已不信任，何況是其中之一的喪禮？莊子尤其是一個絕對的個人自由主義者，[註4]自適其適，不為物役，既不願人來干我，亦不願我去干人，[註5]他自然不會費心考量設計一個能為眾人接受的喪葬制度。更進一步說，莊子直欲否定形軀之我、打破生死執著，因此生者之哀哭、死者之葬埋是完全不

〔註 3〕蕭公權，《中國政治思想史》，頁 147，頁 167。
〔註 4〕唐君毅，《人文精神之重建》，（臺北：學生書局，民國 69 年，五版），頁 189。
〔註 5〕蕭公權，前引書，頁 187。

必要的。

莊子的生死觀，在〈大宗師〉的一個故事中表現得很完整：

> 子祀、子輿、子犁、子來四人相與語曰：「孰能以無爲首，以生爲脊，
> 以死爲尻；孰知生死存亡之一體者，吾與之友矣。」四人相視而笑，
> 莫逆於心，遂相與爲友。俄而子輿有病，子祀往問之。……子祀曰：
> 「汝惡之乎？」曰：「亡，予何惡？浸假而化予之左臂以爲雞，予因
> 以求時夜。浸假而化予之右臂以爲彈，予因以求鴞炙。浸假而化予
> 之尻以爲輪，以神爲馬，予因以乘之，豈更駕哉？且夫得者，時也。
> 失者，順也。安時而處順，哀樂不能入也。此古之所謂縣解也。……」

形軀之我，適然而生，必然而死，與萬物之成毀無殊，且與萬物相互流轉變
易。勘破這一層，自我乃能脫出形軀之拘執，安其適然之生，必然之死，此
所謂「安時而處順」。進一步說，若自覺之心靈不以形軀爲自我，則形軀對自
我反而是一種負擔、一種限制，形軀之消滅反而是自我負擔限制之解除，故
說「此古之所謂縣解也」。〔註6〕因此，莊子屢喻死生爲晝夜四時循環運行（〈至
樂〉），又以生爲附贅縣疣、以死爲決疣潰癰（〈大宗師〉）。故生而不悅，死而
無禍（〈秋水〉）；死生雖大，而可不與之變（〈德充符〉）。

《莊子》外篇、雜篇中載有兩則故事，一則描寫莊子在親人死亡時的態
度，一則呈現莊子本人臨死前的態度，雖爲寓言，但頗值得玩味：

> 莊子妻死，惠子弔之。莊子則方箕踞鼓盆而歌。惠子曰：「與人居，
> 長子、老、身死，不哭，亦足矣，又鼓盆而歌，不亦甚乎！」莊子
> 曰：「不然。是其始死也，我獨何能無慨然！察其始也本无生，非徒
> 无生也而本无形，非徒无形也而本无氣。雜乎芒芴之間，變而有氣，
> 氣變而有形，形變而有生，今又變而之死，是相與爲春秋冬夏四時
> 行也。人且偃然寢於巨室，而我噭噭然隨而哭之，自以爲不通乎命，
> 故止也。」（〈至樂〉）

> 莊子將死，弟子欲厚葬之。莊子曰：「吾以天地爲棺槨，以日月爲連
> 璧，星辰爲珠璣，萬物爲齎送。吾葬具豈不備邪？何以加此！」弟
> 子曰：「吾恐烏鳶之食夫子也。」莊子曰：「在上爲烏鳶食，在下爲
> 螻蟻食，奪彼與此，何其偏也！」（〈列禦寇〉）

〔註6〕勞思光，《中國哲學史》，第一卷，頁198～201。

親死而歌，原壤已發其端。〔註7〕人若有勘破生死之智慧曠達，則不論對人或對己之死亡都可以淡然處之。然而連莊子都說：「是其始死也，我獨何能无慨然！」可見愛親哀喪實爲人之本能情感；將形軀生滅視如自然萬物流轉、因而「死生驚懼不入乎其胸中」（〈達生〉），這反倒是後天理智對先天本能的壓抑。道家固然無意奢求大眾皆能達觀若此，但是即就道者個人而言，不哭反歌、刻意矯情，爲求自然而反自然，又豈是人所能堪？魏晉老莊之學大行，阮籍性孝，聞母死留賭不輟，飲酒食肉；既而舉聲一號，吐血數升（《晉書·阮籍傳》）。阮籍既然性孝，又何必僞裝豁達？不循常禮，情感得不到適當的抒發與節制，反而更戕害了自身本眞。〔註8〕

三、神仙思想的興起

在戰國時代開始活躍的神仙思想，代表古代生死觀的一大轉變。

人老必死，本爲自然現象；求長壽乃至求不死，却又是隱藏於人心深處的一種企盼。晉趙簡子歎：「雀入于海爲蛤，雉入于准爲蜃，黿鼉魚鼈莫不能化，唯人不能，哀夫！」（《國語·晉語九》）就是這種企盼的表現。齊景公曰：「古而無死，其樂若何！」（《左傳·昭廿》），也表達了這種願望。《山海經》所紀錄的遠方異人，有「其人皆壽三百歲」的鵠國（〈神異經〉），有「其不壽者八百歲」的軒轅之國（〈海外西經〉），甚至有人民壽命長達一萬八千歲的龍伯國（〈大荒東經〉）。長壽還不算什麼，更好的是能不死；可惜的是，「不死民」（〈海外南經〉）、「不死國」（〈大荒南經〉）、「不死之山」（〈海內經〉）、「不死樹」（〈海內西經〉）、「不死之藥」（〈海內西經〉）……等等，都遠在遙不可測的國度，非中土之民所能及。〔註9〕企盼儘管企盼，然而事實上人還是不得不死去，那些荒渺難稽的傳說，只能讓人半信半疑。

可是自戰國起，許多人竟開始一本正經地追求起不死來：

〔註7〕〈檀弓下〉載：孔子之故人原壤，其母死，夫子助之沐椁。原壤登木曰：「久矣，予之不託於音也。」歌曰：「貍首之斑然，執女手之卷然。」孔子對此事的反應是很耐人尋味的：他佯裝沒有聽到，走了開來。跟隨的人問他何以不阻止？孔子曰：「丘聞之：親者毋失其爲親也，故者毋失其爲故也。」原壤雖對母失其爲親之道，孔子却仍要對友守其爲故之禮。

〔註8〕錢穆，《雙溪獨語》（臺北：學生書局，民國70年），頁73。

〔註9〕參見：杜而未，《崑崙文化與不死觀念》（臺北：學生書局，民國67年，再版），第二編：〈古代仙境與仙者〉。袁珂，《中國古代神話》（臺北：里仁，民國74年），頁259～264。

> 自齊威、宣之時，騶子之徒論著終始五德之運，及秦帝而齊人奏之，故始皇采用之。而宋毋忌、正伯僑、充尚、羨門高最後皆燕人，爲方僊道，形解銷化，依於鬼神之事。騶衍以陰陽主運顯於諸侯，而燕齊海上之方士傳其術不能通，然則怪迂阿諛苟合之徒自此興，不可勝數也。（《史記‧封禪書》）

齊威王、宣王及燕昭王，都曾使人入海求僊人及不死藥，秦皇、漢武更爲著例（〈封禪書〉）。不只帝王眷戀人世榮華而有此舉，即使平民也不例外。許多人相信：只要有適當的法門，人人均有成仙的機會。〔註10〕

東晉葛洪《抱朴子》書中，將神仙分爲三品：

> 仙經云：上士舉形昇虛，謂之天仙；中士遊於名山，謂之地仙；下士先死後蛻，謂之尸解仙。（〈論仙〉）

其中尤其值得注意的是「尸解仙」。《列仙全書》說：

> 仙法：凡非仙胎得仙者，必由尸解。上尸解用刀，下尸解用竹木。以神丹染筆書太上太玄陰生符於刀，其刀須臾即如所度者面目，奄然於床上矣。其眞人遁去，其家人但見死人不見刀也。（〈鮑靚傳〉）

「尸解仙」以殘毀軀體而死作爲求道成仙的方法，非毀壞肉體不足以解放靈魂，這種做法和傳統的全屍觀念眞是南轅北轍！除用刀之「兵解」和用竹木之「杖解」外，〔註11〕還有「火解」；《列仙傳》所載赤松子及寧封子的傳說，皆爲火化登仙。聞一多先生認爲火解與刀解均出於西羌習俗，神仙思想即由西方傳來。〔註12〕

但是有的人不願採用尸解那種「頓」的辦法，而寧願用種種修鍊的「漸」的辦法。這些方法包括：符咒感召、服食藥物、行氣導引，乃至房中之術。〔註13〕換言之，他們不願毀棄肉體生命以換取靈魂永生，而希望肉體也永遠不死；精神與形軀都長生不死，這才是人們最大的夢想吧！

傳統的喪禮，是由隆重的喪儀、喪服制度、全屍土葬、對魂魄鬼神的信仰……等因素共同組合起來的。戰國時代，墨家企圖改變葬埋及服喪方式，道家勘破生死而直欲取消喪禮，神仙方士則千方百計想逃避死亡，他們都提

〔註10〕聞一多，〈神仙考〉，收於氏著《神話與詩》（臺中：藍燈，民國64年），頁161。
〔註11〕李豐楙，〈不死的探求——道教信仰的介紹與分析〉，收於《中國文化新論：宗教禮俗篇——敬天與親人》（臺北：聯經，民國71年），頁204。
〔註12〕聞一多，前引文，頁155～158。
〔註13〕聞一多，前引文，頁164～166。

供了新的觀照生死的方式。可是，這些想法、做法畢竟僅限於少數人，對社
會大眾的影響是有限的。

第二節　戰國時代的厚葬風氣

　　戰國時代社會所風行的喪葬習俗是「短喪厚葬」。儒家對短喪大大不以為
然，墨家則傾力攻擊厚葬；可是這個風氣在春秋時代已然形成，到戰國時代
愈演愈烈，不是少數人所能挽回狂瀾的。在第四章中我們已經討論過短喪，
本章專就厚葬來談。

　　據《韓非子》載，春秋早期齊國即有厚葬之風，「布帛盡於衣衾，材木盡
於棺椁」；桓公患無布帛以為蔽、無材木以為守備，乃下令「棺椁過度者戮其
尸，罪夫當喪者」（〈內儲說上〉）。在厚葬風氣下，窮人為了要辦好喪事，有
的要向官府借錢，《周禮》規定：「凡賒者，……喪紀不過三月」（〈地官泉府〉）；
而有的貧寒貴族竟要賣亡父之妾治喪，如子碩欲鬻庶弟之母以具其母之喪
（〈檀弓上〉）。即使是孔門弟子，也違背孔子的意旨而厚葬顏淵，孔子只好歎
道：「非我也，夫二三子也」（《論語‧先進》）。戰國時代厚葬之風更盛，連大
儒孟子也不能免俗。他說：「養生者不足以當大事，惟送死可以當大事」（《孟
子‧離婁》），「君子不以天下儉其親」（〈公孫丑〉）；他顯赫時葬母太厚，曾引
起時人物議（〈梁惠王〉）。

　　西漢厚葬風氣亦盛，許多踰制現象都沿承戰國時代而來，《鹽鐵論‧散不
足》篇中即論列了喪葬制度從簡約到厚盛的演變情形。根據〈散不足篇〉並
參考考古發掘資料，可以幫助我們了解戰國時代的厚葬情況。

（1）墓　制

　　在墓制方面，〈散不足〉篇云：

> 古者不封不樹，反虞祭於寢，無壇宇之居，廟堂之位。及其後則封
> 之，庶人之墳半仞，其高可隱。今富者積土成山，列樹成林，臺榭
> 連閣，集觀增樓；中者祠堂屏閣，垣闕罘罳。

所謂「積土成山」，就是在墓上夯築高大的墳堆；所謂「臺榭連閣」，則是在
墳堆上建享堂，形成陵園建築。高大的墳堆可見於河北易縣燕下都兩個墓區
之二十多座大冢，時代屬戰國早期。以其中第十六號墓葬為例：墓上的封土
形似土丘，平面略呈長方形，四周緩圓，四邊外弧，南北長三八‧五公尺，

東西寬三二公尺，高出地面七‧六公尺，封土全部是夯築而成。〔註14〕經過二千餘年的風吹雨淋，墳堆仍保持這樣的規模，可以想見當年的壯觀景象。

至於享堂建築，其實自殷代婦好墓即有，並非始於戰國。但是婦好墓的享堂是直接築在墓壙上，而戰國時代則是在墓室上先夯高大的墳堆，再在墳堆上面築享堂。戰國時代的陵園享堂，以河北平山中山王墓（見圖四）和河南輝縣魏王墓（見圖五）為代表，尤其前者還有「兆域圖」出土，更可幫助學者復原當年陵園之全貌。根據「兆域圖」所推想的陵園建築，大致如下：總平面為橫長方形，有「內宮垣」、「中宮垣」兩道圍牆，面積八萬多平方公尺。內垣南面正中開門。垣內為凸字形墳堆，四邊呈斜坡。墳頂上橫列一組三座方二百尺的巨大享堂，中央稍高，屬中山王嚳，兩旁屬王后，三座享堂可能都有三層台榭。兩后享堂外側又有夫人堂，建在凸字形墳丘的兩翼，方一五〇尺，可能是二層台榭。內垣北面開四個門，門內為一百尺的庭院，院內建房屋。整組建築中心突出，主次分明。這是迄今所知最早的在墓地上按生人庭院設計的群體建築。〔註15〕

圖四：戰國中山王墓（M1）上享堂復原剖面圖

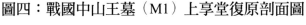

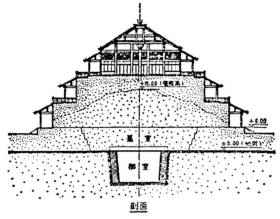

剖面

〔註14〕河北省文化局文物工作隊，〈河北易縣燕下都第十六號墓發掘〉，《考古學報》，1965 年，（2），頁 79。

〔註15〕黃展岳，〈說墳〉，頁 90～91。本節圖四、圖五均轉載自該文。並參見：傅熹年，《戰國中山王嚳出土的〈兆域圖〉及其陵園規制的研究》；楊鴻勛，〈戰國中山王陵及『兆域圖』研究〉；二文均載《考古學報》，1980 年，（1）。

圖五：輝縣固圍村魏墓陵園原狀想像圖

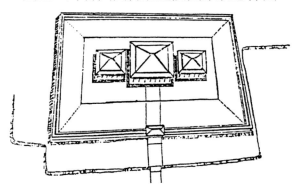

　　高大墳堆和陵園享堂不僅代表奢侈而已。在西周晚期到春秋早期的上村嶺虢國墓地的貴族「公墓」中，我們看到上自隨葬七鼎六簋的虢太子、下至毫無任何隨葬品的貧寒貴族，都集葬在同一個墓地上，顯示當時仍有族葬的傳統。而在宗法制度動搖後，「公墓」也發生變化。戰國早期的燕下都二十多座大冢，代表王室冢墓單獨集中一地；而到戰國中晚期，又有以一個國君為中心的陵墓，中山王墓和魏王墓皆是如此，這和秦始皇陵已相當接近，象徵著君權的日益增強。〔註16〕至於漢代，不僅皇帝依山為陵，連「富者」也「積土成山，列樹成林」，是僭禮厚葬的進一步發展。

　　戰國時代的中、小型墓雖沒有高墳和享堂，但它們在墓制上也有僭禮現象，最明顯的是墓道的出現。

　　商代的墓道建築，只有在君王或高級貴族的大墓中才出現。有的是四條墓道，如河南安陽侯家莊八座大墓、〔註17〕山東益都蘇埠屯一號墓；〔註18〕有的是二或一條墓道，如河南安陽武官村大墓、〔註19〕河南洛陽東郊一、二、三、一〇一、一〇四等幾座大墓。〔註20〕周代諸侯墓中，西周時期的濬縣辛村衛國諸侯墓多有二條墓道；〔註21〕春秋晚期的壽縣蔡侯墓沒有墓道；〔註22〕

〔註16〕　王世民，〈中國春秋戰國時代的冢墓〉，《考古》，1981 年，（5），頁 464～465。

〔註17〕　楊錫璋、楊寶成，〈從商代祭祀坑看商代如隸社會的人牲〉，《考古》，1977 年，（1），頁 13。

〔註18〕　山東省博物館，〈山東益都蘇埠屯第一號奴隸殉葬墓〉，《文物》，1972 年，（8），頁 17。

〔註19〕　郭寶鈞，〈1950 年春殷墟發掘報告〉，《中國考古學報》，（5），1951 年，頁 7。

〔註20〕　郭寶鈞、林壽晉，〈1952 年秋季洛陽東郊發掘報告〉，《考古學報》，（9），頁 93～96，頁 103。

〔註21〕　郭寶鈞，《濬縣辛村》（北京：科學出版社，1964 年），頁 7～8。

戰國早期的隨縣曾侯墓，雖然規模甚大，也沒有墓道；〔註 23〕至於戰國晚期
的河北平山中山王墓、〔註 24〕河南輝縣魏王墓則各有二條墓道。〔註 25〕《左
傳》載晉文公「請隧」，為周天子所拒（《左傳・僖廿五》），周代禮制是絕對
禁止諸侯築任何墓道、抑或只是限制墓道的數目，我們現在已無從得知；但
是墓道不可輕易修築，則是可以確定的。因為，墓道是用來運棺椁下壙的斜
坡路，如果不是棺椁厚重龐大，就不需要墓道，從墓穴上以繩懸棺而下即可；
因此一般來說，墓道與厚葬有密切關係（參見左傳廿五年《會箋》之說）。

可是，戰國時代除了上述諸侯大墓有墓道之外，某些大墓也有一條墓道，
〔註 26〕如山西長治分水嶺之 M 三五、〔註 27〕河南洛陽西郊之 M 一、〔註 28〕
湖南長沙之 M 三〇七、M 四〇六。〔註 29〕而且，中型墓也有的有一條墓道，
如湖南長沙有十座，編號是一〇一、一一八、一二四、一二五、三一三、三一
八、三二二、三二四、三四〇、三五四；〔註 30〕湖北松滋縣大岩嘴也有若干帶
墓道的中型墓，報告者未說明詳細數目；〔註 31〕安徽淮南市蔡家崗趙家孤堆
M 一、M 二亦各帶有一條墓道。〔註 32〕尤有甚者，連某些小型的墓葬也有一
條墓道，如長沙的一〇五、一〇六、一一二、二二〇、二四六、三〇二、三一

〔註 22〕 中國科學院考古研究所，《壽縣蔡侯墓出土遺物》（北京：科學出版社，1956
年），頁 4。
〔註 23〕 湖北省博物館，《隨縣曾侯乙墓》（北京：文物出版社，1980 年），圖版一。
〔註 24〕 河北省文物管理處，〈河北省平山縣戰國時期中山國墓葬發掘報告〉，《文物》，
1979 年，（1），頁 2。
〔註 25〕 中國科學院考古研究所，《輝縣發掘報告》（北京：科學出版社，1956 年）。
〔註 26〕 大、中、小三型墓的劃分，根據鄭良樹先生的標準是：
大型墓坑——長四公尺以上，寬三公尺以上。
中型墓坑——長三公尺至四公尺，寬二公尺至三公尺。
小型墓坑——長三公尺以下，寬二公尺以下。
見氏著《儀禮士喪禮墓葬研究》（臺北：臺灣中華書局，民國 60 年），頁 4。
〔註 27〕 山西省文物管理委員會、山西省考古研究所，〈山西長治分水嶺戰國第二次發
掘〉，《考古》，1964 年，（3），頁 135。
〔註 28〕 中國科學院考古研究所洛陽工作，〈洛陽西郊一號戰國墓發掘記〉，《考古》，
1959 年，（12），頁 653。
〔註 29〕 中國科學院考古研究所，《長沙發掘報告》（北京：科學出版社，1957 年），附
表一。參見鄭良樹《儀禮士喪禮墓葬研究》，頁 65。
〔註 30〕 鄭良樹，前引書，頁 81〜82。
〔註 31〕 鄭良樹，前引書，頁 90 引。
〔註 32〕 安徽省文化局文物工作隊，《安徽淮南市蔡家崗趙家孤堆戰國墓》，《考古》，
1963 年，（4）。

五、三二六、三五三等九座墓均是如此。〔註33〕以上之例，多出於楚地。這可能代表楚本不受周禮太大的約束，因此有較自由的發展。

除此之外，從戰國中晚期開始，關中、中原一帶的小型墓出現了洞室墓及空心磚墓二種新的形制。洞室墓是由壁龕發展而來，〔註34〕空心磚墓則是以空心磚築成長方形椁室、代替了木椁。它們雖不能說是一種厚葬現象，但也表現了社會下層民眾在禮制之外的活潑求變。

（2）棺　制

在棺制方面，〈散不足〉篇云：

> 古者瓦棺容尸，木板聖周，足以收形骸、藏髮齒而已。及其後桐棺
> 不衣，采棺不斷。今富者繡牆題湊；中者梓棺楩椁；貧者畫荒衣袍，
> 繒囊緹橐。

據《漢書集注》，「題湊」是堆在椁外的層層木頭，〔註35〕可做為對屍體的加強保護；「梓棺楩椁」是對棺椁材質的講究；而「畫荒衣袍、繒囊緹橐」則是罩在棺外的布帛棺飾。從這裏我們可以發現，這些新的花樣都是在棺椁重數規定之外動腦筋，而不正面牴觸「天子棺椁七重、諸侯五重，大夫三重，士再重」的等級制度。

考古發掘顯示，戰國時代的確仍維持嚴格的棺椁等級制。〔註36〕目前已知棺椁重數最多的墓葬，是湖南湘鄉牛形山楚墓，M一、M二均為二椁三棺。〔註37〕

在棺椁材質方面，考古者大多略而不提，因此我們無法多談。不過，製造棺椁以「獨板」（或稱「整板」）為貴，值得我們注意。〔註38〕《莊子·天下》：「宋有荊氏者，宜楸柏桑。……三圍四圍，求高名之麗者斬之。七圍八圍，貴人富商之家求樿傍者斬之」，所謂「樿傍」就是獨板，是指棺椁四壁均用整塊大木板製成，而非由數塊小木板拼湊而成。華屋棟樑只需「三圍四圍」

〔註33〕鄭良樹，前引書，頁124。

〔註34〕鄭良樹，前引書，頁141。

〔註35〕《漢書·霍光傳》：「賜……梓宮、便房、黃腸題湊各一具。」集注蘇林曰：「以柏木黃心致累棺外，故曰黃腸。木頭皆內向，故曰題湊。」如淳曰：「漢儀注：天子陵……內梓宮，次楩椁，柏黃腸題湊。」

〔註36〕王仲殊，〈中國古代墓葬概說〉，《考古》，1981年，（5）。

〔註37〕湖南省博物館，〈湖南湘鄉牛形山一、二號大型戰國木椁墓〉，《文物資料叢刊》，1980年，（3），頁99～101。

〔註38〕尚秉和，《歷代風俗事物考》，頁263。

的木材即可勝任，而棺椁樺傍却需「七圍八圍」的巨木才能辦到，其珍貴難得可想而知。

　　湖南湘鄉牛形山一號墓，是三棺二槨的大墓，槨用楓木，棺用梓木，其中彩繪內棺用六塊整板樺合而成。〔註39〕不僅大墓如此，中小型墓亦然。湖北松滋縣大岩嘴的中小型戰國墓葬中，M二七有一棺一椁：椁的外框由四塊整板圍成，四角用凸凹樺卵合，長二・四八公尺，寬〇・九公尺，高〇・八三公尺，椁蓋椁底則爲合成板。而棺的壁、蓋、底全用整板，亦用樺卵合，長一・八二公尺，寬〇・四四公尺，高〇・五七公尺。〔註40〕湖南常德德山所出土的戰國中小型墓中，M二五有二椁一棺，其中內椁均爲大塊整板構成。〔註41〕上述三例亦皆與楚文化有關，這是值得留意的。

　　不衹觸棺椁重數規定、而在形制設計上別出心裁，戰國早期的隨縣曾侯乙墓是很好的例子。墓主雖爲諸侯，却只用了「大夫三重」、二棺一椁之制，似有自行貶損的意味。不過，他在特大規模的形制上得到了補償：木椁分爲四室，內葬精緻的髹漆彩繪木棺二十二具。曾侯自己的外棺，是用十條銅柱構成框架、在其間嵌入木板而成，長三・二公尺，寬二・一公尺，高二・一九公尺；內棺則是長二・四九公尺，寬一・二七公尺，高一・三二公尺。內外棺塗朱漆或黑漆，並繪製紅、黑、金黃色圖案。〔註42〕製造這麼巨大華麗的棺椁，在人力物力上的花費都相當驚人。

（3）隨葬器物

　　在隨葬器物方面，〈散不足〉篇云：

> 古者明器，有形無實，示民不用也。及其後則有醯醢之藏，桐馬偶人彌祭，其物不備。今厚資多藏，器用如生人。郡國縣吏，素桑楺偶車櫓輪；匹夫無貌領，桐人衣紈綈。

西漢賢良文學認爲隨葬品的演變趨勢是由鬼器而人器，木偶也漸趨逼眞，似有愈來愈以死者爲有知的傾向。這和我們的了解有些出入。不錯，根據孔子所說「塗車芻靈，自古有之」（〈檀弓下〉）以及「始作俑者，其無後乎」的話

〔註39〕〈湖南湘鄉牛形山一、二號大型戰國木槨墓〉，頁99。

〔註40〕鄭良樹，前引書，頁261。

〔註41〕湖南省博物館，〈湖南常德德山楚墓發掘報告〉，《考古》，1963年，（9），頁464。

〔註42〕《隨縣曾侯乙墓》，頁3。

看來，遠古先民是以芻靈與俑來陪葬；﹝註43﹞此外，人俑的製造也確是由粗而精：戰國人俑一般只有簡單刻畫的外型、五官不明，而漢俑已具恬靜站立的造型。﹝註44﹞可是賢良文學忽略了一件重要的事：介乎遠古與漢代之間的商周，是流行以人為殉的，鮮少以人俑陪葬；直到戰國以後，人俑漸增；漢以後人俑更多更精，而人殉則幾乎絕跡。﹝註45﹞如果考慮到人俑有取代殺殉的意義，則精製人俑雖然也是一種浪費，但畢竟還是一種漸趨理性的進步。

就考古材料看，戰國時代的殺殉，較商、西周少，而較春秋時代為多。不過，到目前為止，春秋時代墓葬發掘出土者本就不多，戰國墓葬出土者則數量可觀；因此考古資料雖顯示戰國人殉多於春秋，並不一定代表實際上戰國人殉之風較春秋為盛。據黃展岳氏在 1974 年的統計，已發現的三千多座戰國墓中，殉人的有三十多座，殺殉約一百人左右。﹝註46﹞1974 年以後，陸續又發現其他大型殉人墓，如前述隨縣曾侯乙墓有二十一人陪葬；臨淄郎家莊一號墓有十七人陪葬、具備棺椁，九人被砍殺肢解、沒有葬具。﹝註47﹞

除了殉人之外，其他隨葬品——仍以人器為主——更是豐富。

在青銅禮器方面，鼎制在春秋中期至戰國早期遭到第二度破壞。各國諸侯遠比周王室強大，他們統統僭用天子鼎制；如河南新鄭南關鄭伯墓出大牢九鼎、大牢七鼎各一套，安徽壽縣蔡昭侯墓亦然。不僅如此，由於卿大夫日漸專擅諸侯之權，連卿大夫也開始僭用九鼎。如河南輝縣琉璃閣墓甲和 M 六○均屬晉卿范氏之墓，都出大牢九鼎；山東臨淄的齊卿國子之墓，埋存器物未全出，目前只發現銅鼎八件，原來亦當是九鼎成套。﹝註48﹞

至於平民，他們雖不敢僭用青銅禮器，但也使用巧妙的方法來鑽禮制的漏洞——使用仿銅之陶製禮器。洛陽中州路有隨葬品的一六五座墓中，除少數有銅器的墓之外，其餘墓的陶器組合顯現了這種變化：春秋早期完全是鬲、盆、罐等日用器；春秋中期開始出現個別的陶鼎等禮器；春秋晚期陶製禮器已佔壓倒性優勢；到了戰國時期，豆、壺這類陶器就完全取代了鬲、盆、罐

﹝註43﹞郭沫若，〈關於周代社會的商討〉，收於氏著《奴隸制時代》（北京：人民出版社，1977 年三刷），頁 102。

﹝註44﹞錢伊平，《隋唐人俑研究》（臺大歷史研究所碩士論文，1976 年），未刊，頁 34。

﹝註45﹞錢伊平，前引文，頁 32～33。

﹝註46﹞黃展岳，〈我國古代的人殉與人牲〉，頁 161。

﹝註47﹞山東省博物館，〈臨淄郎家莊一號東周殉人墓〉，《考古學報》，1977 年，（1），頁 76，頁 85～88。

﹝註48﹞俞偉超、高明，〈周代用鼎制度研究〉（下），頁 83～85。

等一般陶器。〔註49〕

戰國中晚期，鼎制遭到第三度破壞。湖北江陵望山楚墓 M 一的墓主雖屬王族，但尚未封爵，只相當於大夫一級，居然也僭用九鼎。此外，許多楚墓使用偶數鼎，打破了「鼎俎奇而籩豆偶」的用鼎根本型態。至於西方的秦，其平民始終不用陶製禮器；而爲了配合秦人特有的二十等爵制，把少牢五鼎以上的規格，限制爲銅二鼎。〔註50〕秦人限制厚葬，但却對周代鼎制傳統做了最徹底的破壞。

除了禮器之外，一些炫富性質的陪葬品也大量增加，如金銀器、漆器、以及大量日用陶器等，〔註51〕其中尤以漆器的增加最爲顯著。漆器的製造，要經過多重手續：製胚、灰地、髹漆、鑲金銅扣、刻字刻花、描畫花紋、罩漆打磨，各由不同工匠負責。因爲漆器製作精美，所以造價高昂。〈散不足篇〉謂：「一文杯得銅杯十」，漆器在當時的價值是銅器的十倍。〔註52〕以雲夢睡虎地秦墓爲例，M 十一的墓主「喜」是隨葬二銅鼎的低級官吏，他的墓中即有許多漆器，包括有：漆耳杯二十三個，漆圓盒、漆圓奩、漆匕、漆盂各二個，還有漆橢圓奩、漆卮、漆笥、漆樽等各一個。〔註53〕到漢代以後，銅器減少，漆器益增，馬王堆一號漢墓即有一百八十餘件漆器出土，包括飲食器、盛水器、化妝用品、家具等各個種類，〔註54〕這是厚葬風氣的進一步發展。

從以上的敘述看來，戰國時代不論貴族或平民，在墓制、棺制、隨葬品等方面，莫不表現出踰制奢侈的情形。所謂「踰制」，是明目張膽地突破禮制的規定，如中小墓出現墓道，卿大夫用九鼎。而所謂「奢侈」，則是在不違背禮制規定的前提下，增加許多新的講究，如使用獨板棺椁、陶製禮器、精美漆器等等。綜觀起來，「奢侈」要比「踰制」的情況來得普遍，孟子「後喪踰前喪」的例子正是如此：

〔註49〕楊錫璋、李經漢，〈從考古學上看秦和東方各國的社會差別〉，《考古》，1974年，(5)，頁296。並參見：中國科學院考古研究所，《洛陽中州路（西工段）》（北京：科學出版社，1959年），頁141。

〔註50〕俞偉超、高明，〈周代用鼎制度研究〉（下），頁89～93。

〔註51〕王明珂，〈慎終追遠——歷代的喪禮〉，頁327。

〔註52〕潛齋，〈漢代的精密工業——試述馬王堆漆器〉，《故宮文物》，民國73年，第一卷第十期，頁48。

〔註53〕雲夢睡虎地秦墓編寫組，《雲夢睡虎地秦墓》（北京：文物出版社，1981年）。

〔註54〕熊傳新，〈馬王堆漢墓的漆器〉，收於《馬王堆漢墓研究》，頁356～357。

（魯平公將見孟子，嬖人臧蒼沮之。）

樂正子入見曰：「君奚爲不見孟軻也？」曰：「或告寡人曰：『孟子之後喪踰前喪』，是以不往見也。」曰：「何哉？君所謂踰者，前以士，後以大夫；前以三鼎，而後以五鼎與？」曰：「否，謂棺椁衣衾之美也。」曰：「非所謂踰也，貧富不同也。」（《孟子‧梁惠王》）

孟子由士升爲大夫身份，按禮其父母所用之鼎可以增加，的確不算踰制。但是他在富有之後，講究棺椁衣衾材質製作之美，就是奢侈了。

厚葬風氣引發了盜墓猖獗的後遺症。《呂氏春秋》云：

國彌大，家彌富，葬彌厚。……姦人聞之，傳以相告。上雖以嚴威重罪禁之，猶不可止。且死者彌久，生者彌疏，則守者彌怠。守者彌怠，而葬器如故，其勢固不安矣。……（〈孟冬紀‧節喪〉）

今有人於此，爲石銘置之壟上曰：「此其中之物，具珠玉、玩好、財物、寶器甚多，不可不抇。抇之必大富，世世乘車食肉。」人必相與笑之，以爲大惑。世之厚葬，有似於此。……是故大墓無不抇也。（〈孟冬紀‧安死〉）

《呂氏春秋》的作者認爲，厚葬完全出於生者「示富」之心，「不以便死爲故，而徒以生者之誹譽爲務」（〈節喪〉），反而使死者不得安寧，有違「葬也者藏也」之義，因此他認爲：若是慈親孝子，就不該厚葬其親人。

但是戰國儒家却大不以爲然。孟子說他之所以講究棺木——

非直爲觀美也；然後盡於人心。不得，不可以爲悅；無財，不可以爲悅。得之爲有財，古之人皆用之，吾何爲獨不然？且比化者，無使土親膚，於人心獨無恔乎？（《孟子‧公孫丑》）

孟子認爲厚葬是盡生者的一份心意，不只是爲好看而已；而且厚葬還得具備「合禮」與「富有」二個條件，現在他既然有此條件，自然不肯輕易放棄這個權利。同樣的，荀子雖反對「刻生附死」，但也反對「刻死附生」（《荀子‧禮論》），因爲「刻死附生」有違孝道。對於所謂「厚葬招致盜墓猖獗」的說法，荀子力加批駁。他認爲：若天下有道，人人豐衣足食，則自然會有廉恥之心，「雖珠玉滿體，文繡充棺，黃金充椁，……人猶且莫之抇也。是何也？則求利之詭緩，而犯分之羞大也。」可是戰國時代却是亂世：

上以無法使，下以無度行。……王公則病不足於上，庶人則凍餒羸瘠於下。於是焉桀紂群居而盜賊擊奪以危上矣；安禽獸行、虎狼貪，

> 故脯巨人而炙嬰兒矣。若是，則有何尤抇人之墓、抉人之口而求利
> 矣哉！雖此儀而埋之，猶且必抇也，安得葬埋哉？彼乃將食其肉而
> 齕其骨也。……（《荀子‧正論》）

荀子就時代的動亂、百姓的困窮來探討盜墓現象的根本原因，的確有其見地。但是他之所以反對「厚葬招致盜墓猖獗」的說法，恐怕主要是因為此說有妨「孝子送死飾終」之心。不過，以「盡孝」來對厚葬加以合理化，很容易造成以下的後果：

> 厚葬重幣者稱以為孝，顯名著於世，光榮著於俗，故黎民相慕效，
> 至於發屋賣業。（〈散不足〉）

這恐怕就不是孟、荀所樂見的吧

或問：戰國厚葬現象何以這樣普遍？——大致說來，我們認為至少有三個原因：一、禮制鬆動，不能制裁厚葬行為。二、生產力提高，使得許多人有厚葬的經濟能力。三、出於盡孝或炫富的動機。

除了這三個原因之外，造成全屍土葬習俗產生的最初因素——「死者有知」的信仰——在戰國以後卻似趨於淡薄。人俑逐漸取代人殉，備物而不可用的陶製明器增加，〔註55〕都反映了這個趨勢。甚至連喪禮哀肅的氣氛也變了：

> 古者鄰有喪，舂不相杵，巷不歌謠。孔子食於有喪者之側，未嘗飽
> 也；子於是日哭，則不歌。今俗因人之喪以求酒肉，幸與小坐，而
> 責辦歌舞俳優，連笑伎戲。（〈散不足〉）

喪家用歌舞伎戲來取悅生者的成份，恐怕比取悅死者的成份來得多吧？

久喪不行，厚葬轉盛。春秋戰國時代喪禮的改變，不過是整個禮教式微的一端而已。「郁郁乎文哉」的周禮何以淪喪至此？值得我們深思。

第三節　禮教的式微

周禮以「文」著稱，繼承夏商之制而益趨完備。但長久實行下來，其弊病也正落在過重文飾、流於形式上。禮教的式微不是個別的現象，它牽涉到整個政治經濟社會環境的大變動；但是我們如果不從外緣環境探討，而專就禮的內在脈絡來看這個問題，則禮文本身的缺陷實在也導致了禮教的式微。

在第二章第三節中我們曾談到，禮有狹義與廣義；狹義的禮，是指具體

〔註55〕鄭德坤、沈維鈞，《中國明器》，（哈佛燕京社，民國 22 年），頁 23～32。

的典禮儀式。春秋時代多數士大夫對禮的了解，都限於狹義方面。這狹義的「禮」，是貴族教育的重要課目之一：

> 樂正崇四術，立四教，順先王詩書禮樂以造士。春秋教以禮樂，冬夏教以詩書。(《禮記·王制》)

而他們所學習的禮的主要內容，是「禮容」。《周禮·地官保氏》云：

> 掌諫王惡，而養國子以道。……乃教之六儀：一曰祭祀之容，二曰賓客之容，三曰朝廷之容，四曰喪紀之容，五曰軍旅之容，六曰車馬之容。

所謂「禮容」，就是貴族在典禮中周旋揖讓、升降進退的規矩和姿態，由此表現出一定的威儀，如鄭司農所云：「祭祀之容，穆穆皇皇。賓客之容，嚴恪矜莊。朝廷之容，濟濟蹌蹌。喪紀之容，涕涕翔翔。軍旅之容，闞闞仰仰。車馬之容，顛顛堂堂」(《周禮·保氏注引》)。貴族在典禮中能依其身份、畢恭畢敬地表現適當的禮容，這就算是合禮了。

當時的人非常重視禮容，常依禮容是否慎重恭敬，來覘人生死存亡。如晉卻錡如魯乞師，致君命不敬，孟獻子曰：「卻子其亡乎！禮，身之幹也；敬，身之基也。卻子無基。……」(《左傳·成十三》) 又如：柯陵之會，晉厲公視遠步高，單襄公曰：

> 夫君子目以定體，足以從之，是以觀其容而知其心矣。目以處義，足以步目。今晉侯視遠而足高，目不在體，而足不步目，其心必異矣。目體不相從，何以能久？……(《國語·周語下》)

由儀節失度來判斷人有死亡之兆，見於《左傳》、《國語》中者，不勝枚舉。這固然代表時人對禮容的重視，卻也同時反映出失禮的現象是何等普遍。會盟失禮之例，如陳五父如鄭蒞盟，歃如忘 (《左傳·隱七》)；商任之會，齊、衛二君不敬 (《左傳·襄卅一》)；戚之會，單成公視下而言徐 (《左傳·昭十一》)。朝聘失禮之例，如邾隱公朝魯，邾子執玉高、其容仰，魯侯受玉卑、其容俯 (《左傳·定十五》)；衛孫文子聘魯，魯侯登、孫子亦登 (《左傳·襄七》)。宴享失禮，如衛侯享晉苦成叔，苦成叔傲 (《左傳·成十四》)；鄭伯享蔡侯，蔡侯不敬 (《左傳·襄廿八》)。此外，天王使內史過賜晉惠公命，晉侯執玉卑，拜不稽首 (《周語上》)；晉趙同獻狄俘於周，不敬 (《左傳·宣十五》)；鄭悼公如晉拜成，視流而行速，不安其位 (《左傳·成六》)；葬蔡平公，蔡太子失位在卑 (《左傳·昭廿一》)。……

　　貴族失禮的現象出現得這樣頻繁，使人不禁懷疑：當時的師、保之教，庠序之制，究竟發揮了什麼教育功能？〔註 56〕再從另一方面看，如果執玉高低、登階先後、目光上下、言語疾徐……就構成了當時多數人心中禮的主要內容，禮焉得不淪爲形式，而爲貴族所怠於學？

　　舉行典禮時需要兩種不同人物，除了行禮的主體──貴族──之外，還要有相禮之人──祝宗卜史。曾子說：

> 君子所貴乎道者三：動容貌……，正顏色……、出辭氣……。籩豆之事，則有司存。（《論語・泰伯》）

這段話可以顯現這兩種人在典禮中的不同角色。在一些特別重要的大典中，相禮者也由貴族擔任：如鍾離之會，齊高厚相太子光（《左傳・襄十》）；周天子使人賜晉侯命，呂甥、郤芮相晉侯（《國語・周語上》）；魯昭公如楚，孟僖子爲介（《左傳・昭七》）。但是在一般典禮中，大多由專門的祝宗卜史來司儀相禮。

　　春秋時代祝宗卜史四職分別不大，祝史、卜史往往連用。〔註 57〕他們主要掌管和宗教有關的事務，如祭祀、喪葬等典禮，其後並擴及其他政治性的典禮。〔註 58〕在典禮中，他們必須熟悉儀節程序、禮器用途、賓主位次。由於此中細節十分繁瑣，相禮便成爲一種專業知識，而祝宗卜史之職亦每每世襲。〔註 59〕在喪禮中，「祝」的職務最爲繁重：「夏祝」掌淅米、鬻餘飯、進奠、徹奠；「商祝」掌襲、含、小斂、大斂、拂柩、飾柩、御柩；「周祝」則掌取銘。〔註 60〕此外，將葬之前，還有「主人之史」讀賵（宣讀賓客所贈陪葬品），「公史」讀遣（宣讀主人所備陪葬品）（《儀禮正義》，卷三十）。

　　典禮向爲周人所重，而祝宗卜史又在其中擔任繁重職務；奇怪的是，祝宗卜史的社會地位竟是很低微的，直到漢代猶且如此：

〔註 56〕孫曜，《春秋時代之世族》，頁 42～43。

〔註 57〕李宗侗，〈史官制度──附論對傳統之尊重〉，原載於《臺大文史哲學報》，（14），民國 54 年。
　　　　收入：杜維運、黃進興編，《中國史學史論文選集》（臺北：華世，民國 65 年），頁 74。

〔註 58〕沈剛伯，〈說史〉，原載於：《大華晚報》，民國 59 年 12 月 21 日，收入：《中國史學史論文選集》，頁 10～13。

〔註 59〕劉師培，〈補古學出於史官論〉，原載：《國粹學報》，（17），1906 年。
　　　　收入：《中國史學史論文選集》，頁 5。

〔註 60〕胡培翬，《儀禮正義》，〈士喪禮〉，卷 26，《沐浴》條。

> 凡執技以事上者，祝、史、射、御、醫、卜及百工，……不貳事，
> 不移官。出鄉不與士齒。(《禮記‧王制》)

> 文史星曆，近乎卜祝之間，固主上所戲弄，倡優畜之，流俗之所輕
> 也。(《漢書‧司馬遷傳》)

韓非子認為這是因為：「今巫祝之祝人曰：『使若千秋萬歲』。千秋萬歲之聲聒
耳，而一日之壽無徵於人；此人所以簡巫祝也。」(《韓非子‧顯學》)巫祝的
宗教權威隨著理性的開發而降低，這的確是其地位低微的重要原因。而除此
之外，儒家認為還有更重要的理由：

> 禮之所尊，尊其義也。失其義、陳其數，祝史之事也。故其數可陳
> 也，其義難知也。(《禮記‧郊特性》)

> 鋪筵席、陳尊俎、列籩豆、以升降為禮者，禮之末節也，故有司掌
> 之。……宗祝辨乎宗廟之禮，故後尸。商祝辨乎喪禮，故後主人。

> 是故德成而上，藝成而下。行成而先，事成而後。(《禮記‧樂記》)

祝宗卜史只知禮文形式，不了解禮文背後的深意，徒有專業知識而不能識大
體，因此被人看輕。可是，連最嫻於禮文的人都不了解禮義，禮如何能不變
成餖飣繁碎、告朔餼羊？

　　禮重文飾，教人「恭儉莊敬」，自卑尊人，減少人際磨擦，本來是件美事；
但是文飾過度，則未免有失於「煩」(《禮記‧經解》)。一獻之禮，賓主百拜；
一見之禮，賓主五請；執摯必先固讓，執玉必先固辭；入門必每曲揖，洗爵
必下堂階……；〔註61〕稱之為繁文縟節，絕不為過。由於太重形式，在此風
氣薰陶下的社會，難免就流於虛偽巧詐。太史公云：「周秦之間，可謂文敝矣」
(《史記‧高祖本紀》)，《禮記‧表記》謂之為「利而巧，文而不慚，賊而蔽」，
而《白虎通義》則以「薄」一字貶之(〈三教〉)。周、魯、晉可謂春秋時代華
夏文化的代表國家，但三地民風皆有文勝之弊。如周：

> 周人之失巧偽趨利，貴財賤義，高富下貧。喜為商賈，不好仕官。(《漢
> 書‧地理志》)

如魯：

> 鄒、魯濱洙、泗，猶有周公遺風，俗好儒，備於禮，故其民齪齪。……
> 及其衰，好賈趨利，甚於周人。(《史記‧貨殖列傳》)

〔註61〕皮錫瑞，《經學通論》，(三)(臺北：商務，民國67年臺三版)，頁19。

而晉則是：

> 其民諂諛葆詐，巧佞而好利。(《管子‧水地》)
>
> 太原、上黨……多晉公族子孫，以詐力相傾，矜夸功名，報仇過直，
>
> 嫁取送死奢靡。(《漢書‧地理志》) 〔註62〕

以「巧」為手段，以「利」為歸趨，是文飾過度的必然結果。養生送死禮俗上的奢侈踰制，也是文勝的表現。

　　文飾的問題本來只算是禮的「典章制度」層面，但是道器難以相離，典章制度層面出現流弊，寓託在其中的人倫關係也會發生變化。在《禮記‧坊記》中，孔子感歎當時社會人倫的劇變，包括：諸侯擴張實力；同姓之民弒君；民犯齒犯貴；民偕死而號無告；民薄於孝而厚於慈；諸侯薨而不葬；子弒其父；民貴祿而賤行；民忘義爭利以亡其身；民自獻其身；魯昭公娶同姓；陽侯殺繆侯而竊其夫人；民以色厚於德；民淫佚而亂於族；婦不親夫以孝舅姑……等等。這樣一幅父子無親、君臣無義、長幼無序、男女無別的亂世景象，和晏子心目中的「君令臣共、父慈子孝、兄愛弟敬……」的理想有多麼大的差距！

　　唐君毅先生認為：先秦諸子學說，主要都是為對治周文疲敝的問題而發。〔註63〕孔子尊重舊有禮文形式，而特別拈出人心之仁，強調「文」之質；墨

〔註62〕 參見：嚴耕望，〈戰國時代列國民風與生計 —— 兼論秦統一天下之一背景〉，《食貨》，復刊第十四卷第九、十期，民國74年。

〔註63〕 唐君毅，《中國人文精神之發展》(臺北：學生，民國67年臺三版)，頁24～27。

先秦諸子心目中的理想社會，大多都以去除文偽、反樸歸真為理想。如《禮記‧禮運》：「大道之行也，天下為公。選賢與能，講信脩睦。故人不獨親其親，不獨子其子。……是故謀閉而不興，盜竊亂賊而不作，故外戶而不閉；是謂大同。」

《老子》：「小國寡民，使有什佰之器而不用，使民重死而不遠徙。雖有舟輿，無所乘之。雖有甲兵，無所陳之。使民復結繩而用之。甘其食，美其服，安其居，樂其俗。鄰國相望，雞狗之聲相聞，民至老死不相往來。」

《莊子‧馬蹄》：「至德之世，其行填填，其視顛顛。……同與禽獸居，族與萬物並，惡知乎君子小人哉？」

《韓非子‧大體》：「至安之世，法如朝露，純樸不散。心無結怨，口無煩言。故車馬不疲弊於遠路，旌旗不亂於大澤，萬民不失命於寇戎，雄駿不創壽於旗幢，豪傑不著名於圖書，不錄功於盤盂，記年之牒空虛。」

諸子對如何使社會反樸歸真雖有不同看法，但是一致主張去除文偽，可見文飾過度確為周末社會的沉疴。

子將禮文依實用價值加以殺減；而莊子如天外矯龍、完全超出禮文約束之外；法家則行嚴刑酷法，壓制文勝以後巧僞趨利的民風。

禮制之弊積重難反，戰國時代禮遂歸於沉淪。顧炎武論周末風俗云：

> 春秋時猶尊禮重信，而七國絕不言禮與信矣！春秋時猶宗周王，而七國則絕不言王矣！春秋時猶論宗姓氏族，而七國則無有矣！邦無定交，士無定主。……不待始皇之并天下，而文武之道盡矣！（《日知錄》卷十七）

秦統一六國，行法家之治，以重刑治文僞之民，但效果適得其反。西漢大儒董仲舒云：

> 自古以來，未嘗有以亂濟亂、大敗天下之民如秦者也。其遺毒餘烈，至今未滅，使習俗薄惡，人民嚚頑，抵冒殊扞，孰爛如此之甚者也。
> （《漢書‧董仲舒傳》）

他主張，漢承大亂之後，其救偏補弊之道在於：

> 若宜少損周之文致，用夏之忠者。（〈董仲舒傳〉）

董生之言極是：禮文之弊，在於形式化、行禮之人無眞誠。莊子全盤棄絕禮文人倫，雖成全其個人之自在逍遙，奈何摒棄禮文即等於摒棄人文歷史傳統，終非群居之道。吾人欲保留此傳統而加以改革，如墨子一般殺減禮文，實不失爲可行之法；惟墨子之殺減標準一以功利實用爲斷，則有待商榷。法家以重罰對付姦巧，是治標而非治本，民免而無恥而未能格恥；「法令滋章，盜賊多有」，法網愈密姦僞愈生，不啻以亂易亂，揚湯止沸。孔子最嫻於禮，也深悉禮文之弊；他提出攝禮歸仁的主張，立誠爲先，文飾居後，這可說是拯治文弊的最佳藥石。董生繼述孔子之志，又有當道得君之便，遂能行其「復古更化」之策。

然而，漢家制度不純任德教，以霸王道雜之，持刑仍深（《漢書‧元帝紀》）。民間所行禮俗，沿戰國以下奢僭風氣而益甚。就喪禮而言：在喪期方面，文帝有短喪之詔，以日易月，臣子三十六日除服；此後不僅國喪如此，民眾服父母之喪亦以日易月，這比墨子所定三月之喪還要短。東漢喪服無定制，大抵罕爲父母服三年。而少數狗名義者，寧過而無不及，如江革不忍除服，東海王臻二度爲父服。但有的人完全是爲沽名釣譽才服久喪，如趙宣服喪二十餘年，鄉里稱其孝，然五子皆服中生。〔註 64〕在葬埋方面，兩漢厚葬之風特

〔註64〕趙翼〈兩漢喪服無定制〉條，《廿二史劄記》，卷三，（臺北：華世，民國 66

盛,至有約其父母之供養、以豫儲父母沒後之用者。天子下詔以爲戒,長吏下令以爲禁,識者陳議以爲譏,而少數明達之士乃抗俗遺言薄葬,武帝時楊王孫裸葬即首開其風。〔註65〕短喪厚葬相沿成習,久喪薄葬反成矯俗特例。攝禮歸仁的理想終究只能成爲少數個人的修身圭臬,難以化民成俗、爲眾人所了解接受。時移勢易,人們不能復返古代的時空,禮教的式微毋寧可說是必然的。

年),頁68~70。

〔註65〕楊樹達,《漢代婚喪禮俗考》(臺北:華世,民國65年),頁124~132。

第六章　結　論

　　透過對春秋戰國時代喪葬禮制的研究，本書嘗試探討周人面對死亡的態度。此外，也就此一具體、個別典禮，審視周代禮制的一般性原則，並從實際歷史發展中觀察周代禮制所遭遇的困境。

　　在喪禮中，我們看到：周代人在面對團體成員的死亡時，雖然各團體的結合基礎不同，受到的衝擊也不同，但因應方式大致相似。一方面要遞補該成員死亡後所造成的身份地位空缺，另一方面則要重新強調家族中的親疏之分、政治上的上下之別，藉著位序差等的重整，使團體成員再次認清彼此間的權利義務關係，恢復原有的生活秩序。

　　當時人對屍體的處理，採用全屍土葬方式。這固然出於慎藏遺體的孝慈之心，但是更與相信「死者有知」的信仰有關。他們認為：人死後魂魄離開形體，魂四方飄散，魄則隨形體同埋土中。因此在喪祭禮中，他們要立重、立尸、立主以安魂，又要對屍體事死如事生，以豐富人器隨葬，甚至殺人以殉。

　　儒家的喪禮理論對鬼神之有無存而不論，而強調生者情感的抒發與節制，教人去惡盡哀、致哀教孝、節哀順變。孔子重久喪甚於厚葬，三年之喪從人的仁孝之心上立論，根據多數人的情感立中制節。但是三年之喪對個人及團體生活都有很大妨礙，春秋時代晉國仍行此制，但多數地區已不復實行。

　　墨子基於功利觀點，抨擊儒家厚葬久喪主張，而另制短喪薄葬之法。莊子認為生死不過是自然界的變化，人無須拘執於形軀我的生滅，因此愛親哀喪皆屬無謂，喪禮大可取消。神仙方士為求長生，不惜毀壞屍體，與傳統的全屍習俗大相逕庭；他們追求不死，另立了一種生死觀。諸子雖然各有喪禮主張，但戰國社會大眾却繼續朝著短喪厚葬的趨勢發展。厚葬表現在奢侈及

踰制兩方面；禮制鬆動、經濟條件許可都是厚葬現象風行不衰的原因。漢代延續戰國短喪厚葬的風氣，少數有心人有意矯俗，終不能改變這一趨勢。

根據以上對具體典禮的探討，我們對禮的抽象原則可以作這樣的了解：周代人所謂禮，包括狹義與廣義。狹義的禮是指具體典禮，廣義的禮則包括典章制度、人倫關係、情感調節表達等三個範疇。禮具有明顯的等差精神，家庭中的「親親」是出於人的天性，而政治上的「尊尊」則出於政治力的強迫。

和殷代濃厚的宗教色彩比較起來，周禮的人文色彩的確加強了，但是並不徹底。當時最理性的子產、孔子對鬼神只是存而不論，並未否定其存在，這可以理解；但是以人為殉的風俗繼續殘留，則是周代文化一大污點。

孔子攝禮歸仁，希望使僵化的禮再度恢復生機。他又提出「克己復禮為仁」，要求人克制墮落傾向，履行禮的規範。但是禮的規範本根據大多數人的情感而來，當大多數人心理改變以後，禮不復再合眾人之情，而變成對眾人的限制束縛，這時若不調整禮制，禮遲早會與社會脫節，而日漸湮沒。

春秋戰國禮教之所以式微，就其內在原因考察，不能不歸咎於文飾過度的弊端。當時行禮的貴族及相禮的祝宗卜史，都只注重禮的形式，不明禮之大體。而徒有形之禮，必失之於煩。在此風氣薰陶下，巧偽趨利層出不窮，與禮的原意大相違背。諸子學說可說都是因應周文疲弊而發。孔子攝禮歸仁，就病根上痛下藥石；而法家則以酷法對付刁民，純是治標，難收長遠的效果。

自秦漢以下，禮教以另一種型態存在。就具體典禮言：有的典禮消失了（如冠禮）；有的典禮至今猶存（如喪禮），而儀式上有許多變化。〔註1〕但最明顯的改變是，這些典禮已失去它在周代的重要政治社會功能，變成象徵性大過實質意義。不過，周代典禮所蘊涵的人倫關係，在漢代以後進入法典中，由刑律來保障親親、尊尊、長長、男女有別的精神。〔註2〕民國以來，連人倫關係亦發生變化。這其中牽涉到更廣泛的問題，還有待我們繼續思索。

〔註1〕 以喪禮而言，佛教的傳入使漢以下的生死觀及葬俗有很大變化。佛教有輪迴轉世的觀念，對屍體行火葬，在喪禮中「作七」以消弭死者惡業、助其投入善良之家。見：王明珂，〈慎終追遠——歷代的喪禮〉，頁335～337。

〔註2〕 瞿同祖先生在《中國法律與中國社會》一書中，對這個問題有很具體的討論，值得參考。

參考書目

一、原典文獻

1. 曾運乾,《尚書正讀》,臺北:洪氏出版社,民國 61 年。
2. 來知德,《易經來註圖解》,臺北:惠文出版社,民國 61 年。
3. 朱熹,《詩集傳》,臺北:中華書局,民國 66 年臺八版。
4. 鄭玄注、胡培翬疏,《儀禮正義》,臺北:臺灣商務印書館,民國 57 年臺一版。
5. 鄭玄注,賈公彥疏,《周禮》,臺北:藝文印書館。
6. 孔穎達疏,《禮記》,鄭玄注,臺北:藝文印書館。
7. 杜預注,竹添光鴻箋,《左傳會箋》,臺北:鳳凰出版社,民國 66 年,景印三版。
8. 何休,《春秋公羊傳何氏解詁》,臺北:臺灣中華書局,民國 66 年臺三版。
9. 韋昭注,《國語》(天聖明道本),臺北:廣文書局,民國 68 年。
10. 朱熹集註,《四書讀本》,蔣伯潛廣解,臺北:啓明書局。
11. 孫詒讓,《墨子閒詁》,臺北:河洛出版社,民國 64 年。
12. 王淮,《老子探義》,臺北:臺灣商務印書館,民國 71 年六版。
13. 郭慶藩,《莊子集釋》,臺北:世界書局,民國 70 年。
14. 梁啓雄,《荀子簡釋》,臺北:木鐸出版社,民國 72 年。
15. 梁啓雄,《韓非子淺解》,臺北:學生書局,民國 73 年三版。
16. 呂不韋,《呂氏春秋》,臺北:商務印書館,民國 57 年臺一版。
17. 劉安撰、高誘注,《淮南子》,臺北:世界書局,民國 44 年臺一版。
18. 王聘珍,《大戴禮記解詁》,臺北:世界書局,民國 51 年。
19. 司馬遷,《史記》(校點本),臺北:鼎文書局,民國 69 年三版。

20. 班固，《漢書》（校點本），臺北：鼎文書局，民國 68 年二版。

21. 范曄，《後漢書》（校點本），臺北：鼎文書局，民國 66 年二版。

22. 桓寬，《鹽鐵論》，臺北：中國子學名著集成編印基金會，民國 67 年。

23. 班固，《白虎通義》，臺北：臺灣商務印書館，民國 57 年。

二、考古報告 （依作者或編者姓名筆劃順序排列）

1. 山西省文物管理委員會，〈山西長治市分水嶺古墓的清理〉，《考古學報》，1957 年第一期。

2. 山西省文物管理委員會、山西省考古研究所，〈山西長治分水嶺戰國墓第二次發掘〉，《考古》，1964 年第三期。

3. 山東省博物館，〈山東益都蘇埠屯第一號奴隸殉葬墓〉，《文物》，1972 年第八期。

4. 山東省博物館，〈莒南大店春秋時期莒國殉人墓〉，《考古學報》，1978 年第三期。

5. 山東省博物館，〈臨淄郎家莊一號東周殉人墓〉，《考古學報》，1977 年第一期。

6. 山東省博物館、長清縣文化館，〈山東長清崗辛戰國墓〉，《考古》，1980 年第四期。

7. 中國社會科學院考古研究所安陽工作隊，〈安陽殷墟五號墓的發掘〉，《考古學報》，1977 年第二期。

8. 中國社會科學考古研究所灃西發掘隊，〈1967 年長安張家坡西周墓葬的發掘〉，《考古學報》，1980 年第四期。

9. 中國科學院考古研究所編，《上村嶺虢國墓地》，北京：科學出版社，1959 年。

10. 中國科學院考古研究所編，《壽縣蔡侯墓出土遺物》，北京：科學出版社，1956 年。

11. 中國科學院考古研究所編，《輝縣發掘報告》，北京：科學出版社，1956 年。

12. 中國科學院考古研究所編，《長沙發掘報告》，北京：科學出版社，1957 年。

13. 中國科學院考古研究所編，《洛陽中州路（西工段）》，北京：科學出版社，1959 年。

14. 中國科學院考古研究所洛陽工作隊，〈洛陽西郊一號戰國墓發掘記〉，《考古》，1959 年第十二期。

15. 中國科學院考古研究所漢城發掘隊，〈滿城漢墓發掘紀要〉，《考古》，1972 年第一期。

16. 甘肅省博物館文物隊，〈甘蕭靈台白草坡西周墓〉，《考古學報》，1977 年

第二期。

17. 安徽省文化局文物工作隊，〈安徽淮南市蔡家崗趙家孤堆戰國墓〉，《考古》，1963 年第四期。

18. 河北省文化局文物工作隊，〈河北省易縣燕下都第十六號墓發掘〉，《考古學報》，1965 年第二期。

19. 河北省文物管理處，〈河北平山縣戰國時期中山國墓葬發掘報告〉，《文物》，1979 年第一期。

20. 河南省文化局文物工作隊編，《鄭州二里岡》，北京：科學出版社，1959 年。

21. 陝西省文物管理委員會，〈長安普渡村西周墓的發掘〉，《考古學報》，1957 年第一期。

22. 馬得志、周永珍、張雲鵬，〈1953 年安陽大司空村發掘報告〉，《考古學報》，第九期，1955 年。

23. 郭寶鈞，〈1950 年春殷墟發掘報告〉，《中國考古學報》，第五期，1951 年。

24. 《濬縣辛村》，郭寶鈞，北京：科學出版社，1964 年。

25. 郭寶鈞、林壽晉，〈1952 年秋季洛陽東郊發掘報告〉，《考古學報》，第九期，1955 年。

26. 梁思永、高去尋，《侯家莊一〇〇一號大墓》，臺北：中研院史語所，民國 51 年。

27. 梁思永、高去尋，《侯家莊一〇〇二號大墓》，臺北：中研院史語所，民國 54 年。

28. 梁思永、高去尋，《侯家莊一〇〇三號大墓》，臺北：中研院史語所，民國 56 年。

29. 梁思永、高去尋，《侯家莊一二一七號大墓》，臺北：中研院史語所，民國 57 年。

30. 梁思永、高去尋，《侯家莊一〇〇四號大墓》，臺北：中研院史語所，民國 59 年。

31. 梁思永、高去尋，《侯家莊一五〇〇號大墓》，臺北：中研院史語所，民國 63 年。

32. 梁思永、高去尋，《侯家莊一五五〇號大墓》，臺北：中研院史語所，民國 65 年。

33. 湖北省博物館編，《隨縣曾侯乙墓》，北京：文物出版社，1980 年。

34. 湖南省文物管理委員會，〈長沙出土的三座大型木槨墓〉，《考古學報》，1957 年第一期。

35. 湖南省博物館，〈湖南常德德山楚墓發掘報告〉，《考古》，1963 年第九期。

36. 湖南省博物館，〈湖南湘鄉牛形山一、二號大型戰國木槨墓〉，《文物資料

叢刊》，1980 年第三期。

37. 湖南省博物館等，《長沙馬王堆一號漢墓發掘簡報》，北京：文物出版社，1972 年。

38. 湖南醫學院編，《長沙馬王堆一號漢墓：古屍研究》，北京：文物出版社，1980 年。

39. 雲夢睡虎地秦墓編寫組編，《雲夢睡虎地秦墓》，北京：文物出版社，1981 年。

40. 鳳凰山一六七號漢墓發掘整理小組，〈江陵鳳凰山一六七號漢墓發掘簡報〉，《文物》，1976 年第十期。

41. 濟南市博物館編，《大汶口：新石器時代墓葬發掘報告》，北京：文物出版社，1974 年。

42. 寶雞茹家莊西周墓發掘隊，〈陝西省寶雞市茹家莊西周墓發掘簡報〉，《文物》，1967 年第四期。

三、專書（依作者、編者姓名筆劃或字母順序排列）

1. 小林茂，《春秋左氏議禮考述》，臺北：師大國文研究所碩士論文，未刊，民國 70 年。

2. 文物編輯委員會編，《文物考古工作三十年：1949～1979》，北京：文物出版社，1979 年。

3. 中國社會科學院考古研究所編，《新中國的考古發現和研究》，北京：文物出版社，1984 年。

4. 皮錫瑞，《經學歷史》，臺北：臺灣商務印書館，民國 67 年臺三版。

5. 皮錫瑞，《經學通論》，臺北：臺灣商務印書館，民國 69 年臺三版。

6. 杜正勝，《周代城邦》，臺北：聯經出版事業公司，民國 70 年，修訂再版。

7. 李宗侗，《中國古代社會史》，臺北：華岡出版有限公司，民國 66 年三版。

8. 周何，《儒家的理想國——禮記》，臺北：時報文化出版公司，民國 70 年。

9. 東京大學中國哲學研究室編，蔡懋棠譯，《中國思想史》，臺北：學生書局，民國 67 年。

10. 尚秉和，《歷代社會風俗事物考》，臺北：臺灣商務印書館，民國 64 年臺三版。

11. 邵懿辰，皇清經解續編，《禮經通論》，卷千二百七十七。

12. 胡厚宣，《甲骨學商史論叢》，臺北：大通書局，民國 61 年。

13. 徐旭生，《中國古史的傳說時代》，北京：科學出版社，1963 年，一版二刷。

14. 徐福全，《儀禮士喪禮、既夕禮儀節研究》，臺北：師大國文研究所碩士論文，未刊，民國 68 年。

15. 徐復觀,《兩漢思想史》卷一,臺北:學生書局,1974。

16. 袁珂,《中國古代神話》,收於《中國古代神話》甲編三種,臺北:里仁書局,民國 74 年。

17. 馬凌諾斯基,朱岑樓譯,《巫術、科學與宗教》,臺北,協志工業叢書出版公司,民國 66 年。

18. 孫曜,《春秋時代之世族》,臺北:華世出版社,民國 65 年。

19. 張光直,《中國青銅時代》,臺北:聯經出版事業公司,民國 72 年。

20. 章景明,《先秦喪服制度考》,《儀禮復原研究叢刊》,臺北:臺灣中華書局,民國 60 年。

21. 許倬雲,《求古編》,臺北:聯經出版事業公司,民國 73 年,再版。

22. 陳夢家,《殷墟卜辭綜述》,臺北:科學出版社,1956 年。

23. 黃以周,《禮書通故》,臺北:華世出版社,民國 65 年。

24. 馮友蘭,《中國哲學史》,九龍:太平洋,1970 年。

25. 勞思光,《中國哲學史》第一卷,香港:中文大學崇基書院,1980 年三版。

26. 湖南省博物館編,《馬王堆漢墓研究》,長沙:湖南人民出版社,1981 年。

27. 楊寬,《古史新探》,臺北:中華書局,1965 年。

28. 楊寬,《戰國史》,上海:上海人民出版社,1981 年二版八刷。

29. 楊樹達,《漢代婚喪禮俗考》,臺北:華世出版社,民國 65 年。

30. 劉仕驥,《中國葬俗搜奇》,上海:上海書局,1957 年。

31. 趙翼,《廿二史箚記》,臺北:華世出版社,民國 68 年,新一版。

32. 鄭良樹,《儀禮士喪禮墓葬研究》,臺北:臺灣中華書局,民國 60 年。

33. 鄭德坤、沈維鈞,《中國明器》,哈佛燕京社,民國 23 年。

34. 錢伊平,《隋唐人俑研究》,臺北:臺大歷史研究所碩士論文,未刊,1979 年。

35. 錢穆,《國史大綱》,臺北:臺灣商務印書館,民國 74 年修訂十二版。

36. 錢穆,《國學概論》,上海:商務印書館,民國 20 年。

37. 錢穆,《靈魂與心》,臺北:聯經出版事業公司,民國 65 年。

38. 錢穆,《中國思想通俗講話》,臺北:國民出版社,民國 45 年臺一版。

39. 瞿同祖,《中國法律與中國社會》,臺北:里仁書局,民國 73 年。

40. 蕭公權,《中國政治思想史》,臺北:聯經出版事業公司,民國 71 年。

41. 顧炎武撰,黃汝成集釋,《日知錄集釋》,臺北:世界書局,民國 63 年五版。

42. 顧棟高,《春秋大事表》,臺北:廣學社,民國 64 年。

43. Kwang-Chih Chang, *Shang Civilization*, New Haven and London: Yale

University Press, 1980.

44. Maurice Bloch & Jonathan Parry ed., *Death and the Regeneration of Life*, Cambridge: Cambridge University Press, 1982.

四、期刊論文（依作者姓名筆劃順序排列）

1. 王世民，〈中國春秋戰國時代的冢墓〉，《考古》，1981 年第五期。

2. 王仲孚，〈殷商覆亡原因試釋〉，《國立臺灣師範大學歷史學報》，第十期，民國 71 年。

3. 王仲殊，〈中國古代墓葬概説〉，《考古》，1981 年第五期。

4. 王明珂，〈慎終追遠──歷代的喪禮〉，收於《中國文化新論：敬天與親人──宗教禮俗篇》，臺北：聯經出版事業公司，民國 71 年。

5. 王國維，〈釋禮〉，收於《王觀堂先生全集》，冊一，臺北：文華出版公司，民國 57 年。

6. 石磊，〈喪葬儀式與社會〉，收於：中華文化復興運動推行委員會編，《生命禮俗研討會論文集》，民國 73 年。

7. 石磊，〈儀禮喪服篇所表現的親屬結構〉，《中央研究院民族學研究所集刊》，第五十三期，民國 71 年。

8. 加藤常賢，〈支那古代の宗教的儀禮に就いて〉，收於《中國古代文化の研究》，東京都：二松學舍大學出版，昭和 55 年。

9. 池田末利，〈古代中國に於ける靈鬼觀念の展開──文字學的考察を主として〉，《中央研究院民族學研究所集刊》，第三十期，民國 59 年。

10. 沈文倬，〈略論禮典的實行和《儀禮》書本的撰作〉（上）（下），《文史》第十五、十六輯。

11. 沈文倬，〈對「士喪禮、既夕禮中所記載的喪葬制度」幾點意見〉，《考古學報》，1958 年第二期。

12. 沈剛伯，〈從古代禮、刑的運用採討法家的來歷〉，《大陸雜誌》，第四十七卷第二期，民國 62 年。

13. 沈剛伯，〈説史〉，收於：杜維運、黃進興編，《中國史學史論文選集》，臺北：華世出版社，民國 65 年。

14. 杜正勝，〈周秦城市的發展與特質〉，《中央研究院歷史語言研究所集刊》，第五十一本四分，民國 69 年。

15. 杜正勝，〈傳統家族試論〉（上）（下），《大陸雜誌》，第六十五卷第二、三期，民國 71 年。

16. 杜正勝，〈古代聚落的傳統與變遷〉，收於《第二屆中國社會經濟史研討會論文集》，臺北：漢學研究資料及服務中心印行，民國 72 年。

17. 杜正勝，〈從肉刑到徒刑──兼論睡虎地秦簡所見古代刑法轉變的信

息〉，《食貨》復刊，第十五卷第五、六期，民國 74 年。

18. 李亦園，〈再論諱的原始〉，收於氏著《信仰與文化》，臺北：巨流圖書公司，民國 67 年。

19. 李宗侗，〈史官制度——附論對傳統之尊重〉，收於：杜維運、黃進興編，《中國史學史論文選集》，臺北：華世出版社，民國 65 年。

20. 余英時，〈中國古代死後世界觀的演變〉，《明報月刊》，1983 年第九期。

21. 周策縱，〈中國古代的巫醫與祭祀、歷史、樂舞及詩的關係〉（上）（下），《清華學報》，第十二卷第一、二期，第十三卷第一、二期。

22. 林載爵，〈人的自覺——人文思想的興起〉，收於《中國文化新論：永恒的巨流——根源篇》，臺北：聯經出版事業公司，民國 70 年。

23. 俞正燮，〈儀禮行於春秋時義〉，見氏著《癸巳類稿》，收於《安徽叢書》第四十八冊，線裝。

24. 俞偉超、高明，〈周代用鼎制度研究〉（上）（中）（下），《北京大學學報》，1978 年第一、二期，1979 年第一期。

25. 洪秀柱，〈臺灣人居喪百期嫁娶婚禮俗的研究〉，《思與言》，第六卷第一期，民國 57 年。

26. 紀烈敏、張柏忠，〈鳳凰山一六七號墓所見漢初地主階級喪葬禮俗〉，《文物》，1976 年第十期。

27. 胡適，〈說儒〉，《中央研究院歷史語言研究所集刊》，第四本三分。

28. 席汝楫，〈變遷社會中的喪葬禮俗〉，收於：中華文化復興運動推行委員會編，《生命禮俗研討會論文集》，民國 73 年。

29. 高明，〈孔子之禮論〉，收於《三禮研究論集》，臺北：黎明文化事業公司，民國 70 年。

30. 栗原圭介，〈棺槨考〉，《大東文化大學紀要》，文學編（九），昭和四十六年。

31. 栗原圭介，〈族葬考〉，《大東文化大學紀要》（十二），昭和四十九年。

32. 徐復觀，〈釋論語的『仁』——孔學新論〉，《民主評論》，第六卷第六期，民國 44 年。

33. 陳公柔，〈士喪禮、既夕禮中所記載的喪葬制度〉，《考古學報》，1956 年第四期。

34. 陶希聖，〈服制之構成〉，《食貨》復刊，第一卷第九期，民國 60 年。

35. 張秉權，〈殷代的祭祀與巫術〉，《中央研究院歷史語言研究所集刊》，第四十九本三分，民國 67 年。

36. 郭沫若，〈駁「說儒」〉，收於氏著，《青銅時代》，北京：人民出版社，1954 年。

37. 郭沫若，〈關於周代社會的商討〉，收於氏著，《奴隸制時代》，北京：人民

出版社，1977 年三刷。

38. 章景明，〈祭、喪之禮吉凶觀念的分別〉，收於《三禮研究論集》，臺北：黎明文化事業公司，民國 70 年。

39. 章景明，〈儒家對於喪禮的基本觀念與態度〉，收於《三禮研究論集》，臺北：黎明文化事業公司，民國 70 年。

40. 馮友蘭，〈原儒墨〉，《清華學報》，第十卷第二期，民國 20 年。

41. 黃展岳，〈我國古代的人殉和人牲〉，《考古》，第三期，1974 年。

42. 黃展岳，〈說墳〉，《文物》，第二期，1981 年。

43. 傅斯年，〈周東封與殷遺民〉，《中央研究院歷史語言研究所集刊》，第四本三分。

44. 傅斯年，〈性命古訓辨證〉，收於《傅斯年全集》第二冊，臺北：聯經出版事業公司，民國 69 年。

45. 傅樂治，〈談玉匣〉，《故宮文物》，第一卷第八期，民國 72 年。

46. 聞一多，〈神仙考〉，收於氏著，《神話與詩》，臺中：藍燈出版社，民國 64 年。

47. 段昌國譯，楊慶堃，〈儒家思想與中國宗教之間的功能關係〉，收於《中國思想與制度論集》，臺北：聯經出版事業公司，民國 68 年修訂第三次印行。

48. 楊錫璋、李經漢，〈從考古學上看秦和東方各國的社會差別〉，《考古》，1974 年第五期。

49. 增淵龍夫，杜正勝譯，〈春秋戰國時代的社會與國家〉，收於：杜正勝編，《中國上古史論文選集》，臺北：華世出版社，民國 68 年。

50. 潛齋，〈漢代的精密工業──試述馬王堆漆器〉，《故宮文物》，第一卷第十期，民國 73 年。

51. 饒宗頤，〈天神觀與道德思想〉，《中央研究院歷史語言研究所集刊》，第四十九本一分，民國 67 年。

52. 饒宗頤，〈神道思想與理性主義〉，《中央研究院歷史語言研究所集刊》，第四十九本三分，民國 67 年。

53. 嚴耕望，〈戰國時代列國民風與生計──兼論秦統一天下之一背景〉，《食貨》復刊，第十四卷第九、十期，民國 74 年。

54. Conrand Chun-Shih Young, "Name Taboo and Confucianism"，《中央研究院民族學研究所集刊》，第三十期，民國 59 年。

戰國時代泗上十二諸侯考

林天人　著

作者簡介

姓名：林天人

籍貫：台灣 苗栗

學歷：國立台灣師範大學歷史學博士

經歷：國立故宮博物院圖書文獻處助理研究員、副研究員

現職：國立故宮博物院圖書文獻處研究員

近五年著作及主編之專書：

1. 《中國通史》（先秦部分），五南書局出版。
2. 《戰後台灣的歷史學研究 1945～2000 年（先秦史）》，台灣大學出版中心，2004 年。
3. 《先秦三晉區域文化研究》，五南古籍出版社，2004 年。
4. 《治水如治天下——故宮所藏河工圖檔》，國立故宮博物院，2004 年。
5. 《重修臺郡建築圖說》，國立故宮博物院出版，2007 年。
6. 《筆畫千里——故宮輿圖特展》，國立故宮博物院出版，2008 年。
7. 《捲起千堆雪——赤壁文物特展》，國立故宮博物院出版，2009 年等十餘種。

近五年期刊及會議論文：

1. 〈坐看天下小 故宮新藏地圖芻議〉，《經緯天下——飯塚一教授捐贈古地圖特展圖錄》，故宮博物院，2005 年。
2. 〈橫看成嶺側成峰——五十年來台灣地區先秦史研究學述〉，輔仁大學《歷史學報》，第十七期，2007 年。
3. 〈清初治理黃河成績的檢討——以靳輔治河爲考察中心〉，國立台灣師範大學地理系《地理研究》，四十五期，2007 年。
4. 〈十七世紀的會通——以故宮博物院所藏中西輿圖爲討論中心〉，「第四屆文化交流史國際學術研討會」，輔仁大學史研所，2008 年。
5. 〈《史記·貨殖列傳》論先秦區域文化〉，「第二屆史記學國際學術研討會」，佛光大學史研所，2008 年。
6. 〈黃河遠上白雲間——關於河源認識之探討〉，「空間新思維——歷史輿圖國際學術研討會」，國立故宮博物院，2008 年。
7. 〈捲起千堆雪——赤壁之戰與三國的形成〉，《捲起千堆雪——赤壁文物特展圖錄》圖錄，國立故宮博物院出版，2009 年等十餘篇。

提　要

　　歷史進入了春秋以後，幾千年來的政治、社會、經濟、思想等種種型態，面臨前所未有的崩解與轉型；同時經過了這段時期的丕變與整合，中國歷史從此進入了另一段流程。這個巨變當時人已能體會若干。

　　不過，若將春秋與戰國兩者變動的程度做比較，則戰國時代變動的劇烈，顯然高過於春秋時代。以宏觀的角度來看，春秋時代的變，尚處於保守型的變；進入戰國以後，時代趨於解放，而邁向開放型的變。兩者之間最大的差別，在於春秋的變，大致迫於形勢的推移，而不得不使然。但戰國時代，則是目睹時代在轉變，因而思變以求新，其變在於自發性。

　　列強從春秋進入戰國後，國際情勢因三家分晉的影響，權力結構有些轉變。春秋時期原為晉、楚的南北對抗；但到了戰國時期南北對抗的態勢依舊，但代表北方中原的抗拒楚國北上的重心，已由齊與三晉的魏國分擔肩負了。齊、楚兩國長期的對峙，從雙方對泗上地區的爭奪，頗能說明這一時期歷史特色。同時藉由雙方在此地區激烈的爭奪，更能說明泗上地區獨具戰略地位的意義。

　　本文研究的目的，在於探討戰國時代存在於泗上地區的若干諸侯國。這些弱小諸侯國，在列強環伺、紛攘中，並不具有左右局勢的地位，但因其地分布在齊、楚與三晉等列強的交戰之區；因此，這些弱小諸侯除了扮演列強之間的緩衝地區以外，別無其他選擇。而這一個角色，也讓這些諸侯國勉強的倖存下去。另外，環四周的列強動輒以「左縈右拂，泗上十二諸侯」（《史記·楚世家》），來抬昇某種象徵的意義。本文即探討戰國時代泗上地區的諸侯國與列強之間的互動，藉此說明戰國史的時代特色。

　　本文考証得出，「泗上十二諸侯」分別是：魯、宋、衛、陳、蔡、鄒（邾）、費、郯、邳、滕、薛、郳（小邾）。蓋「十二諸侯」歷來從無定說，文獻載籍或多語焉不詳，有謂「十二為虛指」；亦有謂「十二為實指」，但皆無法具體求得實際諸侯國。因此，本文對此係透過文獻與考古遺存的考証，得出文獻中「十二諸侯」，為分布在泗水地區的弱小諸侯國。

目
次

第一章　緒　論

　　歷史進入了春秋以後，幾千年來的政治、經濟、社會、思想等種種型態，面臨前所未有的崩解與轉型。而經過這段時期的丕變整合，中國的歷史從此進入了另一段流程。關於這段時期的劇變，在當時人眼中，已能體會出來了。《左傳・昭公三年》（周景王六年，前 539）載叔向與晏嬰的對話，已透露了若干訊息。而史墨引《詩經・十月之交》的「高岸爲谷，深谷爲陵」，更具體的形容政權變動之劇烈。〔註1〕

　　不過，如果再以春秋和戰國兩者變動的程度作比較，則戰國變動的程度，顯然又高於春秋。以宏觀的角度來看，春秋尚處於保守型的變，進入戰國以後，時代趨於解放，而邁向開放型的變了〔註2〕。兩者之間，最大的差別，在於春秋的變，大致迫於形勢的推移，而不得不使然；但到了戰國時代講求的變，則是目睹了時代在轉變，因而思變以求新，其變在於自發性。這個觀點，祇要將《左傳》與《國策》互讀比較就不難發現。〔註3〕

　　再者，戰國時代求變革新的觀念，似乎不分階級。從君臣到遊走各國的策士，都可提出一套革新求變的理論。《戰國策・趙策二》載武靈王的話，曰：

　　　　古今不同俗，何古之法。帝王不相襲，何禮之循。宓戲、神農，教
　　　　而不誅，黃帝、堯、舜，誅而不怒；及至三王，觀時而制法，因事
　　　　而制禮；法度制令，各順其宜，衣服器械，各便其用；故禮世不必
　　　　一道，便國不必法古。夏殷之衰也，不易禮而滅；⋯⋯故聖與俗流，

〔註 1〕《十三經注疏》，冊6（臺北：藝文印書館，1981 年 8 版），頁 933 下。
〔註 2〕參許倬雲，〈春秋戰國的社會變動〉，收入氏著《求古編》（臺北：聯經出版社，1982 年），頁 319～321。
〔註 3〕這裡提出《左傳》與《國策》並不是在強調特殊意義，蓋這兩書祇是代表這兩個時代較原始的史料。透過這兩本書，我們較能直接掌握，這兩個時代的精神風貌。

> 賢與變俱。諺曰：「以書爲御者，不盡於馬之情；以古制今者，不達
> 於事之變。」故循法之功，不足以高世；法古之學，不足以制今。

趙武靈王的話，足以代表戰國時代實行變法之君的一般見解。另外在遊走各
國的策士中，亦習見向列國國君諫言求變的史例。《韓非子‧南面》篇云：

> 不變古者，亂之道也。

同書，〈姦劫殺臣〉篇，又云：

> 治國有要術。伊尹得之湯而王，管仲得之齊而霸，商君得之秦而強。
> 此三人者，皆不牽於世俗之言。

其它，像騶衍〔註4〕、慎到〔註5〕等人，都有求變改革的呼籲。這種主唱於上，
臣和於下的變，使得戰國時代似乎都瀰漫著「變」的風氣。

這種「求變」的風氣在國際間形成後，一些矯枉過正的風俗也應運而生。
顧炎武將春秋與戰國的風俗作過比較，曰：

> 春秋之時，猶尊禮重信；而七國則絕不言禮與信矣。春秋時，猶宗
> 周王；而七國則不言周矣。春秋時，猶重祭祀聘享，而七國則無其
> 事矣。春秋時，猶論宗姓氏族；而七國則無一言及之矣。春秋時，
> 猶宴會賦詩；而七國則不聞此矣。春秋時，猶有賦告策書；而七國
> 則無有矣。邦無定交，士無定主，皆變於此百三十三年之間。〔註6〕

類似這樣的慨嘆，早顧炎武一千多年的劉向，輯完《戰國策》後，在其〈書
錄〉便曾寫下：

> 仲尼既沒之後，田氏取齊，六卿分晉，道德大廢，上下失序，至秦
> 孝公捐禮讓而貴戰爭，棄仁義而詐譎，苟以取強而已矣！夫篡盜之
> 人列爲侯王，詐譎之國興立爲強。是以傳相仿效，後生師之……蓋
> 爲戰國，貪饕無恥，競進無厭，國異政教，各自制斷，上無天子，
> 下無方伯，力功爭強，勝者爲右，兵革不休，詐僞並起。〔註7〕

〔註4〕 《漢書》，卷64，〈嚴安傳〉引騶衍語，謂：「政教文質者，所以云救也，當時
　　　則用，過則舍之，有易則易之。故守一而不變者，未睹乎治之至焉。」

〔註5〕 慎到《慎子》：「故治國無其法則亂。守法而不變則衰。有法而行私，謂之不
　　　法，以力役法者百姓也。以死守法者有司也。以道變法者君長也。」引自《諸
　　　子集成》，冊5，《慎子》〈逸文〉（北京：中華書局，1986年版）。

〔註6〕 顧炎武，《日知錄》，卷17，〈周末風俗〉條（原抄本《日知錄》，臺灣：粹文
　　　堂，1974年）。按顧氏之稱「百三十三年，」有其算法，他從《左傳》之終到
　　　六國稱王之年數，核計共百三十三年。（見〈周末風俗〉之條）。

〔註7〕 劉向，《戰國策‧書錄》。

這是戰國時代列國國君以求變圖強為要務，導致出來的結果。這些現象都在說明，戰國時代的歷史似乎是在「變」的基礎上發展起來。

這個獨特的歷史現象，提供了列國勢力彼此消長的背景史實。一旦變法成功，便擁有號令列國的實力。然而歷史上並沒有永遠的強國，於是盟主的位置，遂在列強間輪流；而以交相征伐，來奠定霸主的基礎。但對一些素無國力根基的次級方國而言，思變求強的企圖雖也很強烈。但礙於先天條件，即使強盛了，也只是曇花一現。所以當戰國之世，雖「南面稱寡者，乃二十四」國〔註8〕，但廁身強國之列，則始終為「七雄」之而已。

在列國紛擾了近兩個半世紀後，時代走向統一了；而統一的基礎也就在列國兼併戰爭中奠立了。關於統一前夕的狀況及秦國統一天下的背景及條件分析，歷來學者從各種角度的解釋，已累積到幾乎可以稱「汗牛充棟」的程度了〔註9〕。以目前而言，學術界也已提供了不下數十篇討論這類問題的論文〔註10〕。這裡不擬贅述這些研究的成果；但有一個現象必需提出來討論，那就是儘管歷來研究戰國史的成果，已經累積到相當的程度；但若與研究其它朝代的成績相比較，戰國史的研究，則似乎尚處於有待開發的園地。

造成這個問題的最大原因，在於史料不足。這個困擾，在西漢時代司馬遷作《史記》時，已經感覺到了。《史記‧六國年表》云：

　　秦既得意，燒天下詩書。諸侯史記尤甚，為其有所刺譏也。詩書所

〔註8〕《戰國策》〈齊策四〉載顏斶文言，曰：「故舜起農畝，出於野鄙，而為天子；及湯之時，諸侯三千，當今之世，南面稱寡者，乃二十四。」顧觀光據此曰：「注家不知二十四為何國，以今考之，七國也，泗上十二諸侯也，東、西二周也，中山也，安陵也，越也。」見氏著《七國地理考》，卷3，〈淮北〉條。

〔註9〕見楊寬《戰國史》（上海：人民出版社，1991年第8刷），頁4～19。

〔註10〕據《史學論文分類索引》（北京：書目文獻出版社，1990年）統計，近六十年來，兩岸研究秦國統一天下的論文，有十幾篇直接提出這個問題討論。而間接討論到這個問題的，也有三十幾篇。見頁61～63。在專著方面亦不下數十種，見林劍鳴撰，〈秦漢史學研究回顧，收於蕭黎主編，《中國歷史學四十年》（北京：書目文獻出版社，1989年），頁120～139。但由於史觀的不同，兩岸的學者對這個問題的見解亦不盡相同。大陸的學者常將秦統一天下的原因，歸功於農民與人民的參與，決定了秦統一天下的作用。（見楊寬，《戰國史》，頁373～384。）在臺灣方面以嚴耕望及勞榦為例，在解釋這個歷史事實時，則僅據史料加以說明，而未賦予太多的歷史解釋釋。見勞榦，〈秦的統一及其覆亡〉，收于《中國上古史待定稿》第三本（臺北：中央研究院，1985年），頁691～710。嚴耕望，〈戰國時代列國民風與生計──兼論秦統一天下之背景〉，收於氏著《嚴耕望史學論文選集》（臺北：聯經出版社，1991年），頁95～112。

> 以復見者，多藏人家。而史記獨藏周室，以故滅。惜哉！惜哉！獨
> 有秦紀，又不載日月，其文略，不具。

以司馬遷的嚴謹，《史記》述戰國時代的史實與年代，仍錯誤不少〔註11〕。戰國史的難治似乎是歷來史家所公認的。《四庫全書》錄董說《七國考》作〈提要〉時，云：

> 春秋以前之制度，有《經傳》可稽，秦、漢以下之故事，有史志可考。惟七雄雲擾，策士縱橫，中間一、二百年，典章制作，實蕩然不可復徵。〔註12〕

除了年代與典章制度外，戰國史尚待解決的問題仍有不少。以存滅列國的數目來說，就是其中一項值得爭議的問題。勞榦在〈戰國七雄及其他小國〉一文中，說：「在三晉之東，齊、楚之間有戰國人所稱道的『泗上十二諸侯』。泗上諸侯以地域論，當然是以魯和宋爲主，加上滕各邦。但是以戰國時的記載來說，數來數去，也數不到十二。所以泗上十二諸侯，在戰國人的心目中，只代表一個區域，至於其中所包括的，究竟是現存的國家，或者是舊存的故國，當時的人並未那麼精密去想。當然，『兩周』及『泗上十二諸侯』自有其實質上的意義。」〔註13〕

勞榦之說，自有其根據；然而其說與歷來諸多史家互有牴牾。史實究係如何，有待進一步考證，筆者有鑑於此，願藉鉤稽史乘，復參以出土文物，俾以釐清此一「茫昧」史事〔註14〕。文中所論列國史事，若歷來史家載之甚詳，則筆者將秉「略人所詳，詳人所略」的原則撰述。

又本論文之撰寫，師法梁啓超「篇中對於平生所極崇拜之先輩，與夫極尊敬之師友，皆直書其名。」〔註15〕非敢以爲不敬，但力求督責一己之嚴謹、公允而已。

〔註11〕 參註9，頁553～584，〈戰國大事年表中有關年代的考訂〉。文云：「《史記》〈六國年表〉所載各國國君的世次年數有很多錯誤，過去許多學者曾根據《古本竹書紀年》來加以考訂，校正了不少錯誤。然而所有的考訂都是不夠完善的。」
〔註12〕 見董說原著，繆文遠訂補，《七國考訂補》（上海：古籍出版社，1987年），頁771～772，附錄〈四庫總目提要〉。
〔註13〕 見勞榦，〈戰國七雄及其他小國〉，收於《中國上古史待定稿》第三本（臺北：中央研究院，1985年），頁499～547。
〔註14〕 顧炎武云這一段時期史事「史文闕軼，考古者爲之茫昧。」見《日知錄》〈周末風俗〉條。
〔註15〕 見梁啓超，《清代學術概論，序》。

第二章　泗上十二諸侯考述

第一節　引　言

　　顧頡剛在他的《讀書筆記》上，有一則題曰〈泗上〉的記載。其文曰：「戰國時流行『泗上十二諸侯』之語，所以《呂覽》便稱徐州爲『泗上』。」〔註1〕而究其實，「泗上十二諸侯」一詞，的確首見於《戰國策》。例如卷7〈秦策五〉「或謂秦王」章

　　　　梁軍伐楚勝齊，制趙、韓之兵，驅十二諸侯以朝天子於孟津。〔註2〕

卷14〈楚策一〉「張儀爲秦破從連橫」章

　　　　大王悉起兵以攻宋，不至數月而宋可舉，舉宋而東指，則泗上十二
　　　　諸侯，盡王之有已。〔註3〕

從《戰國策》以後，「泗上十二諸侯」便如一專有名詞，散見於後世有關《戰國策》研究注釋或徵引《戰國策》爲史料的著作中。

　　然而首揭「泗上十二諸侯」一詞的《戰國策》，並未清楚地指出，這十二諸侯究竟是指那十二個方國。從春秋以迄戰國之世，淮河以北，泗上地區諸侯方國林林總總，其數不下數十。於是，後代註解《戰國策》所揭示「泗上十二諸侯」或直接引用這個詞彙的，便眾說紛紜各逞己見了。

〔註 1〕 顧頡剛，〈湯山小記（八），泗上〉，《顧頡剛讀書筆記》（臺北：聯經出版事業，
　　　　1990 年），頁 4999。按顧氏此則係引自葉玉華〈尚書禹貢的時代和寫定經過〉
　　　　一文。
〔註 2〕 諸祖耿撰，《戰國策集注彙考》（江蘇古籍出版社，1985 年），頁 420。
〔註 3〕 同註 2，頁 754。

　　茲以後世最爲流傳兩種《戰國策》注本及各家所詮釋「泗上十二諸侯」爲例；這兩本《戰國策》皆以西漢劉向輯錄、東漢高誘注、北宋曾鞏校補爲底本：

　　（一）南宋姚宏續注本《戰國策》卷7〈秦策五〉「十二諸侯」曰：

> 梁君，梁惠王也。伐楚、齊勝之，制御趙、韓之兵，驅使十二諸侯魯、衛、曹、宋、鄭、陳、許之君，朝天子於孟津。〔註4〕

　　（二）南宋鮑彪重定次序的新注本《戰國策》，注釋同卷同策的「十二諸侯」則曰：

> 魏記，惠王二年，敗韓于馬陵，敗趙于懷。十五年，魯、衛、宋、鄭君來朝。〔註5〕

鮑彪本未註明十二諸侯之名，僅略提及魯、衛、宋、鄭等。鮑本所據係《古本竹書紀年》〈魏記〉。

　　（三）《史記》全書共有五處提及「泗上諸侯」或「泗上十二諸侯」。分別是：

卷40〈楚世家〉：

> 若夫泗上十二諸侯，左縈而右拂之，可一旦而盡也。

卷46〈田敬仲完世家〉：

> 威王曰：「……吾臣有檀子者，使守南城，則楚人不敢爲寇東取，泗上十二諸侯皆來朝。……。」

同卷：

> 於是齊遂伐宋……。齊南割楚之淮北，西侵三晉，欲以并周室爲爲天子，泗上諸侯鄒、魯之君皆來朝，諸侯恐懼。

卷67〈仲尼弟子列傳〉：

> 以撫泗上諸侯，誅暴齊以服彊晉，利莫大焉。

卷70〈張儀列傳〉：

> 大王悉起兵以攻宋，不至數月而宋可舉，舉宋而東指，則泗上十二諸侯盡王之有也。〔註6〕

然而通觀《史記》一書，司馬遷也未指出「泗上十二諸侯」究係那些國家？

〔註4〕《戰國策》，卷7，〈秦策五〉「謂秦王」（臺北：里仁出版社翻印，1982年），頁265。
〔註5〕同註4。
〔註6〕本文皆引自鼎文新校本《史記》三家注。

而註解《史記》各家，也都將這一詞略過，僅《史記・索隱》下過註解。司馬貞曰：

> 邊近泗水之側，當戰國之時有十二諸侯，宋、魯、邾、莒之比也。

〈索隱〉這個註解，影響了近千年來註釋《史記》各家。後代註《史記》的「泗上十二諸侯」俱以〈索隱〉爲解。一直到今人王利器主編的《史記註譯》，才爲此說翻案。《史記註譯》註「十二諸侯」說：「宋、衛、魯、鄒，十二爲虛指數。」〔註7〕

（四）《資治通鑑》〈周紀二〉曰：

> 是時河山以東強國六，淮、泗之間小國十餘，楚、魏與秦接界。

胡三省注曰：

> 泗水出魯國汴縣西南，至方與入沛。宋、魯、邾、滕、薛、郳等國，國於其間。齊威王所謂「泗上十二諸侯」。〔註8〕

以上係見於正史或文獻，關於「泗上十二諸侯」一詞之記載；茲再列各家之說於下：

（一）《韓詩外傳》卷10記齊宣王云：

> 君臣有檀子者，使之宋南城，則楚人不敢北鄉爲寇，泗上十二諸侯皆來朝。〔註9〕

除此之外，《韓詩外傳》其它篇章未有提到這個詞彙。而且全書也沒指出十二諸侯究竟是那些國家。

（二）《淮南子》卷11〈齊俗訓〉云：

> 然而勝夫差於五湖，南面而霸天下，泗上十二諸侯皆率九夷以朝。
>
> 〔註10〕

劉文典撰《淮南鴻烈集解》引胡鳴玉云：

> 《史記》〈天官書〉：「太微宮垣有匡衡十二星」。註〈正義〉云：「十二諸侯之府也。」乃知天有十二次，日月之所躔也；地有十二州，王侯之所國也。舉十二州以該天下之諸侯，非謂十二國也。〔註11〕

〔註7〕王利器主編，《史記註譯》（三秦出版社，西安，1988年），頁1255。
〔註8〕《資治通鑑》，卷2，〈周紀二〉顯王七年～八年。〈臺北：啓業書局翻印，1978年〉，頁43。
〔註9〕《史記》，卷46，〈田敬仲完世家〉據《韓詩外傳》此則，但作齊威王語。
〔註10〕劉文典撰，《淮南鴻烈集解》，卷11，〈齊俗訓〉（北京：中華書局，1989年），頁355。
〔註11〕同註10。

胡鳴玉認為「泗上十二諸侯」祇是一種通稱。和前所揭《史記註譯》中,認為十二諸侯僅是一虛指數,情形一樣。而《淮南子》其它篇章,也和《韓詩外傳》一樣,未再提及這個詞彙;也沒再解釋十二諸侯所指為何。

(三)《日知錄》卷 10〈費惠公〉條:

> ……魯連子稱陸子謂齊閔王曰,魯費之眾臣甲舍於襄賁,而楚人對項襄王有鄒、費、郯、邳。殆所謂泗上十二諸侯者邪?〔註12〕

古籍中,「泗」或「泗上」出現的次數相當多,幾乎在類書或前人的筆記裏常被提起。然而以「泗上十二諸侯」或「泗上諸侯」一詞出現,其數則相當少。除了前所揭幾部史書及子書外,一直到《日知錄》才又提起。但顧炎武提到這個詞彙時,也不能確定這十二諸侯究竟是那些國家了。

從這些古籍的記載,我們雖無法確定「泗上十二諸侯」究竟是那些國家,但這些古籍提到「泗上十二諸侯」這個詞彙時,似乎是有所指涉;因為從記載的內容判斷,這群次級的諸侯方國,似乎依違在當時幾個強國之間,這其中的關係將在下文中討論。

楊寬在《戰國史》中,提到「關於戰國時代的地名,清代學者從事這方面考證的,有張琦《戰國策釋地》(收入史學叢書);程恩澤撰、狄子奇箋《國策地名考》(收入粵雅堂叢書)和顧觀光《七國地理考》(收入顧氏叢書兩種)等。」〔註13〕雖然楊寬亦言「顧氏所搜集的較為全面,程、狄兩氏考證較詳,還都不夠完善。」〔註14〕然而這幾本,以目前學術界來說,仍是僅有的數本考證戰國地理的專著。

但張琦的《戰國策釋地》沒有提到「泗上十二諸侯」這一詞。程恩澤《國策地名考》與顧觀光《七國地理考》,則分別有篇章述《泗上十二諸侯》。程氏及顧氏兩書所據皆《戰國策》卷 11〈齊策四〉:

> 顏斶曰:「斶聞古大禹之時,諸侯萬國……及湯之時,諸侯三千;當今之世,南面稱寡者,乃二十四。」〔註15〕

諸祖耿注「二十四」則據顧觀光的《七國地理考》曰:

> 注家不知二十四為何國。以今考之,七國也,泗上十二諸侯也,東、

〔註12〕顧炎武著,《原抄本日知錄》,卷 10,〈費惠公〉(臺灣:粹文堂,1974 年),頁 212～213。

〔註13〕楊寬,前引書(上海:人民出版社,1991 年。第八刷),頁 15。

〔註14〕同註 13。

〔註15〕諸祖耿撰,《戰國策集注彙考》(江蘇古籍出版社,1985 年),頁 608。

西二周也，中山也，安陵也，越也。〔註16〕

而顧觀光考釋「泗上十二諸侯」則為：宋、衛、鄒、陳、蔡、費、魯、任、滕、薛、郯、邳〔註17〕。這個考證顧頡剛有意見，顧頡剛認為：邳似即薛。〔註18〕

程恩澤《國策地名考》卷16〈諸小國〉中，列有「泗上十二諸侯」條，程氏收錄舊籍所載，有關泗上諸小國逐一考證。程氏考出「泗上十二諸侯」為：魯、衛、宋、陳、蔡、滕、費、薛、鄒、郯、邳、郳〔註19〕。程氏認為：曹、鄭、許、莒等似非當時所有。〔註20〕

在今人研究戰國歷史地理的著作中，鮮少人觸及「泗上諸侯」這個範疇。李學勤在《東周與秦代文明》，列有〈泗上諸侯〉乙章，然其章祇列出考古有發現的諸小國，並未全面地研考泗上諸侯，所以該書所提的「泗上諸侯」，並非文獻上泗上十二諸侯的全數。〔註21〕

另外，在一般通論裡，談到「泗上十二諸侯」，常不假思索地提出：此係曾在泗水地區建立的諸侯國。以何建章注釋的《戰國策》為例，在該書卷7〈謂秦王〉章裏，何氏注「十二諸侯」曰：「戰國時十二小國，一般以為指：鄒、魯、陳、蔡、宋、衛、滕、薛、費、任、鄭、邳。」〔註22〕這種考證雖未確，但也可聊備一說。

綜上所述，究竟「泗上十二諸侯」是那些國家，由於先秦史籍中，沒有完整地提出十二國之名。而它們的史料散在諸史冊中，是故在這種情況下，欲尋出「泗上十二諸侯」的各成員國，祇好藉由爬梳史籍餖飣考證，再用統計的方法，將前人注釋過「泗上十二諸侯」的各小國逐一排比，提出相同的

〔註16〕 同註15。

〔註17〕 顧觀光，《七國地理考》，卷3，〈淮北條〉。按《七國地理考》與顧氏另一本著作《國策編年》同收錄在《顧氏叢書兩種》裡，目前此書在台尚無翻印，善本所藏在中央研究院傅斯年圖書館。

〔註18〕 顧頡剛，〈法華讀書記（20）戰國時之二十四國〉，《顧頡剛讀書筆記》（臺北：聯經，1990年），頁3755。

〔註19〕 程恩澤，《國策地名考》，卷16，〈諸小國〉，程氏該書收錄在《粵雅堂叢書》冊17。

〔註20〕 同註19。

〔註21〕 李學勤，《東周與秦代文明》第九章〈泗上諸侯〉（臺北：駱駝出版社翻印，1983年），頁115～127。李氏並未指出泗上諸侯是那些國家，祇在該章列出：魯、衛、鄭、滕、宋、薛、費、鄶、莒、曹等國所挖掘的文物銅器。

〔註22〕 何建章注釋，《戰國策》，卷7，〈謂秦王〉（北京：中華書局，1990年），頁263，注16。

結論，列入泗上諸侯成員國之一。

再者，將各家互有出入的說法，一併列入考察，由其地理位置與年代來判斷是否列入泗上諸侯的成員之一。以下各節就是透過這些方法，來尋求「泗上十二諸侯」的各成員。

第二節 「泗上十二諸侯」分國考述（上）

前節所揭各家推出的「泗上十二諸侯」分別是：

姚宏，續注本《戰國策》：魯、衛、曹、宋、鄭、陳、許。

鮑彪，新校本《戰國策》：魯、衛、宋、鄭。

司馬貞，《史記·索隱》：宋、魯、鄭、莒。

胡省三注《資治通鑑》：宋、魯、鄒、滕、薛、郳。

程恩澤，《國策地名考》：魯、衛、宋、陳、蔡、滕、費、薛、鄒、
　　　　　　　　　　　　郯、邳、郳。

顧觀光，《七國地理考》：宋、衛、陳、蔡、鄒、魯、費、郯、邳、
　　　　　　　　　　　　任、滕、薛。

李學勤，《東周與秦代文明》：魯、衛、鄭、滕、宋、薛、費、莒、曹。

以上所列各家大致對「泗上十二諸侯」這一詞，以為「十二」並非虛指，而提出對十二諸侯成員的判斷。各家所提，雖未齊整十二國，但多少代表他個人對泗上十二諸侯的看法。因此，我們據此為基礎，逐一考證上述各國，進而確認十二諸侯的成員。

在各家所提出的國別中，以魯、宋、衛、陳、滕、鄒等，列入泗上諸侯中似乎較不成疑義。其它諸國也或多或少得到數家的認可。

不過各家所列總數超過二十國，而其中幾國爭議性較大，是否為泗上諸侯仍需經一番辨證才能確認。在追認的過程中，有幾項原則需掌握，即諸國的始封存亡年代，需列入考慮。

按「泗上十二諸侯」一詞，最早見於《戰國策·楚策一》「張儀為秦破從連橫」一章中。此章在于鬯《戰國策年表》考訂在周赧王四年〈楚懷王十八年，前 311〉〔註23〕。但據繆文遠的考證，此策係偽託之作〔註24〕。繆文遠認

〔註23〕于鬯，《戰國策年表》，此表收於《戰國策》〈附錄〉（臺北：里仁出版社翻印，1982 年），頁 1245。

〔註24〕繆文遠，《戰國策考辨》（北京：中華書局，1984 年），頁 139。繆氏之說甚是；

為此策最大的問題出於蘇秦、張儀在年代上的矛盾。繆氏以唐蘭的考證蘇秦的一生爲基礎〔註 25〕，而得出結論，其說甚是。這麼一來，此策遂無法據爲判定「泗上十二諸侯」一詞出現的基準。在《戰國策》〈秦策五〉「謂秦王」章，有「十二諸侯」一詞的出現。此策據林春溥《戰國紀年》，黃式三《周季編年》，顧觀光《國策編年》及于鬯《戰國策年表》一致考訂在周赧王八年（前307）〔註 26〕。然此策所言之史事，係爲秦王追記「梁君伐楚勝齊，制趙、韓之兵、驅十二諸侯以朝天子於孟津」；按這一連串之史事，據《戰國策編年》所記，最遲一件完成在周顯王二十七年（魏惠王二十九年，前 342），即驅十二諸侯朝天子於孟津一事。

而這些史事在《史記》〈魏世家〉〈六國年表〉及《竹書紀年》〈魏紀〉也都有記載〔註 27〕；獨對「驅十二諸侯」一事，《國策》、《史記》與汲郡本《竹書紀年》記載有差異。《史記》〈秦世家〉與《紀年》皆謂「秦孝公會諸侯於逢澤，朝天子」；而《國策》〈秦策五〉及〈齊策五〉皆以爲「魏王從十二諸侯以朝天子」於孟津。兩說主盟者有違，但年代相差不多，祇一、二年之間。因此，我們得以相信「泗上十二諸侯」的成員，在周顯王二十七年（前342）左右，已告確定了。而在周赧王八年（前 307）以後，「十二諸侯」一詞便在策士之間的談辯中使用起來。而事實上所有記錄「泗上十二諸侯」一事的史書，所言關於「十二諸侯」的史事，皆在周顯王二十七年以後。因此，「泗上十二諸侯」的成員裡，不能包括周顯王二十七年（前 342）以後建立的諸侯國家；和在此之前滅亡的國家。除非這個詞彙的實質內涵，隨著時代差異而變化，即當時人視「泗上十二諸侯」爲非特定之十二諸侯國，而僅是濱泗水河域之十二諸侯。這個推論如果成立的話，那十二諸侯的成員範圍便侷限在泗水地區，他們的組合純粹是地緣關係促成的。這其中的辨證將於下文中申論。

按此策不合史實甚多。繆文遠列舉四項，其中以第三項指出「齊王大怒，車裂蘇秦於市」，最暴露問題。按蘇秦死於周赧王三十一年（前284）張儀死於周赧王五年（前310），蘇秦之死在張儀死後二十六年，張儀何得預知其爲車裂？繆氏認爲此策實僞依託文字中下乘之作。

〔註 25〕唐蘭，〈司馬遷所沒有見過的珍貴史料〉，此文收於《戰國策》附錄（臺北：里仁出版社，1982 年），頁 1374～1380。

〔註 26〕繆文遠，《戰國策考辨》（北京：中華書局，1984 年），頁 70。

〔註 27〕《史記》與《竹書紀年》對魏惠王這一連串的史事皆有記載，其間的差異僅在年代上一、二年之間的歧異。見方詩銘、王修齡《古本竹書紀年輯證》（華臺北：世出版社翻印，1982 年），頁 105～133。及《史記》〈魏世家〉〈六國年表〉。

現據前揭各家所提「十二諸侯」的成員逐一考證；又本節所論僅就始封、存滅及歷史地理的疆域。列國與列強的政治互動將另闢章節敘述之：

一、魯

在各家所提「泗上十二諸侯」的成員中，魯國似乎是爭議性最少的成員之一。因為各家所列的國別中，都有魯國在其中。

關於魯國的始封，歷來有些史家受《孟子》影響，謂魯國之始封為周公，孟子說：

> 周公之封於魯，為方百里也，地非不足，而儉於百里。（《孟子》〈告子〉下）

另外，在《國語》〈魯語上〉有一段文字：

> 展禽……對曰：「昔者成王命我先君周公及齊先君太公曰：『女股肱周室，以夾輔先王。賜女土地，質之以犧牲，世世子孫無相害也。』」
>
> 〔註28〕

《孟子》與《國語》的說法，是否誘導了司馬遷《史記》中作〈魯周公世家〉的判斷，目前並無直接證據證實。但〈魯周公世家〉確實明顯地記載著：

> 偏封功臣同姓戚者。封周公旦於少昊之虛曲阜，是存魯公。周公不就封，留佐武王。……於是卒相成王，而使其子伯禽代就封於魯。

這幾段文字都敘述魯之初封係周公；而《史記》明言伯禽乃因「代就封」。曉在《古言類編》更強調了這一點：「魏莊渠先生言：魯始封乃伯禽，非周公也。不知此何所據？蓋據〈魯頌〉，王曰叔父，建爾元子，俾侯于魯，故云。此直述魯之有侯自伯禽始耳。周公以親以功封魯侯，留王朝，不曾至魯、故禽父嗣侯於魯。豈有武王大封功臣，兄弟之國十四人，康侯少弟已封衛，周公四弟，又開國元勳，乃不封，直至成王乃封乎？王曰叔父，是成王稱周公也。必武王時伯禽尚少，留待世子，至世子即位後而遣之之國。伯禽絕非始封之君。」〔註29〕

而顧棟高在《春秋大事表》中認為魯之始封為伯禽〔註30〕。顧氏之說不

〔註28〕以下所引《國語》皆上海古籍出版社，1988年版。

〔註29〕此段史料引自陳槃《春秋大事表列國爵姓及存滅表譔異》（下簡稱《譔異》）冊1（臺北：中央研究院歷史語言研究所專刊52，1988年，3版），頁21。

〔註30〕顧棟高，《春秋大事表》，卷4，〈魯疆域〉（臺北：廣學社印書館翻印，1975年），頁687。

注所本。但《詩經》〈魯頌‧閟宮〉：

> 王曰：「叔父，建爾元子，俾侯于魯，大啓爾宇，爲周室輔」。乃命
> 魯公，俾侯于東。

按元子皆注伯禽殆無疑義，而「魯公」一詞爭議較大，按《史記‧魯周公世家》中，「魯公」時爲周公，時爲伯禽。但顧頡剛認爲：伯禽專「魯公」名。〔註31〕

顧頡剛這一見解的史源來自《左傳》文公十二年的傳文：

> 秦伯使西乞術來聘，且言將伐晉。曰：「寡君願徼福于周公、魯公以
> 事君」。〔註32〕

據此，顧頡剛且認爲魯君雖爲周公之後，而伯禽實爲魯始封君，故得以專魯公之名。另外，在《左傳》定公四年：

> 殷民六族：條氏、徐氏、蕭氏、索氏、長勺氏、尾勺氏，使帥其宗氏、
> 輯其分族，將其類醜，以法則周公，用即命于周。是使之職事于魯，
> 以昭周公之明德。分之土田、陪敦、祝、宗、卜、史、備物、典策，
> 官司、彝器、因商奄之民，命以伯禽，而封於少皞之墟。〔註33〕

至此，魯之始封君爲周公或爲伯禽的堅持，似乎得以息爭了。蓋尊周公爲魯祖可矣，而去周就魯任始封君則爲伯禽殆無疑義。至於始封之地，前揭各書皆言於少皞之墟的曲阜。這一點經傅斯年〔註34〕及徐中舒〔註35〕修正言明。按傅、徐兩氏皆力主伯禽在就魯之前，魯實已受封了。其域在成周之南，即今河南魯山縣及其附近之地。傅、徐之說考證甚爲詳瞻，陳槃推許「說至精闢」〔註36〕。另程發軔也以爲曲阜之前，魯已受封在魯山，其說係擴充說明傅斯年的論證。〔註37〕

魯封國遷至少皞之墟後，統領商奄之民；此後國境似乎再也沒有多大的變動了。少皞之墟，據杜預注《左傳》曰：

〔註31〕顧頡剛，〈壬寅夏日雜超（二），伯禽專「魯公」名〉，《顧頡剛讀書筆記》（臺北：聯經出版事業公司，1990 年），頁 6408～6409。

〔註32〕以下引用《春秋經傳》皆藝文印書館《十三經注疏》，1981 年版。

〔註33〕《十三經注疏》，冊 6，頁 947～948。

〔註34〕傅斯年，〈大東小東說〉收於氏著《傅斯年全集》冊 3（臺北：聯經出版社，1980 年），頁 9～22。

〔註35〕徐中舒，〈殷周之際史蹟之檢討〉，此文收於氏著《上古史論》（臺北：天山出版社翻印，1986 年）頁 1～28。徐中舒之說見該書頁 12～13。

〔註36〕陳槃，《譔異》冊一〈魯〉，頁 21～22。

〔註37〕程發軔，《春秋左氏傳地名圖考》（臺北：廣文書局，1967 年），頁 28～30。

少皞之墟，曲阜也，在魯域內。〔註38〕

應劭《風俗通》釋「阜」謂：

《詩》云：「如山如阜。」

《春秋左氏傳》：

魯公伯禽宅曲阜之地。阜者、茂也，言平地隆踊不屬於山陵也。今

曲阜在魯城中，委曲長七、八里。〔註39〕

曲阜作爲魯都城後，終魯之世似乎未再他遷。據曲阜考古遺址證實，曲阜遺址文化的連續性很強，自西周早期開始，一直持續到漢代。〔註40〕

「商奄即奄」；「國名也」，杜預及馬宗璉如是注〔註41〕。《毛詩傳箋通釋》卷 17 云：「《皇覽》：奄里在魯。《括地志》：兗州曲阜縣奄里，即奄國之地。又〈補後漢書郡國志〉以魯爲古奄國，是魯地即奄地也。」〔註42〕

再明確一點地說「商奄」之地，則據段玉裁《說文解字注》曰：「庵即奄，二字周時並行。奄在淮夷之北，今山東兗州府曲阜縣城東二里有奄城云。故奄國即《括地志》之奄里。」〔註43〕

淮夷，陳夢家考證即卜辭中的「隹夷」，其地分佈在淮水，泗水一帶〔註44〕，故《後漢書》〈東夷列傳〉也稱爲「淮、泗夷」。〔註45〕

《漢書》〈地理志〉稱魯之域云：

魯地，奎、婁之分壄也。東至東海，南有泗水、至淮，得臨淮之下

相、睢陵、僮、取慮，皆魯分也。〔註46〕

《漢書》所云：魯分，大抵是指在春秋時代魯國盛時的大致疆域；事實上古列國疆域，甚難稽考，魯國從封都曲阜後，賴《春秋經左氏傳》留存下魯併國和取地的記錄，顧棟高據此逐一抄載，曰：「魯在春秋實兼有九國之地、極、

〔註38〕同註33。

〔註39〕應劭，《風俗通》〈山澤第十・阜〉（天津古籍出版社，1980 年）頁 382。

〔註40〕見山東省文物考古研究所編，《曲阜魯國故墟》第二章〈魯城遺址試掘〉（山東：齊魯書社，1982 年），頁 28～88；另見田岸，〈曲阜魯城勘探〉，《文物》，1982 年，第 12 期，頁 1～12。

〔註41〕參楊伯峻，《春秋左傳注》（臺北：源流出版社翻印，1982 年）頁 1537。

〔註42〕此段史料引自：林太輔著、錢穆譯，《周公》（臺北：商務印書館，1968 年），頁 29。

〔註43〕段玉裁，《說文解字注》（臺北：蘭臺書局，1972 年），頁 299。

〔註44〕陳夢家，〈隹夷考〉此文刊在《禹貢半月刊》，卷 5，第 10 期，頁 13～18。

〔註45〕《後漢書》卷 85〈東夷列傳〉（鼎文新校本），頁 2807～2809。

〔註46〕以下所引《漢書》皆鼎文新校本。

項、鄆、邿、根牟，魯所取也。向、須句、鄟、邢則邾、莒滅之，而魯從而
有之者也。」〔註47〕

顧氏所列，在《春秋經傳》裡皆有記載。時間從魯隱公二年（前 721）入
極，到魯哀公二年（前 491）伐邾取漷東田及沂西田；哀公三年，邾再以啓陽
予魯。

《春秋》是魯史，其書所記魯在春秋早期對鄰國兼併取地之事，當屬可
信，而這個範圍，大致和《漢書》〈地理志〉所列的範圍相當，不過從春秋中
期，齊桓公稱霸以後，魯國從中原國轉變成次等國家，而其疆域也從併他國
取地，轉變成被強鄰併地的厄運。

從春秋中、晚期到戰國時代（前 403～221）〔註48〕魯國疆域的變動極為
迅速。此即《孟子》〈告子下〉所云：「魯之削也滋」；這種變化與魯國內部的
政治鬥爭關係極為密切。《史記》〈魯世家〉對魯國內部紛爭的記載甚詳，其
中尤以三桓為禍最烈；《史記》對此的記載也最詳實。

然而，真正削弱魯國實力的，當是戰國以後，楚擴境泗上，並越過泗水
直接對魯國產生威脅。魯頃公十九年（前 261），楚興師伐魯，取徐州〔註49〕。
至此，魯國已無力抗拒楚國的強奪了。不過，縱使魯國的疆域有任何的變動，
其轄區仍地跨泗水流域為中心（見圖 2-1），從地緣上來說，魯併入泗水集團
的成員，應沒有多大的疑問。

魯的滅亡年祚，《史記》在〈魯世家〉與〈六國年表〉互有出入。〈魯世
家〉言：「（頃公）二十四年，楚考烈王滅魯。頃公亡遷于下邑，為家人，魯
絕祀。」據此對照〈楚世家〉則魯頃公二十四年當為楚考烈王七年（前 256）。

但〈六國年表〉載：「考烈王八年，取魯，魯君封于莒。考烈王十四年，
楚滅魯。」但〈春申君傳〉卻言：「春申君相楚八年，為楚北伐滅魯。」春申
君黃歇為相，係在考烈王元年（前 262）。

三說之中，顧棟高與錢穆主張以〈魯世家〉所記為是。〔註50〕

〔註47〕同註 30，頁 687～691。

〔註48〕西元前 403 年為戰國時代的開始，係採《資治通鑑》的說法。按此年為韓、
　　　　趙、魏三國迫使周威烈王承認列為諸侯。另外，呂祖謙《大事記》訂為西元
　　　　前 481，係接《春秋》的記載；而《史記》將戰國的始年訂為周元王元年（前
　　　　475）。

〔註49〕《史記》〈魯世家〉。

〔註50〕錢穆，《先秦諸子繫年》（北京：中華，1985 年新版），頁 153～154。

圖 2-1：戰國時期魯疆

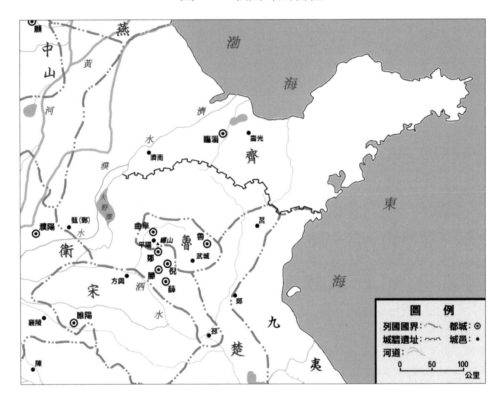

二、宋

　　宋國在前述各家所列「泗上十二諸侯」的成員裡，也得到一致的認可，關於宋之得名，王國維〈說商〉文曰：「古之宋國，實名商邱，邱者虛也。宋之稱商邱，猶洹水之南稱殷虛。杜預《春秋釋地》以商邱為梁國睢陽（今商邱縣），又云宋、商、商邱三名一地，其說是也」。〔註51〕

　　按「宋」之稱「商」，在先秦冊籍中時見。最顯著的例子係《詩經》〈商頌〉。《韓詩》及《史記》皆謂此係考父所作，美襄公之詩也〔註52〕，此說雖有爭議〔註53〕，但舉〈商頌〉為〈宋頌〉則成不爭之議。其它「商」、「宋」通用的史例不勝枚舉。據此，王國維提出：「余疑宋與商聲相近。初本名商，

〔註51〕王國維，《觀堂集林》，卷 12，〈說商〉（臺北：河洛出版社影印，1975 年），頁 516～518。

〔註52〕同註51，頁 113～118。

〔註53〕屈萬里，《先秦文史資料考辨》（臺北：聯經出版社，1983 年），頁 325。

後人欲以別於有天下之商，故謂之宋耳。」〔註54〕陳槃也認為：「周時多謂宋
為商。」〔註55〕

宋之始封侯為殷帝乙之長子，紂兄微子啟，其事見於《世本》〈世家〉篇。
《史記》〈宋微子世家〉載此事甚詳，所據大抵以《世本》。是以，宋為子姓。
其初封都城，據〈地理志〉云：「周封微子於宋，今之睢陽是也。」〔註56〕

《水經注》卷24〈睢水注〉亦載：「睢水又東逕睢陽縣故城南，周成王封
微子啟於宋，以嗣殷後，為宋都也。」按睢陽縣為秦所置，漢因之，漢文帝
封子武於此，為梁國〔註57〕。《括地志》總述上說，云：「商丘外城本漢睢陽
縣也，〈地理志〉云睢陽縣，故宋國也。梁在州南二里外城中，本漢睢陽城也。
漢文帝封子武於大梁，以其卑濕，徙睢陽，故改曰梁也。」〔註58〕據此，對
於杜預所云：「宋、商、商丘，三名一地，梁國睢陽縣也。」便得以瞭然了。
但至戰國時，宋似乎遷都彭城。為此，錢穆考證而列舉十五條證據，來證實
宋於戰國都于彭城。〔註59〕

宋的疆域與魯境犬牙相錯。〈地理志〉記載宋國地望，謂：

> 宋地，房、心之分埜也。今之沛、梁、楚、山陽、濟陰、東平及東
> 郡之須昌、壽張，皆宋分也。

但〈地理志〉言「宋地」之前，又云：

> 東平、須昌、壽良皆在濟東，屬魯，非宋地也，當考。〔註60〕

「當考」，顏師古注曰：「言當更考覈之，其事未審。」大概魯、宋之交，迨漢
已難詳考。按漢之東平、須昌為春秋以前之須句國。《春秋》僖公二十一年，
謂：「任、宿、須句、顓臾，風姓也。」杜預注：「須句，在東平、須昌縣西北。」

然而《水經注》認為杜注非也，並據〈地理志〉曰：「壽張西北有朐城者
是也」又引京相璠曰：「須朐，一國二城、兩名。蓋遷都須昌，朐是其本名。」
〔註61〕因此，《方輿紀要》遂云：「東平州，春秋時魯附庸須句國也，後屬魯，

〔註54〕同註51。
〔註55〕陳槃，《譔異》，頁116下。
〔註56〕《漢書》〈地理志下〉（鼎文新校本），頁1163。
〔註57〕顧祖禹，《讀史方輿紀要》，卷50，〈商邱縣，睢陽城〉條。
〔註58〕《括地志新輯》，王恢輯（臺北：世界書局，1985年），頁112。
〔註59〕錢穆，《先秦諸子繫年考辨》，卷3，〈戰國時宋都彭城證〉（北京：中華書局，
　　　　1985年），頁323～326。
〔註60〕按壽良即壽張也，顧祖禹引應劭曰：「光武叔父名良，諱良曰張也。」（《方輿
　　　　紀要》，卷33，〈壽張縣〉）。
〔註61〕《水經》，卷8，〈濟水注〉（上海：古籍出版社，1990年），頁162。

戰國屬宋。」〔註62〕

除了濟水邊的須句國外，宋在戰國以前併了宿，偪陽、曹及《經》、《傳》俱不詳何時為宋所併的杞、戴、彭城〔註63〕。從《春秋經傳》看這些為宋所併的國家之地理分佈中，以宿的地理位置較有爭議，「宿」的出現於《經》、《傳》，首見於《春秋》隱公元年：

> 九月，及宋人盟于宿。

杜注：「宿，小國東平無鹽縣也。」然而楊伯峻認為，春秋時期「宿」地有二處。《春秋》莊公十年（前684）：

> 三月，宋人遷宿。

遷，杜注謂：「宋強遷之而取其地故。」按杜預以為兩宿同一；但楊伯峻認為：「此宿（莊公十年），恐非隱元年《經》之宿，以宋不得至齊，魯境內也。疑此宿即戚，本宋地，初屬周，而後宋取之。」〔註64〕

楊伯峻這個懷疑，頗為成理。然而歷來釋「宿」地，皆以為是東平無鹽縣。且遍查史籍，戚地並無舊稱宿的記載〔註65〕。不知楊氏所據何本。其它如偪陽、曹、胊、戴、彭城的地理分佈，大致與〈地理志〉所言漢代的沛，梁、楚、山陽、濟陰相若。分佈地點在泗濱以西一帶，而近泗水。（見圖2-2）

宋在春秋戰國的政治舞台上，為一活躍的諸侯方國。劉伯驥說：「宋處中夏首當兵爭之衝。自魯（疑為宋）文襄以來，在南則楚強，在北則晉勁。楚之爭霸，常始於宋；而楚之分霸，亦成於宋。然則宋者，固諸侯圖霸之樞機也。」〔註66〕是以在霸權時代，宋國似乎扮演「箭垛式」的角色，這與其地處中原有關，亦與其國勢有關。按宋地橫於齊、楚、晉爭兵中原之間。是以，三國崛起之後，宋國國勢亦逐漸式微。至春秋中、晚期以迄於戰國之初，宋已淪為國際間二等諸侯國了。而因其地緣，同時也為策士視為「泗上十二諸侯」的成員了。

〔註62〕《讀史方輿紀要》，卷30，〈東平州〉（臺北：洪氏出版社，1981年再版），頁1440。

〔註63〕顧棟高，《春秋大事表》，卷4，〈宋疆域〉（臺北：廣學社印書館，1975年），頁715～717。

〔註64〕楊伯峻，《春秋左傳注》（臺北：源流出版社，1982年），頁181。

〔註65〕在《中國歷史地名辭典》卻有一則：「戚邑，一作宿邑。春秋衛地，在今濮陽縣東北。」（南昌：江西教育出版社，1986年），頁789。

〔註66〕劉伯驥，《春秋會盟政治》（臺北：中華叢書編委會，1962年），頁128。

圖 2-2：戰國時期宋疆

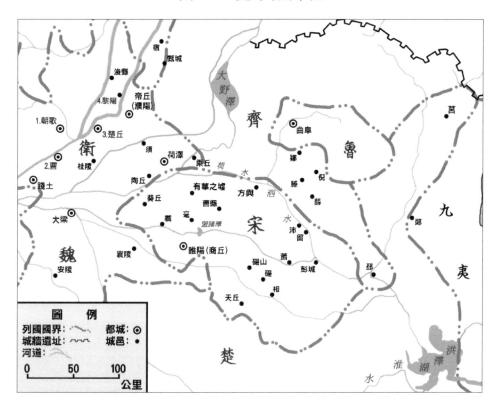

宋自微子啟以後，傳國三十一世。其世系《世本》有譜〔註67〕。但《世本》言宋滅之年，與《史記》〈六國年表〉有異。據《世本》云：「王偃四十七年（前291），齊閔王滅宋」；《史記》〈六國年表〉則曰：「（齊閔王）三十八年，齊滅宋」此則宋王偃五十三年（前286），另〈田敬仲完世家〉並繫此年。按齊滅宋之史事，《戰國策》〈宋策〉「宋康王之時」章，載之甚詳，林春溥《戰國紀年》，黃式三《周季編略》皆將此策繫於周赧王二十九年（前286）〔註68〕；錢穆亦考訂宋亡於偃王在位五十三年之時，其年代亦同於〈六國表〉，即周赧王二十九年。惟錢氏據《孟子》〈萬章篇〉駁諸家云宋偃之殘暴〔註69〕，即宋

〔註67〕《世本》〈宋世家〉，秦嘉謨輯補本，收於《世本八種》（臺北：西南書局，1974年），頁42〜43。

〔註68〕參見繆文遠，《戰國策考辨》（北京：中華書局，1984年），頁317。

〔註69〕錢穆謂：「宋偃稱王之先，故頗受當時嫉視。而宋偃欲行仁政，《孟子》〈萬章篇〉可為證。故謂之桀宋：蓋出於一時忌嫉之口，非信史也。」參見錢穆，《先秦諸子繫年考辨》，頁317〜318。

滅亡之因，蓋以欲行仁義，而招戰國群雄嫉視，乃至於滅亡。

三、衛

《左傳》定公四年：

> 昔武王克商，成王定之。選建明德，以藩屏周。……分康叔以大路、少帛、綪茷、旃旌、大呂。殷民七族，陶氏、施氏、繁氏、錡氏、樊氏、饑氏、終葵氏，封畛土略，自武父以南及圃田之北竟，取於有閻之土以共王職，取於相土之東都以會王之東蒐，聃季授土，陶叔授民，命以康誥而封於殷墟。皆啓以商政，疆以周索。

《史記》〈衛康叔世家〉《尚書》〈康誥・書序〉皆承《左傳》之說，而認爲成王平武庚亂後，封康叔於衛；而〈康誥〉正是成王封康叔於衛時之誥辭。

但宋儒自胡宏以降，開始提出〈康誥〉係成於武王之時的說法〔註70〕。朱熹更堅持此說，而謂「康叔之封在武庚未叛之前矣」〔註71〕。近世學者更從誥辭中「王若曰：朕其弟，小子封」，來推斷〈康誥〉應是武王封康叔於康時之誥。〔註72〕

按康叔名「丰」，金文有「康侯丰」〔註73〕；封於康之後稱「康叔」。《史記》〈衛康叔世家・索隱〉引宋衷注《世本》曰：「康叔從康徙封衛，衛即殷墟，定昌之地，畿內之康，不知所在」。「畿內之康」，屈萬里認爲純係臆斷之詞；因爲周初有無「王畿千里」之制，尚存疑問〔註74〕。孫星衍據《說文》及《集韻》推出：「廓與邟同音，即康也，在潁川縣（即今河南臨汝縣）。」〔註75〕

武庚亂平後，周室再行分封。關於衛侯的始封有二說。其一爲康叔丰於成王時，由康徙封衛〔註76〕；但也有認爲衛之始封爲康叔之子康侯貹〔註77〕。

〔註70〕引自屈萬里，《尚書集釋》（臺北：聯經出版社，1983年），頁143～145。

〔註71〕《朱子語類》，卷79（臺北：世出版社翻印，1987年新校標點本），頁2054～2055。

〔註72〕引自葉達雄師，〈論徙封於衛者非康叔封〉收於氏著《西周政治史研究》（臺北：明文出版社，1982年），頁148～154。

〔註73〕楊樹達曰：「金文有康侯丰鼎，知衛康叔本名丰。《經》、《傳》作封者，丰之同音假字也。」（參見《金文編》書後。）引自陳槃，《譔異》，頁31上。

〔註74〕參見屈萬里，《尚書集釋》，頁143～145。

〔註75〕孫星衍，《尚書今古文注疏》，卷15，〈康誥疏〉（臺北：廣文書局，1980年再版）。

〔註76〕陳夢家云：「康侯丰當是康侯封，古文邦、封一字，貹、鄙一字；《說文》『邦、國也』，《廣雅・釋詁》『鄙，國也』。封與鄙當是一名一字」參見〈西周銅器

兩說爭議的關鍵，大抵來自〔康侯段〕的銘文。按銘文中的「啚」字，究係人或事，有待查考，「康侯段」銅銘曰：

　　　　王朿伐商邑，延令康侯啚于衛，渣嗣土送眔啚，乍厥考障彝凡。〔註78〕

另外，于省吾、楊樹達、白川靜等，不以爲人名，而應該解釋爲「都鄙」之意〔註79〕。上述諸說，各有論證的根據，在未得更多出土上的資料證實前，諸說不妨存參。

　　由「康侯段」中銘文得知「衛」者，爲康侯所封之舊名，並非康侯由他處帶去。「衛」地處故殷域，而康侯領衛之後，也承故殷商疆域。其地望據《呂氏春秋》〈有始覽〉云：「河濟之間爲兗州，衛也。」（見圖 2-3）

圖 2-3：戰國時期衛疆

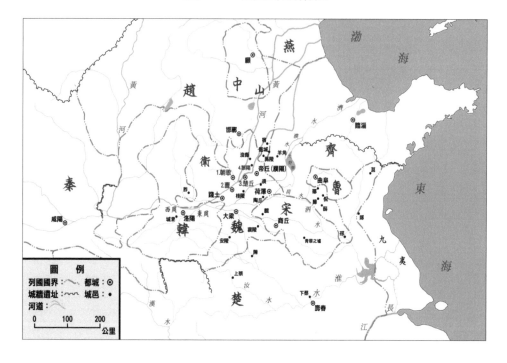

　　　斷代〉二，《考古學報》1955 年，第 9 期。

〔註77〕見註 72 及葉達雄師，〈論康侯啚即是康伯〉，前揭書，頁 154～157。

〔註78〕見于省吾，《商用金文錄遺》（北京：科學出版社，1957 年），頁 157。此銘文是記載康侯徙封之事，最直接的證據。但由於銘文的釋讀不一，故衍生出不同的結論。

〔註79〕于省吾、楊樹達之說，見《歷史研究》，1954 年第 2 期。白川靜之說，引自許倬雲，《西周史》（聯經出版社，臺灣，1984 年初版），頁 123。

《呂覽》所云之「衛」，大抵是指殷商故域。實際上，衛國所領的殷域，並未如此廣大。而且入了春秋之後，諸侯多務兼併以自廣，衛介於齊、晉、宋、魯、鄭等五大國之間，其後又屢蒙狄難，狄人尚且一度滅衛，事見《春秋經傳》閔公二年（前660）。故衛在春秋時代，其間凡經過三次遷都。〔註80〕

以衛之地望及其遷徙，檢視〈地理志〉所謂的「衛分」，其間的範圍亦若符相合。〈地理志〉云：

> 衛地，營室、東壁之分埜也。今之東郡及魏郡黎陽，河內之野王，
> 朝歌皆衛分也。

〈漢志〉之謂「衛分」皆在《呂覽》所謂「河濟之間」。但若細析衛國疆域，則衛地處泗域以西及荷水上源、濟水一帶。據《水經》〈泗水注〉記：「濟在湖陸西而左注泗，泗、濟合流，故《地記》或言濟入泗，亦言泗入濟，互受通稱，故有入濟之文」〈泗水注〉於此稍前也說：「荷水即濟水之所苞注以成湖澤也」。

是以，衛境地近泗水，故至戰國時代縱橫策士屢言及淮北之「泗上十二諸侯」，應也包括衛國。

關於衛國滅亡絕祀的年祚，《史記》〈衛世家〉與杜預《世族譜》皆以為秦二世時廢衛君角為庶人，衛絕祀。但〈衛世家〉云：「君角九年，秦并天下……二十一年，二世廢君角為庶人，衛絕祀」。梁玉繩認為〈衛世家〉之載年代不符史實〔註81〕。梁氏以為：「君角在位三十二年，其始立于始皇七年」。但諸說皆同意「秦二世元年，衛絕祀」。

第三節　「泗上十二諸侯」分國考述（中）

四、鄭

鄭亦中原諸國，姬姓。

在各家所注「泗上十二諸侯」中，鄭並未全數列入，其原因大概鄭亡國甚早。《左傳》襄公二十九年，記吳公子札觀樂，迨聞〈鄭風〉時，嘗謂：

〔註80〕 顧棟高，《春秋大事年表》，卷4，〈疆域・衛〉。

〔註81〕 梁玉繩，《史記志疑》，卷20。梁氏謂：「君角立於始皇七年，至秦并天下，凡二十年。廢於二世元年。在位三十二年。此書角立於始皇十八年，則所云九年，二十一年，皆史公故縮其年以合之，欲自掩其誤耳。」

美哉，其細已甚，民弗堪也。是其先亡乎！

果然，吳季札見微知著，以鄭曾在春秋初期盛極一時；而入了戰國後，旋被韓所滅而絕祀。

考韓滅鄭之年，歷來有三說。其中《史記》在各卷分述其事時，就互有牴牾，〈六國年表〉云：「（韓哀侯）二年滅鄭，（鄭）康公二十年（前376）滅，無後。」〔註82〕而〈鄭世家〉云：「（鄭康公）二十一年（前375），韓哀侯滅鄭，并其國。」〔註83〕〈韓世家〉之說，則同〈年表〉。

另外，《世族譜》謂：「（鄭）聲公二十年，獲麟之歲也。三十三年，而《春秋》之《傳》終矣。聲公三十七年卒。自聲公以下五世，八十七年，而韓滅鄭矣。」〔註84〕據此推算，則鄭亡於鄭康公十八年（前378）。三說各有踵事者，未詳孰是。

但不管鄭亡於上述何年，三者之年數皆早於前所揭「泗上十二諸侯」被提出的年代。因此，「十二諸侯」的成員，不取鄭

五、陳

陳為有虞氏帝舜之後，嬀姓。

陳國的建立，有兩種說法；《世本》宋衷注云：

虞思之后，箕伯直柄中衰，殷湯封遂於陳，以為舜後是也。〔註85〕

另外，《左傳》襄公二十五年（前548）：

昔虞閼父為周陶正，以服事我先王。我先王賴其利器用也，與其神
明之後也，庸以元女大姬配胡公而封諸，以備三恪。〔註86〕

《史記》〈世家〉及鄭玄《詩譜》皆從《左傳》之說，以胡公始封於陳。《左傳》此說別于《世本》以為始封於陳係遂。兩者孰是，今莫辨。

但據《左傳》昭公八年（前534）：

舜重之以明德，實德于遂。遂世守之。及胡公不淫，故周賜之姓，
使祀虞帝。〔註87〕

〔註82〕《史記》〈六國年表〉（鼎文新校本），頁716。
〔註83〕同註82，頁1776。
〔註84〕此條引自陳槃，《譔異》冊一「吳」，頁72上。
〔註85〕顧觀光，《七國地理考》，卷2，〈齊地總論‧任〉（顧氏叢書兩種），頁19。
〔註86〕《十三經注疏》，冊8《孟子》，頁213上。
〔註87〕《十三經注疏》，冊6，頁622下。

這段文字的文意看來，胡公瞞遂續封于遂初封之地，似乎很明顯，故《路史》〈國名記丁〉曰：「陳，媯滿之封。本商侯，武王代而封之。」《路史》顯然認爲陳地係舊封，至周武王時又重行分封。

〈詩陳譜〉曰：「陳都於宛丘之側……其封域在〈禹貢〉豫州之東，其地廣平無名山大澤，西望外方，東不及孟豬。」〔註88〕「外方」，屈萬里言：嵩山是也〔註89〕。「孟豬」，澤名，在今河南商丘縣東北。宛丘，據《括地志》云：「在陳城中，即古陳國也。」〔註90〕《詩地理考》曰：「今陳州城，在古陳城內西北隅，陳都在宛丘之側。」〔註91〕按宛丘即今河南淮陽。從〈詩譜〉看來，陳境大抵于今河南東部與安徽、江蘇交錯。

東周初年，陳與鄭同爲中原大國，后因楚、齊、晉興起，列強交兵于中原，陳國居于兵戎交戰地域，復因國君荒淫；《詩經》〈陳風〉十章，專敘陳國風俗民情，《毛詩正義》謂：「……大姬婦人尊貴好祭祀用巫，故其俗好巫鬼者也……。五世至幽公當屬王時，政衰，大夫淫荒，所爲無度。國人傷而刺之，陳之變風作矣。」〔註92〕

從春秋以降，陳國一再地被楚滅而又復。《左傳》記載，楚滅陳復封，分別是：宣公十一年（楚莊王十六年，前598），「楚子爲陳夏氏亂故，伐陳」「遂入陳，殺夏徵舒，轘諸栗門，因縣陳」但同年經楚大夫申叔時勸諫，莊王「復封陳」。

昭公八年（楚靈王七年，前534）楚趁陳內訌而滅陳。昭公十三年（楚靈王十二年，前529），復封陳，遷其邑。

哀公十七年（楚惠王十一年，前478），「楚公孫朝帥師滅陳」。因此《史記》〈年表〉即據此定爲陳國滅亡年數。

然而，史籍中關于楚惠王之後仍有陳的記載，且爲數尚多。在《戰國策》裏，陳尚是被列入「泗上十二諸侯」之一的方國。《戰國策》〈齊策五〉：

> 魏王擁土千里，帶甲三十六萬，其強北拔邯鄲，西圍定陽，又從十
> 二諸侯朝天子。……衛鞅見魏王，曰：「大王之功大矣！令行于天下
> 矣！今大王之所從十二諸侯，非宋、衛也，則鄒、魯、陳、蔡，此

〔註88〕同註87，頁770下～771上。
〔註89〕《十三經注疏》，冊2，頁249上。
〔註90〕屈萬里，《詩經釋義》（臺北：華崗出版社，1983年），頁169。
〔註91〕王恢，《括地志新輯》，頁110。
〔註92〕王應麟，《詩地理考》，卷2。

固大王之所以鞭箠使也，不足以王天下……。」〔註93〕

從〈齊策五〉的文意來判斷，魏王當係魏惠王。因爲「拔邯鄲」一事，分見於《史記》的〈魏世家〉及〈趙世家〉，其所言皆在魏惠王十七年左右（前353）〔註94〕。魏惠拔邯鄲之後，又發起的「逢澤之會」，陳也側身在「泗上十二諸侯」之列，並從十二諸侯以朝天子，雖然逢澤之會的年代，錢穆與楊寬、林劍鳴的考訂年代不同，但其差也僅一年，都在梁惠王二十七年左右（前343）。

至此，陳在春秋滅國而後復國的事實，似已不辯自明。也因此程恩澤提出了他的看法：「陳即陳故國，蔡即蔡故國也。但考之《左傳》及《史記》，楚惠王十一年滅陳，四十二年滅蔡，俱在悼王以前。茲乃吳起佐悼王南攻、北并，豈惠王時復如平王故事更封之耶？」〔註95〕程恩澤這個解釋，多少彌補了從春秋到戰國，陳國一再滅而復，而史書闕如的隙縫。

六、蔡

蔡始封君叔度，文王子，故亦姬姓。武王克殷後，叔度受封于蔡，是名「蔡叔」。

武王崩，蔡叔與管叔聯合武庚，一起反叛攝政之周公旦，亂平後，武庚遭誅，管叔被殺，而蔡叔遭流放。《史記》〈管蔡世家〉云：「蔡叔度既遷而死，其子曰胡，……成王復封胡於蔡。」

按《史記》所言，叔度與胡所封之蔡，似乎同一地點，故言「復封」。然而「集解」據《世本》及宋衷注，卻謂：叔度居上蔡；胡徙居新蔡。

這個異說在僞《古文尚書》〈蔡仲之命傳〉裡，也可以找到證據；〈傳〉云：「叔之所封，圻內之蔡。仲之所封，淮汝之間。圻內之蔡名已滅，故取其名以名新國，欲其戒之。」〔註96〕《書傳》之說，言之確鑿。但驗之《春秋經傳》，卻找不到足資佐證的資料。難怪「正義」云：「文叔之所封圻內之蔡，

〔註93〕錢穆《先秦諸子繫年》曾經提出，《史記》〈魏世家〉所記魏文侯、武侯、惠王、襄王的年代，多與《竹書紀年》不合。據楊寬《戰國史》〈戰國大事年表有關年代的考訂〉，《史記》魏惠王的紀元誤上一年。因魏拔邯鄲在十七年，不是魏惠王十八年。

〔註94〕《史記》〈秦本記〉云：秦孝公二十年，「使公子少官會諸侯逢澤，朝天子」。然據此對照〈周本紀〉，是年應爲秦孝公十八年。楊寬《戰國史》及林劍鳴《秦史稿》皆認爲逢澤之會在前344，未從〈秦本記〉之說。《先秦諸子繫年》認爲逢澤之會在梁惠王二十七年（前343）。

〔註95〕程恩澤，《國策地名考》，卷7。

〔註96〕《十三經注疏》，冊1，頁253上。

其事不知所出。……圻內蔡地不知所在爾。」〔註97〕雷學淇也批駁僞〈傳〉之說，「殊誤」。〔註98〕

按《漢書》〈地理志〉汝南郡上蔡原註：「故蔡國，武王叔度所封。度放，成王封其子胡，十八世徙新蔡。」杜預注《左傳》及《春秋釋例》，顧著《春秋大事表》皆從此說。《括地志》云：「豫州，州北七十里上蔡縣，古蔡國，有故蔡城。武王封弟叔度于蔡是也。」〔註99〕其地域大致在汝水中游一帶，今之河南上蔡附近。

春秋初期，蔡與陳、江、申、黃、息同爲「南捍荊蠻，而北爲中原之蔽」〔註100〕。《左傳》桓公二年（前710）：「蔡侯、鄭伯會于鄧，始懼楚也。」《左傳》言「始懼」，大概楚武王始僭號稱王，中原諸國開始戒懼〔註101〕。不過，此後中原諸國仍交相征伐，而予楚國有機可趁。《左傳》莊公十四年（前680）：「秋七月，楚入蔡。」不過，在此之前，楚已滅申、滅息、其事《經傳》俱載。

蓋淮河上游，汝水一帶係中原南屛的前哨；楚欲北上，必先翦除這些障礙。蔡國爲此也就成爲首當其衝的目標了。楚文王十年（蔡哀十五年，前680），楚入蔡後，自此至蔡昭侯十二年（前507），歷一百七十餘年，蔡幾乎世服于楚。這段時間淮、汝諸小國，幾被楚滅殆盡；但蔡卻終春秋之世猶存，其原因殆蔡事楚極敬，且無役不從，無歲不貢。再者，楚以蔡緩衝中原諸國對楚直接的壓迫。

但是楚對蔡並未以平等對待，《左傳》時載楚對蔡不斷肆虐。其間蔡靈王十二年（楚靈十年，前531），楚誘執蔡侯，且殺之于申，又刑其士七十人〔註102〕；同年，楚滅蔡，後封楚公子棄疾爲蔡公，其後棄疾歸楚，號楚平王（前528～516）。楚平王在位期間，爲了結好中原，楚讓陳、蔡復國。而使「蔡侯廬歸于蔡」〔註103〕；即〈地理志〉云：「蔡平侯自蔡徙此。」楚、蔡就在這種不平等的關係，維持到蔡昭十二年（楚昭九年，前507），《左傳》定公三年

〔註97〕同註96，頁253下。

〔註98〕雷學淇，《竹書紀年義證》，卷24（臺北：藝文印書館，1977年再版），頁180下～181上。

〔註99〕《括地志新輯》，王恢編輯（臺北：世界書局，1974年），頁105。

〔註100〕高士奇，《左傳紀事本末》〈楚伐滅小國〉。

〔註101〕《春秋經傳集解》，杜預注（相台岳氏本，臺北新興書局影印），卷2，頁4。

〔註102〕《十三經注疏》，冊6，頁785～787。

〔註103〕《十三經注疏》，冊6，頁804下。

（前 507）載：

> 蔡侯歸，及漢，執玉而沈，曰：「余所有濟漢而南者，有若大川。」
>
> 蔡侯如晉，以其子元與其大夫之子爲質焉，而請伐楚。〔註104〕

《公羊傳》且作：「天下諸侯苟有能伐楚者，寡人請爲之前列。」〔註105〕《穀梁傳》也有同樣的說法〔註106〕。其後「蔡侯、吳子、唐侯伐楚」〔註107〕，柏舉之戰幾令楚國覆亡，後經申包胥赴秦乞援、楚得以不滅。但此際中原諸國亦紛相爭亂，也使得楚得以復興，再度壓迫蔡國。蔡昭侯時，楚圍蔡「使疆于江、汝之間而還」〔註108〕；次年使「蔡遷州來」。〔註109〕

州來即今安徽壽縣。1955 年，壽縣發蔡侯墓葬，共出土 486 件。〔註110〕其中作器銘文屢見「蔡侯▉」，經于省吾考證以「昭侯申」較可信。〔註111〕

至此，蔡已由淮水上游，汝水一帶的新蔡，遷往淮水中游近濮水邊的楚東境了。《史記》〈管蔡世家〉載：「侯齊四年，楚惠王滅蔡，蔡侯齊亡，蔡遂絕祀。」〈楚世家〉亦言：「楚惠王四十二年（前 447），楚滅蔡。」這兩則史料遂成史學界認定蔡絕祀滅亡之年歷。

然而，驗之《史記》〈吳起列傳〉載，楚悼王時，吳起變法，楚「于是南平百越，北并陳、蔡」，其間牴牾，自不待言；或者楚惠王滅蔡後，亦若故事滅陳復封。

按《史記》言楚惠四十二年滅蔡；但蔡的史事卻又在該年之後一再出現。《荀子》載：

> 子發將而伐蔡，克蔡，獲蔡侯歸，致命曰：「蔡侯奉其社稷而歸之楚，
>
> 舍屬二、三子而治其地。」既，楚發其賞，子發辭。〔註112〕

子發爲楚宣王之將，事亦見於《淮南子》〈人間訓〉：

> 子發辯擊劇而勞佚齊，楚國知其可以爲兵主也。〔註113〕

〔註104〕《十三經注疏》，冊 6，頁 944 下。

〔註105〕《十三經注疏》，冊 7，《公羊傳》頁 321 上。

〔註106〕同註 105，《穀梁傳》，頁 190 下。

〔註107〕同註 103。

〔註108〕同註 107，頁 990 下。又「江、汝之間」之江當係指淮。詳見石泉〈古文獻中的「江」不是長江的專稱〉（《文史》第 6 輯）。

〔註109〕同註 107，頁 993 下。

〔註110〕陳直，《史記新證》（臺北：河洛出版社翻印，1980 年），頁 88。

〔註111〕于省吾，〈壽縣蔡侯墓銅器銘文考釋〉，載於《古文字研究》第 1 輯，頁 40。

〔註112〕《荀子》〈彊國〉篇（臺北：里仁出版社翻印，1983 年），頁 308。

〔註113〕《淮南鴻烈集解》，劉文典撰（北京：中華書局，1989 年），頁 623～624。

至威王時，子發任上蔡令，〈人間訓〉又云：「子發爲上蔡令，民有罪當刑，獄斷論定，決于令尹前，子發喟然有悽愴之心。罪人已刑而不忘其恩。此其後，子發盤罪威王而出奔。」〔註114〕楚宣王（前369～340）上距楚惠王四十二年（前447）近百年，楚尙出兵伐蔡，蔡豈未亡乎？子發伐蔡之事，在《淮南子》〈道應訓〉亦有記載：

> 子發攻蔡，踰之。宣王郊迎，列田百頃而封之執圭。子發辭不受。
> 〔註115〕

將《荀子》與《淮南子》所述的史料，來和〈齊策五〉逢澤之會，陳、蔡等十二諸侯朝天子的時間相對照，也大致吻合。楚宣王在位三十年，故蔡國滅年的下限，大槪不會晚于宣王末年的公元前340年。《戰國策》〈楚策四〉：

> 夫黃鵠其小者也。蔡聖侯之事因是以，南游乎高陂，北陵乎巫山，
> 飲茹溪之流，食湘波之魚，左抱幼妾，右擁嬖女，與之馳騁乎高蔡
> 之中，而不以國家爲事。不知夫子發受命乎宣王，繫以朱絲而見之
> 也。

高蔡係蔡國最後亡國之地，楊守敬《戰國疆域圖》謂高蔡在武陵〔註116〕，湘波、高陂在湘陰之南。據此，程恩澤亦曰：「蓋蔡國一滅于靈王，再滅于惠王，復并于悼王，其後仍國于楚之西境。所謂高蔡者，相其地望，當在今湖北之巴東、建始一帶，故曰：『北陵巫山，飲茹溪流，食湘波魚』。」〔註117〕

七、曹

曹，本地名或國名，卜辭已見。〔註118〕

周初，行「昭穆制」，曹爲「文之昭」，事見《左傳》僖公二十四年。《史記》〈管蔡世家〉也云：「武王已克殷紂，封叔振鐸于曹。」

《漢書》〈地理志〉曰：「濟陰，定陶故曹國，周武王叔振鐸所封，禹貢陶丘在西南。」《詩譜》〈正義〉更明言曹地，云：「曹都雖在濟陰，其地則踰濟北，《春秋》僖三十一年，取濟西田；《左傳》曰：『濟西田分曹地也。』案

〔註114〕同註113，頁627。

〔註115〕同註113，頁399。

〔註116〕饒宗頤贊同「武陵」說，認爲「高蔡之圍，當在今湖南西北沍沅之間」。見《楚辭地理考》（商務印書館，1946年），頁84～95。

〔註117〕程恩澤，《國策地名考》，卷16。

〔註118〕《殷墟書契》〈前編〉二之五，「在朁貞」，〈後編〉上十五，「戰伐朁，其找」，朁及棘皆曹字。《說文》作朁。

〈禹貢〉濟自陶丘之北，又東至于荷，又東北會于汶，曹在汶南濟東……其封域在雷夏荷澤之野。」〔註119〕

至此，曹境近泗水邊，已十分清楚了。在地緣上，應可廁身泗上十二諸侯之列。然而，前節所揭各家，並未將曹置于十二諸侯的成員。其原因係曹絕祀甚早。《春秋》哀公八年（前487）：「春王正月，宋公入曹；以曹伯陽歸。」杜注謂：「宋公……一舉滅曹，滅非本志，故以入告。」《史記》從《經傳》所說。

但宋滅曹後，有沒有復封？答案爲：復封的可能性極小。蓋先秦史書自《經傳》以後，即未再提及曹國史事了。衹有《孟子》〈告子下〉言：「曹交問曰：『人皆可以爲堯舜，有諸？』」及《墨子》〈魯問〉：「子墨子出曹公子而于宋」〔註120〕。後世注家，如焦循《正義》及梁玉繩《庭立紀聞》即據上述子書〔註121〕，以爲曹國滅復封。焦、梁之說似乎疑之過勇，惜證據未足。取《孟子》〈告子下〉及《墨子》〈魯問〉兩篇，上下文意遍讀，也讀不出曹國史事。故似可斷言，曹滅于魯哀公八年（宋景公三十年，前487）。若此，則曹不列于泗上十二諸侯自不待言。

八、許

許，在《說文》〈邑〉部作「鄦」。

《左傳》隱公十一年稱：「夫許，大岳之胤也。杜注謂：大音泰；堯四岳也。」〔註122〕而《左傳正義》亦引《世族譜》曰：「許，姜姓，與齊同祖，堯四岳伯夷之後也。周武王封其苗裔文叔于許。」〔註123〕據此，與《國語》互證，當可更明許之所出。按《國語》〈周語下〉載，共工之從孫四嶽佐禹治水，而「祚四嶽國，命以侯伯，賜姓曰姜，氏曰有呂」。〈周語上〉富辰亦云：「齊、許、申、呂由太姜。」是故，顧頡剛說：「太姜者，周太王之妃，王季之母。謂周得天下，封此外戚爲四國也。」〔註124〕顧氏即據上述《國語》兩則史料，而提出的結論。

〔註119〕《十三經注疏》，冊2，頁268上。
〔註120〕《墨子閒詁》，孫詒讓（臺北：華正書局翻印，1987年），頁437。
〔註121〕梁玉繩，《庭立紀聞》，卷2，頁10。
〔註122〕《春秋經傳集解》，杜預注（相台岳氏本），卷1，頁25。
〔註123〕《十三經注疏》，冊6，頁78下。
〔註124〕顧頡剛，〈四嶽與五嶽〉，收於《史林雜識初編》，頁34～45。（出版社及年月不詳，臺灣翻印）。

　　《漢書》〈地理志〉言：「許故國于穎川郡許縣」。但確實地點恐難詳考，祇能約略言其大概地點〔註125〕。許本小國，鄭莊公三十二年（前712），鄭糾合齊、魯伐許；許莊公奔衛。鄭伯使許莊公之弟「居許東偏」；另使鄭大夫公孫獲「處許西偏」〔註126〕。自此，許國國勢更復不振，而賴周圍列強鼻息以求生存。

　　終春秋之世，許國一共六遷〔註127〕；最後一遷在《春秋》定公四年（前506）的記載：「許遷于容城」。容城之地在今魯山縣南稍東〔註128〕。許國之滅，一說亡于楚，一說亡于魏；滅亡的時間，亦不盡相同。

　　〈地理志〉「許」故國原註云：「姜姓，四岳後，太叔所封，二十四世為楚所滅。」杜預《世族譜》及顧棟高《春秋大事表》〈列國爵姓及存滅表〉皆從《漢書》為楚所滅說。

　　但《韓非子》曰：「恃諸侯者危其國。曹恃齊而不聽宋，齊攻荊而宋滅曹。邢恃吳而不聽齊，越伐吳而齊滅邢。許恃荊而不聽魏，荊攻宋而魏滅許。」〔註129〕據此，周壽昌遂提出：「……則似許附于楚而滅于魏也。韓非，戰國時人，當較確。王先謙曰：『《戰國策》〈蘇秦說魏王〉，『大王之國南有許、鄢』，則魏滅為是。」〔註130〕按王先謙所引〈蘇秦說魏王〉乃《戰國策》〈魏策一〉中之一章，此章據繆文遠考訂，乃策士依託之擬作，與當時情勢絕不相符，非信史也〔註131〕。又《韓非子》所言，與史實不符處仍多。如「邢恃吳而不聽齊，越伐吳而齊滅邢。按魯僖公二十五年（前635），《春秋》明顯記載：「衛侯燬滅邢。」且吳當時尚處一隅，邢何得以恃。即使邢再復其社稷，那也等不到吳、越之爭時，再令齊滅。先秦子書在敘述史實時，常文飾史實以強調

〔註125〕見程恩澤，《國策地名考》，卷12，「許」；及陳槃，《譔異》冊二「許」，頁145上。

〔註126〕《十三經注疏》，冊6，頁80〜81。

〔註127〕一般說許曹四遷，即成公十五年遷葉，昭公九年遷夷，昭公十八（前524）年遷白羽，定公四年（前506）遷容城，但楚滅蔡（昭十一年，前531）后曾遷許于荊，昭十三年（前529）又將許由荊遷于葉（五年後才再遷白羽），故言「六遷」。見何浩，《楚滅國研究》（武漢出版社，1989年），頁279〜281。

〔註128〕此據楊伯峻，《春秋左傳注》，「定公四年，傳」另高士奇，《春秋地名考略》，卷20，沈欽韓《春秋地名補注》，亦大致如是說。

〔註129〕《韓非子》〈飾邪〉，陳奇猷《韓非子集釋》，頁308。（臺北：河洛出版社翻印，1974年）。

〔註130〕周壽昌，《漢書注校補》，卷21，「許」縣條。

〔註131〕繆文遠，《戰國策考辨》（北京：中華書局，1984年），頁213。

子家義理，這一點張以仁曾撰文強調，尤其《韓非子》一書更爲嚴重。〔註132〕

　　許之滅按〈地理志〉所言爲「二十四世爲楚所滅」；這個世系的排列，據《世族譜》所列：文叔至許莊公爲十一世；春秋初至許元公爲九世。獲麟前一年（前 482），元公卒；則餘下四世。據此推算以百年之間，則許當滅戰國中期前段。時下距「泗上十二諸侯」成員的確立，約四、五十年左右，故不取。

九、邾、鄒與小邾、郳

　　「邾」在舊籍上，有幾種通用的名稱。金文中邾作「竈」，此見于〈邾公華鐘〉、〈邾公牼鐘〉；《國語》〈鄭語〉及《孟子》作「鄒」；《史記》〈吳太伯世家〉及《漢書》〈地理志〉作「騶」；《公羊傳》及《禮記》〈檀弓〉作「邾婁」。是以葉圭綬《續山東考古錄》卷 18〈鄒縣〉條說：「邾婁合讀即爲鄒；莝亦鄒字音轉。邾國，鄒邑皆可通稱耶」竹添光鴻亦曰：「婁者，邾之餘聲也，合邾婁之音爲鄒」。〔註133〕

　　關于邾之始封，《春秋經傳》不載。但《世本》言曰：

　　　陸終六子，……其五曰安，是爲曹姓。曹姓者，邾是也。」〔註134〕

宋衷注：安，名也。曹姓者，諸曹所出也。王國維作〈邾公鐘跋〉謂：「此鐘……銘曰：陸轟之孫邾公鈺，羃其吉金，自作禾鐘。轟字自來無釋，余謂此字從虫，𠦪聲。以聲類求之，當是螽字。陸螽即陸終也。」《大戴禮》〈帝繫〉篇……。《史記》〈楚世家〉語同，其說蓋出于《世本》。此邾器而云陸？之孫，其爲陸終無疑也。」〔註135〕

　　武王滅商後，大行分封。《路史》〈后紀八〉言：「武王得曹挾，復封之邾，曰邾婁。」另在《通典》卷 183〈黃州〉及《廣韻》〈六豪・曹〉俱作：「邾挾，周武王所封。」〔註136〕但上述皆不詳所本。蓋邾國歷史在西周時期的發展，已不可考。

〔註132〕張以仁，「鄭國滅鄶資料的檢討」，收於氏著《春秋史論集》（臺北：聯經出版社，1990 年），頁 205～247，特別是頁 238～242。

〔註133〕竹添光鴻，《左傳會箋》隱公元年《經》箋（臺北：廣文書局，1961 年），頁「隱元」十二。

〔註134〕《世本》，茆泮林輯本（臺北：西南書局翻印，1974 年）茆氏輯本，頁 10。

〔註135〕王國維，《觀堂集林》，卷 18，〈邾公鐘跋〉（臺北：河洛出版社翻印，1975 年），頁 894。

〔註136〕引自陳槃，《譔異》冊二〈邾〉，頁 132 下。

　　魯隱公元年（前 722），邾首見于《經傳》；《經》曰：「（隱）公及邾儀父盟于蔑。」《傳》再補：「……公攝位而欲求好于邾，故爲蔑之盟。」「蔑，今魯國鄒縣也」，杜預注。

　　邾儀父三傳至文公蘧蒢〔註137〕，邾卜遷于繹。《水經注》〈泗水注〉：「漷水又逕魯國鄒山東南而西南流。」《左傳》所謂嶧山也。邾文公所遷，今鄒山之陽，依岩岨以塘固，故邾婁之國。」1964 年，考古界對邾都故城作過一次調查，證明今山東鄒縣「城南稍東約十點五公里，處於鄒中部丘陵地區，北枕繹山，南依廓山」今稱「紀王城」古城遺址，即邾文公所遷之「繹」。〔註138〕

　　邾國疆域，大致在今山東省鄒、滕、濟甯一帶。雷學淇謂：「邾境東有翼、偪、离姑；西有訾婁及虫，北界於魯，南界于楚。」〔註139〕大概在春秋末期，邾國尚能維持與魯抗衡的局面，是以《左傳》哀公七年有「魯賦八百乘」、「邾賦六百乘」的記載；堪稱「泗上地區」僅次於魯的三等大國〔註140〕。然而邾國長期與魯爲敵，多少斲傷一部份實力。《左傳》哀公七年（前 488）又載，魯「伐邾……成子以茅叛，師遂入邾」，顯然邾國內部亦不合，邾勢由是更衰。此後，僅賴齊、魯、越、楚間的相互掣肘而倖存于戰國。

　　《世族譜》言邾：「春秋後八世楚滅之」，〈地理志〉：「魯國，騶」縣下原註：「故邾國，曹姓，二十九世爲楚所滅」。兩說均無楚滅邾確切之年。但據《戰國策》〈齊策五〉記載蘇秦曰：「今大王（指魏惠王）之所從十二諸侯，非宋、衛也，則鄒、魯、陳、蔡……」，鄒（邾）爲十二諸侯之一，則其滅亡年代當在「逢澤之會」（前 344）以後。

　　《戰國策》〈西周策〉宮他謂周君曰：「邾、莒亡于齊，陳、蔡亡于楚，此皆恃援國而輕近敵也。」；但鮑注則曰：「魯鄒縣，故邾也。曹姓國，二十九世，楚滅之」鮑氏所本係〈地理志〉中「魯國，騶」的班固原註。兩說孰是，以目前史料無法遽斷。但若以「西周策」爲準，亦在周赧王二十二年（前 293）左右〔註141〕。不過，若據此策，則顯然《史記》與《戰國策》之間互有牴牾。按〈田敬仲完世家〉言，燕、秦、三晉合謀攻齊、齊閔王出走奔衛，

〔註137〕程發軔，《春秋人譜》（臺北：商務印書館，1990 年），頁 52。
〔註138〕「山東鄒縣、滕縣古城址調查」，《文物》1965 年，第 12 期。
〔註139〕雷學淇，《介庵經說》，卷 7。
〔註140〕童書業，《春秋左傳研究》（上海：人民出版社，1980 年），頁 160。
〔註141〕參見繆文遠，《戰國策考辨》（北京：中華書局，1984 年），頁 26。

又「走鄒、魯，有驕色，鄒、魯君弗內」，〈田敬仲完世家〉與〈六國年表〉中，齊閔王在位年數有問題〔註142〕，但所言史實大致不誤，齊閔王出走年代係在即位十七年，亦即周赧王三十一年（前 284）〔註143〕。另外，〈楚世家〉亦載：楚頃襄王十八年（前 281），楚獵人諫王，且以「騶、費、郯、邳」喻為羅鷙；而建議頃襄王將泗上十二諸侯「左縈而右拂之」以制天下。若此，則宮他之言似乎可疑。

小邾，據《世本》稱：「邾、小邾，曹姓。」注云：「邾顏居邾。肥徙郳。宋仲子曰：『顏邾別封小子肥於郳，為小邾子』。」〔註144〕《潛夫論》〈志姓氏〉亦云：「曹始封于邾，邾顏子之支，別為小邾。」〔註145〕據此，則小邾為邾之后裔，肥為始受封者。《左傳》莊公五年載：「秋，郳犁來來朝。」《正義》據《世族譜》釋犁來為肥之曾孫〔註146〕。至此大致可斷小邾建國時間當在東周、春秋之交；其初為附庸，故朝魯。所以到魯僖公七年（前 653），《春秋》仍記：「小邾子來朝。」杜預注：「始得王命而來朝也。」蓋此時小邾從齊桓以尊周室，故受王命。〔註147〕

小邾因肥徙郳，其後小邾與郳為一地二名。其地望，說法不一。杜預曰：「東海昌慮縣東北有郳城。」〔註148〕于欽的《齊乘》言：「倪城，在繒城南，土人云小灰城，即小邾之訛。」而《太平寰宇記》記〈沂洲承縣〉曰：「郳城在承縣，土人曰小灰城。」《春秋大事表》〈列國爵姓及存滅表〉說「今山東兗州府滕縣東六里有郳城。」其說同于《兗州府志》。惟諸說中，似以杜預注與顧棟高所說的位置，較為可信。

按繒城在春秋時代為鄫國國都，其說見于〈地理志〉「東海郡，繒縣」條，班固本注。而鄫亡于魯襄公六年（前 567），其事《春秋》有載。小邾初封時，其都域大概不會被分封在當時社稷尚存的鄫國國都上。另外，《水經注》卷 25

〔註142〕齊閔王在位十七年，非三十八年。此錢穆早已辨詳參氏著《先秦諸子繫年》（北京：中華書局，1985 年重版），頁 395～397。

〔註143〕參楊寬，「戰國大事年表」，收於氏著《戰國史》〈附錄三〉（上海：人民出版社，1991 年，第 8 版），頁 553～587；尤其是頁 576。

〔註144〕《世本》，茆泮林輯本；茆氏輯本收於《世本八種》（臺北：西南書局翻印，1974 年），茆氏輯本頁 63、頁 113。

〔註145〕《潛夫論箋》，汪繼培箋（臺北：大立出版社翻印，1984 年），頁 414。

〔註146〕《十三經注疏》，冊 6，頁 140 下。

〔註147〕參杜預，《春秋經傳集解》，相台岳氏本（臺北：新興書局，1981 年），頁 69 下。

〔註148〕同註 147。

〈泗水注〉亦曰：「南梁水自枝渠西南逕魯國蕃縣故城東，俗以南鄰于漷，亦謂之西漷水。南梁又屈逕城南，應劭曰：『縣，古小邾邑也』。」《水經注》所言「蕃」，亦即顧棟高與《兗州府志》所云滕縣東六里的故城位置，而杜預曰：東海昌慮縣東北。陳槃以爲在今之滕縣，其說未確〔註149〕。按昌慮縣東北，似乎應在今滕縣以東稍北。

　　小邾地處泗上諸侯國之間，國小勢微。終春秋之世，小邾始終附從大國，先後參加了十四次，由齊、晉主持的盟、會活動〔註150〕。進了戰國之後，小邾的處境並沒有多大的改善，仍在事越，事齊，事魯，事宋之間的轉變。〔註151〕

　　《世族譜》言小邾在「春秋後六世楚滅之」，然是說亦有可議之處。《戰國策》〈宋衛策〉言宋康王聽信占卜欲霸天下，而「滅滕代薛，取淮北之地⋯⋯齊聞而伐之，民散，城不守，王乃逃倪侯之館，遂得而死。」是以胡三省云：「泗上十二諸侯有滕、薛、倪等國。則此時倪未亡也。」〔註152〕「倪」與「郳」同，即小邾也。而此時已在周赧王二十九年（前286）了。若此說得以成立的話，則小邾之滅，就可能在楚占徐州之前後了。蓋此時宋國已亡。齊勢力退出魯南，能左右泗上局面，就祇剩楚與魯，魯國趁機進據徐州以阻楚蠶食泗上諸國。但楚考烈王二年（前261）楚又取徐州。此時應也打開北捲泗上的大門了，是時取下小邾應是指日可待。

第四節　「泗上十二諸侯」考述（下）

十、任、邳與薛

　　魯僖公二十一年，《左傳》曰：

> 任、宿、須句、顓臾、風姓也，實司大皞與有濟之祀，以服事諸夏。

在先秦古籍中，「任」以國名出現不多見，是以陳槃《譔異》裡，考「任」國以文獻不足徵而闕略。但歷來釋「任」皆以爲「任」與「仍」古通。《左傳》桓公五年（前707），有「天王使仍叔之子來聘」的記載，而在《穀梁傳》則作「任叔」。〈索隱〉謂：「仍、任聲相近，或是一地，猶甫、呂、虢郭之類。

〔註149〕陳槃，《譔異》冊2，頁142上。
〔註150〕參劉伯驥，《春秋會盟政治》（臺北：黎明出版社，中華叢書，1977年再版），頁161～216。
〔註151〕何浩，《楚滅國研究》（武漢出版社，1989年），頁297。
〔註152〕引自程恩澤，《國策地名考》，卷16，「倪」條。

案〈地理志〉，東平有任縣、蓋古仍國。」

《路史》〈國名紀〉載：「太昊後任國，或曰仍也。」秦嘉謨〔註153〕、雷學淇〔註154〕、亦俱作如是解。大概，任亦古國，其始封遠在殷商之際。迨周得天下後，復行分封，遂有《左傳》僖公二十一年（前639）的那一段記載。

任的地望，杜預注云：今任城縣也。其說合於〈地理志〉「東平國，任城」條、班固原註。班固云：「任城、故任國，太昊後，風姓。」《水徑》〈濟水注〉亦云：「黃水又東南逕任城郡之亢父縣故城西，夏后氏之任國也。」考上述諸說之任城，其他在今濟寧縣南、濱泗水。

任國的歷史發展，因文獻闕佚殆至今已不可考。惟竹添光鴻在《左傳會箋》中稱：「任伯爵，至戰國時猶存。《孟子》季任爲任處守，是也。」〔註155〕竹添光鴻據《孟子》而認爲：任在戰國時猶存。又其地也近泗域，因此顧觀光認爲：任亦泗上十二諸侯之一也。〔註156〕

然而，任是否爲十二諸侯之一，今已無法考；惟先秦史籍或追記先秦史事的史籍中，對於任國的存滅，大抵採闕疑的態度。是以考泗上十二諸侯的成員。不取「任」，蓋以史料不足徵，無法證實任或仍國，是否參與「逢澤之會」。至於《孟子》趙注〔註157〕，曰：任，薛之同姓〔註158〕。其說與《左傳》《國語》記任國之初爲風姓之後相違誤，故不辨。

邳，見於〈經傳〉的記載亦不多，是故歷來對邳的存滅，持以謹慎保留的態度。

按邳在古籍上，有作㞑、胚；另外，不、丕兩字古通，是以甲骨文、金文習見之丕、不即邳〔註159〕，故邳之封國遠在殷商時期即已建立。《左傳》昭公元年（前541）也說：「於是乎虞有三苗，夏有觀、扈，商有姺、邳，周有徐、奄，自無令王、諸侯逐進、其又可壹乎？」

另外《左傳》定公元年（前509）記：「薛宰曰：『薛之皇祖奚仲居薛，以爲夏車正，奚仲遷於邳、仲虺居薛，以爲湯左相』。」然而通觀《春秋經傳》

〔註153〕秦嘉謨，《世本輯補》「氏姓篇」。

〔註154〕雷學淇，《竹書紀年義證》，卷10。

〔註155〕竹添光鴻，《左傳會箋》（臺北：廣文書局，1961年）僖二十一，頁19～20。

〔註156〕顧觀光，《七國地理考》卷2，〈齊地總論・任〉，（顧氏叢書兩種），頁19。

〔註157〕《十三經注疏》冊8，《孟子》，頁213上。

〔註158〕參見陳槃，《譔異》，頁639上、下。

〔註159〕段玉裁，《說文解字注》（臺北：蘭台書局，1972年），頁299下～300上。

對於邳的記載，也僅此二見；而這兩則史料也看不出邳在西周時期的活動。故一般印象就認為：邳國反抗殷商，而被商所滅。段玉裁就說：「姺、邳與觀、扈、徐、奄同，則國嘗滅矣，周復封其后於邳為薛候也。應劭注東海下邳曰：『邳在薛，其后徙此，故曰下』。」〔註160〕陳槃謂此說甚是〔註161〕。顯見段氏之說頗具代表性。

然而，1954年山東嶧縣出土兩件「邳伯罍」，王獻唐據此重行尋繹雷學淇與顧觀光之舊說，復參以古籍，進而提出糾正應劭的說法〔註162〕。何浩也提出反對段氏之說的見解。〔註163〕

王獻唐據《左傳》，說「由昭公元年《傳》觀之，商代邳與姺國同叛，勢力頗大。由定公元年《傳》觀之，奚仲初居薛，后遷邳，由其嗣裔仲虺（據《左氏傳》杜注）居薛，為湯左相。是邳，薛同屬奚仲之後，薛為商王朝服務，邳則不爾。」〔註164〕王獻唐之說與應劭的說法，最明顯的不同，在於邳、薛是否為一地。就其它史料綜合論之，王獻唐之說較為合理。《水經》〈泗水注〉引《竹書紀年》：

> 梁惠成王三十一年，邳遷於薛。

應劭未及目睹西晉出土的《竹書紀年》，是以有邳，薛同為一地的誤解。且由於邳國史事隱晦，而薛之記載史事較多，故邳即薛的誤解，更能加深一般印象。

這種印象若非兩件「邳伯罍」的出土，春秋以至戰國是否存在一個邳國，確也令人難以想像。「邳伯罍」的銘文，記曰：

> 惟正月初吉
> 丁亥
> 不（邳）白（伯）夏子自作障罍
> 用靳眉壽無疆
> 子〃孫〃永保用之

兩件銅器同銘〔註165〕。銘文中的「夏子」是奚仲以來迄今僅知的一個邳國國

〔註160〕陳槃，《譔異》，頁641上。

〔註161〕王獻唐，〈邳伯罍考〉，收於氏著《山東古國考》（山東：齊魯書社，1983年），頁265～275。

〔註162〕何浩，《楚滅國研究》（湖北：武漢出版社，1989年），頁356～363。

〔註163〕同註161。

〔註164〕同註161，頁271。

〔註165〕同註161，頁265。

君之名，其器大概爲「戰國初期作品」〔註166〕。據此，似乎可斷邳國迨春秋戰國猶存。罍器出於邳縣西北的嶧縣（今棗莊市境），與薛國緊鄰。〔註167〕

《竹書紀年》載邳的遷徙曰：「（梁惠成王）三十一年，邳遷於薛，改名徐州。」〔註168〕《竹書紀年》未言明邳何以徙薛。但從當時情勢判斷，自不難理解邳爲何徙薛。按魏惠三十一年，即齊威王十八年，楚威王元年（前339），此時已入戰國中期，而齊、楚爭奪泗上的企圖方興未艾，邳之向北遷徙自是迫於楚的外力所逼。遷徙至薛，「以邳與薛同祖能相容，地又密邇；非占薛國而有之，拓地共處而已。邳所處地，即爲上邳」〔註169〕。在王獻唐之前，同樣主張邳再遷之地係「上邳」爲顧觀光。顧氏認爲：齊威王封騶忌（孟嘗君）以下邳〔註170〕。而《戰國策》〈宋策〉云：「康王滅滕伐薛。」爲田嬰之薛非奚仲之薛〔註171〕。是以邳與薛應有所區別。

然邳滅於何時？史未明載。但據《戰國策》與《史記》所敘來推勘，邳之滅當晚於齊滅薛之後。按孟嘗君就薛之年，當爲齊閔王初立之際（前300左右）；而是時邳並未爲齊所滅，是以〈楚世家〉記頃襄王十八年（前281）楚弋人的建言：

> 故秦、魏、燕、趙者，騏騹也；齊、魯、韓、魏者，青首也；鄒、費、郯、邳者，羅鸇也。外其餘則不足射者。見鳥六雙，以王何取？

這是《史記》一書極其罕見地提到「邳」國史蹤之處。而從這段譬喻看來，迨薛滅後一、二、十年間，邳似乎猶存於泗東地區，才會被楚弋人以「羅鸇」比喻，而建議頃襄王張弓射之。

分析邳國得以倖存至戰國中、晚期，最主要的原因大概是以邳之國勢本不足以抗衡齊、楚、魯、宋等列強；於是在列國的環伺下，居於緩衝的地位，而僥倖生存下來。但在楚考烈王二年（前261）楚伐魯「取徐州」〔註172〕，邳國之地位似乎岌岌可危了。

從邳之地理位置及其年祚看來，它被戰國縱橫策士視爲「泗上十二諸侯」

〔註166〕同註161，頁275。
〔註167〕同註156，頁358。
〔註168〕《竹書紀年義證》，雷學淇撰（臺北：藝文出版社，1977年），頁292下。
〔註169〕同註161，頁272。
〔註170〕顧觀光，《七國地理考》〈齊地總論〉，「邳、下邳」條。
〔註171〕同上註，「薛、徐州」條。
〔註172〕《史記》〈魯國公世家〉。

之一，自不難理解。

《世本》〈氏姓篇〉言任姓之國有十，薛居其中。其說在《左傳》、《國語》裏都可以找到佐證。

按薛亦古國，其始封在《左傳》定公元年引「薛宰曰」已明言：「薛之皇祖奚仲居薛，以爲夏車正，奚仲遷于邳，仲虺居薛，以爲湯左相，……。」據此，薛與邳俱爲奚仲之後，殆無疑義；而薛之始封在夏商之際，也大抵不成問題。然而《路史》〈後紀〉五「黃帝篇」云：「奚仲生吉光，是主爲車，建侯於薛。」另外，《通志》〈氏族略〉二「薛氏」曰：「任姓，黃帝之孫，顓帝少子陽封於任，故以爲姓。十二世孫奚仲，爲夏車正，禹封爲薛侯。」羅、鄭兩氏之說，皆未詳所本〔註173〕。但也都說薛之建侯係在殷商之前。

雷學淇云：「薛君之見于《經傳》者，止獻、襄、惠三公，其系次已不可詳考。」〔註174〕是以《史記》〈陳杞世家〉曰：「滕、薛、騶，夏殷周之間封地也。小，不足齒列，弗論也。」但雷氏仍據其所見之文獻，企圖整理出薛之轉徙，削弱，以迄滅亡之軌跡。雷氏之說，陳槃稱許「具有條理」〔註175〕。但其中似乎存在一些問題。《竹書紀年義證》卷38云：

> 仲虺爲湯左相，遷于薛城之西三十里，是爲上邳、即仲虺城也，俗謂之斗城。周之薛侯皆於此也。春秋時，齊侵薛之西境，謂之舒州，即《史記》〈齊世家〉之徐州也，實爲田氏之邑也，戰國時……薛因齊人入逼處，復遷居下邳。〈楚世家〉所謂騶、費、郯、邳是也。至是年，以下邳封成侯騶忌，邳仍遷於奚所居之薛城，統薛、郭之地而皆被以徐州之名，以田忌之食邑，使檀子守之，而薛乃至此日替矣……。」

按雷氏之說，是薛本居薛城，後遷邳，亦曰下邳。旋又遷上邳，即仲虺城也，在薛城之西三十里。春秋以後又遷下邳。戰國時仍居薛城，以至于亡也〔註176〕。如雷氏之說，似乎將薛與邳合爲一國；這個觀點基本上與段玉裁謂：「姺、邳與觀、扈、徐、奄同，則國嘗滅矣，周復封其后于邳爲薛侯也。」〔註177〕同出一轍。然而事實並非如此，邳與薛當爲泗水地區同時存在的兩個

〔註173〕參見陳槃，《譔異》，頁129上。

〔註174〕《竹書紀年義證》，雷學淇撰（臺北：藝文印書館，1977年）頁292上。

〔註175〕陳槃，《譔異》，頁129下。

〔註176〕同註174，頁130上、下。

〔註177〕同註158。

小邦國。這一點在前敘述「邳」時已辨。再者，《義證》對地名也有誤解。雷氏謂：「春秋時、齊侵薛之西境，謂之舒州，即《史記》〈齊世家〉之徐州也，實爲田氏之邑也。」按《史記》〈齊世家〉云：「庚辰，田常執簡公於徐州（徐州）。」《史記》之說本於《春秋》哀公十四年（前481）所言：

夏四月，齊陳恒執其君，置於舒州。

其事亦見於《左傳》同年。《史記》之徐州爲春秋之舒州，其地在《漢書》〈地理志〉所云的「勃海郡，東平舒」；這一點自《正義》以降已辨。江永在《考實》也說：

東平舒，在河北大城縣界，此齊之極北，與燕接界者也。〔註178〕

程發軔〔註179〕，楊伯峻〔註180〕、楊寬〔註181〕皆從其所說。《史記》同卷亦載威王曰：「吾吏有黔夫者，使守徐州，則燕人祭北門，趙人祭西門，徙而從者七千餘家。」是以雷氏之誤，至爲明顯。

　　春秋時期的薛國史事，古籍記載甚少。到了戰國時代，齊、楚爭奪泗上路線，薛地處要衝，因此顯得格外重要。《史記》〈孟嘗君列傳〉，《正義》注：「薛故城在今滕縣徐州南四十四里」。《元和郡縣圖誌》卷9〈徐州，滕縣〉說：「故薛城，在縣東南四十三里，薛侯國也。孟嘗君時，薛中六萬家，其中富厚，天下無比，此田文以抗御楚、魏也。」以考古界實地調查，故薛城在今山東滕縣官城鎮附近，北距滕縣十七公里〔註182〕。其地望大致爲，東北緊鄰魯、倪，西北與滕接壤，西與宋相錯，東南毗鄰，邳南接楚淮北之地。〔註183〕

　　泗上諸國以薛最爲弱小，但其位置卻極爲重要。《戰國策》裡載有齊、楚對薛地的明爭暗奪。爭薛祇是爲了搶泗上戰略的上風，這關係齊，楚及泗水地區諸國的日後發展，故擬論於後章。

　　薛國之滅，在先秦史籍中，找不到直接的史料，於是後世對於滅薛，逐提出「滅於齊」、「滅於楚」及「滅於宋」三種說法〔註184〕。然而揆其史實，似乎以「滅於齊」說較爲合理。按齊滅薛後，始有田嬰就薛封靖郭君之史事。

〔註178〕江永，《春秋地理考實》。
〔註179〕程發軔，《春秋左氏傳地名圖考》（臺北：廣文書局，1967年），頁266。
〔註180〕楊伯峻，《春秋左傳注》，頁1680～1681。
〔註181〕楊寬，《戰國史》，頁143。
〔註182〕中國科學考古研究所山東工作隊（山東鄒縣滕縣古城址調查），《考古》1965年年，第12期。
〔註183〕參見何浩，《楚滅國研究》，頁76。
〔註184〕參見陳槃，《譔異》，頁130下～131上。

雷學淇《竹書紀年》卷 39 謂：「據〈齊策〉及《呂氏春秋》〈知士篇〉，宣王立而嬰辭之薛，則薛封於威王可知；當宣王時而曰『受薛於宣王』，則薛為威王所封更可知。《史記》謂齊閔王三年始封田嬰於薛，其說誤；《通鑑》及鮑彪《策》〈注〉謂是宣王封之，亦誤。」〔註185〕按田嬰之封，時在齊威王三十五年（前 322）〔註186〕；而《竹書紀年義證》在稍前也說：「此時薛猶延祀，至宣王之世……薛以封田文，而薛乃滅絕。」〔註187〕是以薛之滅乃在逢澤之會後二、三十年之間。故以其地理位置和薛與泗上諸國的互動關係，薛被視為「十二諸侯」的成員，應是極為自然的事。

十一、滕、費、郳

《史記》〈陳杞世家〉云：

> 滕、薛、騶、夏殷周之間封也。小不足齒列，弗論也。

而〈索隱〉獨注滕，曰：「滕不知本封，蓋軒轅氏子有滕姓，是其祖也。後周封文王子錯叔繡於滕，故宋忠云：『今沛公丘是滕國也』。」按〈索隱〉之說「軒轅氏子有滕姓」，本於《國語》〈晉語四〉之「黃帝之子十二姓……姬……滕……是也」；而「封文王子於錯叔繡於滕」，出於《世本》〈世家〉〔註 188〕然就滕國史事而言，滕之見於文獻，最早列於《春秋》隱公七年之「滕侯率」；但此「滕侯」，後世俱不詳其名與謚。此後一直到《左傳》僖公十九年（前 641），才又見「宋人執滕宣公」之史事。是以，滕國之史實，春秋以前殆已難詳考。惟滕國有作於西周時期之傳世銅器〔註189〕。所以，我們得由確知西周時期，

〔註185〕雷學淇，《竹書紀年義證》，頁 292 上、下。

〔註186〕雷學淇，《竹書紀年義證》，卷 38。

〔註187〕同註 185。

〔註188〕「錯叔繡」亦有謂：「周懿王子。」其說見于《漢書》〈地理志〉「沛郡。公丘」班固自註。但此處疑班固有誤，或傳抄有訛。按《漢書》〈古今人表〉原註仍作「文王子」。其它如《左傳》〈正義〉及《世本》俱作「文王子」。而錯叔繡，陳公柔據《漢書》補注，疑「滕昭公下一代的滕文公名繡者」。（見氏著〈滕國，郳國青銅器及其相關問題〉，收於《中國考古學研究——夏鼐考古五十周年紀念論文集》，頁 176～190）；但是從滕國世系上看來，似乎疑之過甚。按《左傳》自滕宣公以降，滕國世系較為明朗。〈漢志〉云：滕傳國三十一世。《春秋正義》云：三十世。不論何說為是，若以繡為文公均不足此數。

〔註189〕王國維據滕國傳世銅器「滕虎敦」之銘文，考訂此器為西周中葉的作品；此說同時修正了《禮記》〈檀弓〉鄭注：「伯父為殷時滕君也」（按伯父即《禮記》〈檀弓〉之孟虎。亦即銘文中之滕虎敦）。參見王國維，〈釋滕〉，收於氏著《觀堂集林》，卷 6。

滕國之存在。

　　《左傳》僖公二十四年（前 636），記富辰言：「管、蔡……曹……滕……文之昭也。」故滕爲姬姓。滕國地望，據〈地理志〉「沛郡・公丘」，班固自注云：故滕國。《春秋地名考略》亦云：「杜註：『滕國在沛國公丘縣』。……按，秦置滕縣。漢改置公丘縣，屬沛郡。〈地理志〉曰：故滕國也。……今滕縣乃漢之蕃縣，隋改之曰滕。……古滕城在縣西南十四里。」〔註 190〕近年來，考古界據文獻的記載，試圖對古滕國遺址進行探勘〔註 191〕。從七十年代後期以來，滕城遺址附近，先後出土了幾批西周早期的滕國銅器〔註 192〕。是以，文獻上所說古滕國都城的地理位置，更令人確信；也因爲滕國地近泗水，處於泗上。據此，顧觀光認爲：滕亦爲泗上十二諸侯之一。〔註 193〕

　　春秋時期，滕國史事在《經傳》中的出現，次數較爲頻繁。然以其國小，在當時的影響，似乎也僅就在其他泗上小邦之間的關係了，但《春秋經傳》對於滕國之世系，卻記之甚詳。大概滕爲「文昭」，而《經傳》故留其祀。

　　然而進了戰國以後，滕國史事出現在文獻上，卻出奇地罕見。惟《孟子》一書，多次提及孟子與滕文公之間的問對。其中較富歷史背景的爲〈梁惠王下〉記：滕文公問曰：「齊人將築薛」，按此事大概是指：「田文封薛，改築之，其城牆堅厚無比」〔註 194〕。其時在齊閔王元年以後（前 300）。

　　另外，《戰國策》述滕國之事僅一見。〈宋、衛〉策云：「宋康王欲霸……滅滕伐薛……」。輕描淡寫，顯見滕國之地位，如《史記》言「弗論也」。但這裡牽涉到「滅滕」的史事，故不得不辨。

　　〈地理志〉「沛郡，公丘縣」班固自注：

　　　故滕國，周懿王子錯叔繡所封，三十一世，爲齊所滅。

按〈漢志〉云「周懿王」，疑爲訛誤〔註 195〕，但「爲齊所滅」，也見於《世本》〈世系〉〔註 196〕。但《世本》言：「齊景公亡滕」。宋衷注：「隱七年疏云：『按

〔註 190〕高士奇，《春秋地名考略》，卷 12。此則引自陳槃，《譔異》，頁 33 上。

〔註 191〕中國科學院考古研究所山東隊：〈山東滕縣古遺址調查簡報〉，《考古》，1981年第 1 期。

〔註 192〕陳公柔，〈滕國、邾國青銅器及其相關問題〉，收於《中國考古學研究——夏鼐先生考古五十周年論文集》（北京：文物出版社，1986 年），頁 176～190。

〔註 193〕顧觀光，《七國地理考》，卷 3，〈淮北・湘上〉條。

〔註 194〕顧祖禹，《讀史方輿紀要》，卷 32。

〔註 195〕見註 187。

〔註 196〕《世本》，王謨輯本，〈三皇世系〉篇，（臺北：西南書局，1974 年），十三。

齊景之率，在滕隱之前，《世本》言隱公之後，仍有六世爲君』。而云齊景亡滕，爲謬何甚。」而服虔注〈漢志〉亦云：齊景亡滕。上述兩家之說，似乎無法成立，除非齊景亡滕後，滕復封，如楚之於陳、蔡。但《春秋經傳》又無載此事。因此，我們無法遽斷此事的眞實性。是以，結合《孟子》記滕文公事與〈宋、衛〉策言：「宋滅滕」，「齊滅宋」之史事，在時間的排列上似乎得以成立。但後世史家卻都不從此說；蓋宋滅滕，而宋旋被齊所併，滕地復入於齊，故諸史家據此云「滕亡於齊」。至於滅滕之說，亦有《春秋正義》的「楚滅」及《通志》的「秦滅」，但都缺乏史實的背景，故不辨。

費，小國也。其史跡在先秦及漢代的文獻中，僅有《孟子》、《呂氏春秋》及《史記》，《說苑》的點滴記載，可以看到費國的蛛絲馬跡。而這些記載，也僅給人有一個模糊的印象，即「戰國時代似乎存在一個費國」而已。是以，欲鉤稽費國史事，除了前揭各書的直接證據外，也必藉由其他史料的推敲。

王應麟的《困學紀聞》卷 8，云：「《孟子》」引費惠公之言，謂小國之君也」。春秋時費爲魯季氏之邑。《史記》〈楚世家〉有『鄒、費、郯、邳』蓋戰國時以邑爲國，意者魯季氏之僭矣？」〔註197〕王應麟的懷疑，自是有其歷史根據的。

關於季氏之崛起，執政，攬權乃至於收民心，《左傳》昭公年間（前 541～510）載之甚詳。昭公三十二年（前 510）《傳》云：

> 昔成季友，桓之季也，文姜之愛子也。……既而有大功於魯，受費以爲上卿。至於文子、武子，世增其業，不廢舊績。魯文公薨，而東門遂殺嫡立庶，魯君於是乎失國，政在季氏，於此君也四公矣。
>
> 民不知君，何以得國？

此段《傳》云季子「有大功於魯」，杜注：「立僖公」。因此，季友封爲上卿；此蓋季氏之崛起。其後，魯國再經一次「殺嫡立庶」的失國，而季氏也長期培養其基業。兩相消長，季氏在魯國的威望，正如史墨回答趙簡子的話，曰：「天生季氏，以貳魯侯，爲日久矣。民之服焉，不亦宜乎，魯君世從其失，季氏世修其勤，民忘君矣。雖死于外，其誰矜之？社稷無常奉，君臣無常位，自古已然。」〔註198〕史墨係回答趙簡子問「季氏出其君」之事。按此時季氏之威權與民望，在魯之公室中，似乎無出其右。因爲季氏既「出其君，而民

〔註197〕王應麟，《國學紀聞》，卷8，〈孟子費惠公之言〉。
〔註198〕《十三經注疏》，冊6，頁934上。

服焉，諸侯與之」〔註199〕。不過此時，季氏似乎仍未僭魯君之位，充其量祇能說「僭端已見」而已。

此後，魯國歷定公、哀公，魯君對於季氏之逾越君臣之禮，更莫可奈何。是以《論語》〈八佾〉篇記孔子對季氏用天子之禮樂舞于庭，感到「季氏還有什麼事做不出來」。〔註200〕

然而，終春秋之世，季氏並未立國，更未取魯而代之。童書業分析其原因，謂：「非季氏內亂及三家不睦與越人之援魯公室，魯之三桓或季氏亦必將分魯代魯。」〔註201〕

然則季氏何時據費僭國？雷學淇在《介庵經說》卷9、有「蓋費自魯悼之后，亦僭稱公」之說。雷氏所云，蓋有據矣；《禮記》〈檀弓下〉記：

> 悼公之喪，季昭子問於孟敬子曰：「爲君何食？」敬子曰：「食粥，天下之達禮也。吾三臣者之不能居公室也，四方莫不聞矣！勉而爲瘠，則吾能也。」〔註202〕

是以，季氏在悼公卒時，似乎仍未自立稱王；因此表面上和魯君仍維持著「虛假」的君臣關係。魯悼公在位年限，《史記·魯周公世家》云三十七年，其說有誤，徐廣已辨〔註203〕。〈集解〉云：悼公即位三十年（前438）。

至於季費自立之確實年代，現今已不可考。不過，何浩據《說苑》〈尊賢〉所記之曾子與費君史事，提出費國始僭之年代，大約爲魯元公初立之年〔註204〕，其辯證史料略嫌單薄，但亦聊備一說。

僭立之後，季氏以邑爲國，仍號「費」，或稱「鄪」（《說苑》〈尊賢〉）。在文獻上找不到費曾他遷的史蹤。是以，其地望當係季友初封之地。《左傳》僖公元年（前659）載：

> 冬，莒人來求賂，公子友敗諸酈，獲莒子之弟拏。非卿也，嘉獲之

〔註199〕同註197，頁933上。
〔註200〕「是可忍也，孰不可忍」，楊伯峻以爲「忍」不可做「容忍」；楊氏據《賈子》〈道術〉篇：「惻隱憐人謂之慈，反慈爲忍」，來釋〈八佾篇〉之忍。參見楊伯峻，《論語譯注》（臺北：源流出版社，1982年），頁25。
〔註201〕童書業，《春秋左傳研究》（上海：人民出版社，1980年），頁159。
〔註202〕《十三經注疏》，冊5，頁173下。
〔註203〕魯悼公在位年數，《史記·魯周公世家》云：三十七年。但以此年數驗之〈秦本〉之秦惠王與〈楚世家〉之楚懷王的年數，卻呈現牴牾。參見《史記》〈集解〉徐廣所言。
〔註204〕何浩，《楚滅國研究》（武漢出版社，1989年），頁370～373。

地。公賜季友汶陽之田及費。

「汶陽之田」係指汶水以北的田地。《水經》〈汶水注〉云：「汶水又西，蛇水注之，水出縣東北泰山，西南逕流汶陽之田。齊所侵也。自汶之北，乎暢極目，僖公以賜季友。」此地蓋時為魯北部邊境，地近齊。《史記・魯周公世家》將「汶陽之田」誤為一邑。

費在魯國東部，其地近顓臾。因此，《論語》〈季氏篇〉嘗云：「季氏將伐顓臾。……冉有曰：『今夫顓臾，固而近於費，今不取，後世必為子孫憂』……。」《水經》〈汶水注〉統結前人著述，對費國地望提出詳闊的描述。其書云：

> 沂水又南逕臨沂縣故城東，《郡國志》曰：琅邪有臨沂縣，故屬東海郡，有治水注之（按「治」，近刻訛作「洛」，下同），水出泰山南武陽縣之冠石山。……治水又東南逕顓臾城北，《郡國志》曰：縣有顓臾城。……治水又東南流，逕費縣故城南。〈地理志〉，東海之屬縣也，為魯季孫之邑。〔註205〕

費國的存祚，今已不可考。惟《史記》〈楚世家〉記：「鄒、費、郯、邳者，羅鶩也。」已成為至楚頃襄王十八年（前 281），費仍存國唯一的史料。而這一線索也成了後世史家將費列為「泗上十二諸侯」的證據；如前所揭顧炎武、顧觀光、程恩澤等人，俱作如是解。同時劉文淇認為費「蓋亦與魯同滅于楚矣」〔註206〕。事實上，以當時情況來看，季氏之費以一邑立國於戰國群雄之間，為了拓展生存空間，勢必積極參與國際間的外交工作。因此，費加入逢澤之會，而列於十二諸侯之側，自是對費國有提昇身價的作用。以費當時仍存國，它當然會積極地加盟其間。

然而，以其國小，在當時並未引起太大的重視。所以，楚也實無必要單獨對費用兵；因此，楚在滅魯之際，回師東指向費而趁勢殲滅，應是合於史實的臆測。再以當時情勢分析，泗東地區諸小國，非亡於齊便亡於楚。而齊在閔王之後，國勢大衰，無暇顧及泗上。因此，得讓楚席捲泗上。是以，費之滅於楚，蓋與魯同時，時在楚考烈王七年（前 256）左右。

郯，在金文中作「炎」，「大令殷」：「隹王于伐楚伯，才（在）炎」〔註207〕。

〔註205〕按「洛水」校正為「治水」，所據係楊守敬，《水經注疏》（江蘇古籍出版社，1989 年），頁 2167。

〔註206〕劉文淇，《春秋左傳舊注疏證》（北京：中華書局，1959 年排印本），頁 230。

〔註207〕參陳槃，《譔異》，頁 381 下。

金文在地名常省掉「邑」旁，其實所指爲一。

郯國之姓，有紀姓〔註 208〕、己姓〔註 209〕、嬴姓〔註 210〕、偃姓〔註 211〕、盈姓〔註 212〕、祈姓〔註 213〕諸說。其中紀、己古今字〔註 214〕。嬴、偃係一音之轉〔註 215〕；而嬴與盈又音同古通。因此，綜上述郯姓之說有三，即己、嬴、祈。三說又以己與嬴之說，從者較多。

郯國地望據《漢書》〈地理志〉「東海郡、郯」班固原註：「故國，少昊後」。漢代東海郡之郯縣係秦所置，漢仍因之，其地在山東郯城縣西南。

由於先秦史籍不載郯國興亡之史蹤，故後世史家考察郯國之史跡，大抵藉由《史記》及後世注《史記》各家。然而《史記》記郯國史事亦有錯訛。〈齊世家〉云：（齊桓公）二年，伐滅郯，郯子奔莒。初，桓公亡時，過郯，郯無禮，故伐之。太史公失察，但〈集解〉卻附會地引「徐廣曰：（郯）一作譚」。〈索隱〉亦錯，云：「此郯乃東海郯縣，蓋亦不當作譚字也。」

按〈齊世家〉滅郯史源，來自於《經傳》莊公十年（前 684）的記載。《春秋》曰：

　　冬十月，齊師滅譚，譚子奔莒。

而《左傳》更詳述其因果。《左傳》曰：

　　齊侯之出也，過譚，譚不禮焉，及其入也，諸侯皆賀，譚又不至。

　　冬，齊師滅譚，譚無禮也。譚子奔莒，同盟故也。

杜預注「譚」曰：在濟南平陵縣西南。「譚」一作「鄲」。《說文》邑部「鄲」字，段玉裁注曰：「〈齊世家〉訛作「郯」，可證司馬所據正作「鄲」。」及此，司馬遷之失察至明也，因爲《史記》後來亦屢提及郯國史事。然而〈集解〉與〈索隱〉卻不假思索，以訛傳訛。

〔註 208〕《世本》〈氏姓篇〉謂：「紀姓出自少暤，祈、郯、莒自紀公以下爲紀姓。」（秦嘉謨輯補本）。

〔註 209〕《左傳》昭公十七年。杜預注：「少暤，金天氏，黃帝之子，己姓之祖也。」（相台岳氏本，頁 32 下）。

〔註 210〕《史記》〈秦本紀〉云：「秦之先嬴姓，其后分封，以國爲姓，有徐氏、郯氏。」此說以郯氏爲伯益之後。

〔註 211〕劉師培，《左盦集》，卷 5，〈偃姓即嬴姓說〉。另徐旭生，《中國古史的傳說時代》（北京：文物出版社，1985 年增訂版），頁 54。

〔註 212〕《漢書》〈地理志〉「東海郡。郯」原注：「故國，少昊後，盈姓」。

〔註 213〕《通志》〈氏族略〉，卷 2，「郯」：郯、祈姓或嬴姓。

〔註 214〕雷學淇，《竹書紀年義證》，卷 2，〈帝摰少昊氏〉條。

〔註 215〕《說文解字注》〈女〉部：「嬴」字注。

郯之滅，亦有《竹書紀年》的「越子朱句滅郯」之說。《紀年》云：

> 晉烈公四年，越子朱句滅郯，以郯子鴣歸。〔註216〕

《水經》〈沂水注〉及《史記‧索隱》皆據《紀年》此則作注，祇是〈索隱〉言「朱句……三十五年滅郯」。另范祥雍的《古本竹書紀年輯校訂補》及《戰國年表》，將越滅郯之年繫爲晉烈公二年（前414）。錢穆據句踐卒後三代之越君年祚，考訂「越滅郯乃晉烈公三年（前413）」。〔註217〕

然則，郯滅于越後，越人僅「以郯子鴣歸」，似乎未將郯國君統絕嗣或仍存其社稷。是以，郯國仍存祚於沂、沭之間。〈楚世家〉記頃襄王十八年（前281），楚弋人對郯仍然存在的史實言之鑿鑿。另外，何浩論郯國滅亡，曾引《淮南子》〈兵略訓〉云「昔者楚人南捲沅、湘，北繞潁、泗，西包巴、蜀，東裏郯、邳」之言，闡發郯之亡，蓋在楚頃襄王二十一年（前278）以後。因爲自從頃襄王二十一年前后楚國喪失以郢都爲中心的漢北，西陵及巫郡，黔中郡等西部境域以後，雖因「復西取秦所拔我江旁十五邑以爲郡」，而保有部份的沅、湘流域地區，但楚境已無從「西巴、蜀」了〔註218〕。何氏之說，引旁證來推敲結論，頗富辯證性。然而，通讀〈兵略訓〉上下文，便能察覺其中問題了。蓋〈兵略訓〉云：

> 昔者楚人地，南卷沅、湘……潁、汝以爲洫，江、漢以爲池，垣之
> 以鄧林，之以方城，山高尋雲……然而兵殆於垂沙，眾破於系柏舉。

「垂沙之事」見於《國策》〈楚策三〉，此策繆氏考證，當繫於周赧王十四年（前301），策中所云「垂沙之事」又係追記，當在策之前，惜今已失考。但據此得知〈兵略訓〉概述楚域，大抵又承子書慣有的「文飾」而失眞之敝，其目的無非在強調事理。

郯國滅亡之史事與確實年代，今已不可詳考。惟郯居於泗東，其年祚又延至戰國晚期，故言「泗上諸國」之史家，很自然地將郯列於泗上十二諸侯的成員。

〔註216〕《古本竹書紀年輯證》，方詩銘，王修齡（臺北：華世出版社翻印，1983年），頁89。

〔註217〕錢穆，《先秦諸子繫年》，卷2，〈越滅郯乃晉烈公三年非四年、六年辨〉，頁160。

〔註218〕何浩，〈郯國存亡三辨〉，收於氏著《楚滅國研究》（武漢出版社，1989年），頁345～355；特別是頁353。

十二、莒

莒，己姓。

雖然《國語》〈鄭語〉云：

> 祝融……其后八姓于周未有侯伯……曹姓郯，莒……。

但《世本》〈氏姓篇〉及《左傳》皆稱：莒國已姓。祇是《世本》略有不同；《世本》稱莒爲「嬴」姓，自紀公以下爲「己」姓。而莒國己姓，《左傳》載之甚明。《左傳》文公七年（前620）：

> （魯）穆伯娶于莒，曰戴己，生文伯，其娣聲己，生惠叔。戴己卒，
> 又聘於莒，莒人以聲己辭，則爲襄仲聘季。

《左傳》文公八年（前619）：

> 穆伯如周弔喪，不至，以幣奔莒，從己氏焉。

因此，莒國爲己姓，似爲不爭的事實。

莒之始封，據《世本》〈莒世家〉云：

> 少昊之後，周武王封輿於莒。

輿期在《世族譜》作茲輿。周初分封，莒以其非姬姓與姜姓集團而受封，似乎意味著在周初的東進政策中，莒地並未反抗因而受封；或者以其地處周「大東」範圍以外之東隅，因此未被周室納同姓或功臣集團的統治中。然而，據此推斷莒成封國殆在周以前；而至周初再行分封。

莒國地望，據舊籍記載有遷徙的記錄。〈地理志〉「琅邪郡，計斤」班固原註：「莒子始起此，後徙莒」。程恩澤補述：「計斤，即春秋介根也。」[註219]按介根與計斤，同爲《世族譜》所稱之莒都也。其地在今膠縣西南之介根城。

莒國都城何時南徙入莒地，史無明文。但從《春秋》逐年敘莒事看來，莒都南遷，在春秋中期以後。蓋《經傳》記莒共有五十多處，其中大抵爲莒於周遊小國及魯之爭，而互有併地與失地，但至中期以後，齊國與莒之爭，開始見于《經傳》。《左傳》昭公十九年（前523）：

> 秋，齊高發帥師伐莒，莒子奔紀鄣。

杜注：紀鄣，莒邑也，東海贛縣東北有紀城。其時，莒已由山東半島北側向南移了。然而據《經傳》記載，春秋時期莒域極廣，幾乎涵括了山東半島中部地區。

據《史記》〈楚世家〉載：〈楚〉簡王元年（前431），北伐滅莒。其說並

〔註219〕程恩澤，《國策地名考》，卷18，〈莒〉條。

見于《竹書紀年》。是以，莒未納入「泗上十二諸侯」至明矣！

然而蒙文通卻認爲「滅莒者宜爲齊國」，「滅莒時間」應存齊威王九年至十四年（前 348～343）〔註 220〕。蒙氏所疑，蓋與孫詒讓近似〔註 221〕。祇是其所據爲《國策》與《史記》。

〈西周策〉載：

> 宮他謂周君曰：「邾、莒亡於齊」。〈魏世家〉云：惠王三十年……「太子自將攻齊，大勝并莒。上述兩莒爲同處。〔註 222〕

按莒在春秋，疑有兩處。《左傳》昭公三年：「齊侯田于莒」。昭公十年也記：「……桓子盡致諸公，而請老于莒」。杜注「莒，齊東境。」此時莒國尚存，是以肯定莒在春秋有兩地。

再者〈魏世家〉之事，係一名叫徐子向魏太子獻上「百戰百勝之術」當以「太子自將攻齊」，純係假設性的建言，不能據爲史料。〈西周策〉云：「邾、莒亡齊」，鮑彪注曰：「楚滅之，蓋恃齊也。」而滅邾爲楚，前已辨。據鮑注而通讀〈西周策〉文上下文意，則其說甚是。

第五節　小　結

據前面幾節的分析、闡釋，我們大致可以確定「泗上十二諸侯」的成員，分別是魯、宋、衛、陳、蔡、鄒、費、郯、邳、滕、薛、郳。（見圖 2-4）試以表列陳述這些國家基本狀況如表 2-1：

表 2-1：泗上十二諸侯

國　名	姓氏	始封之君	都城位置	何國所滅	滅　　　　年
魯	姬	伯禽	山東曲阜	楚	大約在楚考烈王七年左右（前 256）
宋	子	微子啓	河南商丘一帶	齊	大約在齊閔王三十八年左右（前 286）
衛	姬	康叔丰或曰：康侯矗	河南濮陽一帶	秦	秦二世元年（前 209）衛絕祀

〔註 220〕蒙文通，〈史記、越世家補正〉，收於氏著《越史叢考》（北京：人民出版社，1983 年），頁 121～147；特別是頁 132～133。

〔註 221〕孫詒讓，《墨子閒詁》（臺北：華正書局，1987 年），頁 123。

〔註 222〕同註 219。

陳	媯	胡公 或曰：遂	河南淮陽一帶	楚	約在楚宣王二十七年 （前 343）
蔡	姬	叔度	河南上蔡附近	楚	約在楚宣王二十七年 （前 343）
鄒（邾）	曹	曹挾	山東鄒縣東南	楚	大約在楚考烈王七年左右 （前 256）
費	季	季友	山東費縣北	楚	大約在楚考烈王七年左右 （前 256）
郯	嬴	（史闕）	山東郯城西南	楚	約在楚頃襄王三十五年至考 烈王元年（前 264～262）
邳	任	仲虺	江蘇徐洲邳縣	楚	大約在楚考烈王二至三年 （前 261～260）
滕	姬	錯叔繡	山東滕縣西南十 四里	齊	約在齊閔王六年左右 （前 295）
薛	任	奚仲	山東滕縣西南四 十里	齊	約在齊威王三十五年 （前 322）
郳（小邾）	曹	肥 或曰：友	山東滕縣東	楚	約在楚考烈王二至六年 （前 261～257）

圖 2-4：泗上十二諸侯分布圖

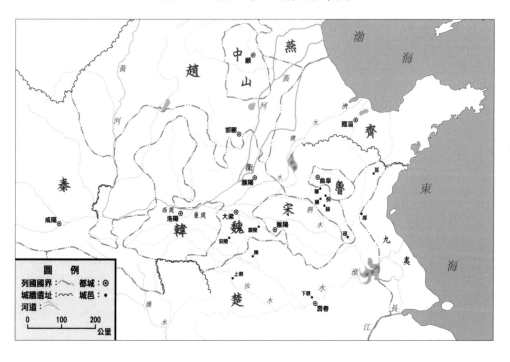

　　這些在戰國之際為二、三級的諸侯國家，論其實力均無法單獨應付齊、楚等列強。所以，當齊、楚的勢力伸入淮、泗之後，這些弱小的諸侯祇好依違在列強之間。情況好的，成了兩強對峙時的緩衝；情況差的，淪為列強的附庸國。《左傳》襄二十七年（前 546），云：「邾、滕，人之私也，我，列國也，何故視之？宋、衛，吾匹也。」似乎在泗上各侯國間，也瞭解這情況，因而有自覺性地依國勢而劃出等第來。不過，這也透露了，列強之間的紛嚷，給了這群弱小方國，留下生存空間的訊息。

　　對齊、楚而言，奪取泗上列國的戰略地位，似乎就搶了爭霸天下的上風。《戰國策》〈齊策一〉記蘇秦說齊宣王：

　　　　齊南有太山，東有琅邪，西有清河，北有渤海，此所謂四塞之國也。

　　　　齊地方二千里，帶甲數十萬，粟丘如山。

以齊國軍事發展的目標來說，向南指向淮、泗之間，遠比向北或向西面對燕或三晉有利。是故齊欲拓境爭強或稱霸天下，自然先向泰山以南的淮、泗小國下手；但這對楚而言，似乎是無法忍受的事。蓋楚欲得淮、泗之地其來有自，因楚如正面北遷，則將面臨晉之壓迫，故春秋末期時，楚已廣地至泗上，這多少奠下楚進師中原的基礎。其後，泗上列國的歷史發展，就擺脫不了齊、楚兩國的干係了。

　　從泗上列存滅的史實來看，十二諸候中魯、陳、蔡、邾、費、郯、邳、鄅等八國為楚所滅。然而在楚併吞泗上列小國後，在中原並未佔到極大的優勢，蓋此時的歷史已進入了戰國的末期了。而崛起西陲的秦，其勢已逐漸宰制天下了。因此在搶奪泗上戰略地位的近半世紀中。對齊楚而言，兩國都沒有佔上絕對優勢的地位，反而耗上了大半的國力，在這個地區競逐。關於齊、楚在泗上的對立與爭奪，論於下章〈泗上列國史事鉤沈〉。

第三章　泗上列國史事鉤沉

第一節　十二諸侯之「十二」非虛指數辨

在第二章第一節引諸家揭「十二諸侯」一詞時，曾提及胡鳴玉與王利器等人，謂「十二諸侯」乃一虛指，其意言戰國時代小諸侯國林立。胡鳴玉更舉《史記》〈天官書〉言：「太微宮垣有匡衡十二星。」而引申發揮「天有十二次，日月之所躔也；地有十二州，王侯之所國也。舉十二州以該天下之諸侯，非謂十二國也。」〔註1〕

然而，究〈天官書〉之所言「太微宮垣十二星」，司馬遷似有所指涉。這裏不擬討論太史公所用的數目對錯與否〔註2〕。但很明顯地，司馬遷並非用實數來代表抽象的意義。在〈天官書〉其它地方提到「十二」，司馬遷也都用肯定而具體的事實，來代表其所稱「十二」的意義。〔註3〕

不過，在中國古代的典籍中，的確有用數字來表現數目眾多的概念化，即實數虛指以喻其多。如：《易經》〈損〉言：「三人行則損一人」與《論語》

〔註1〕 參劉文典撰，《淮南鴻烈集解》，卷11，〈齊俗訓〉（北京：中華書局，1989年）。頁355。

〔註2〕 參瀧川龜太郎，《史記會注考證》，卷27，〈天官書〉（臺北：宏業書局，1972年），頁12，〈考證〉引王元啓曰：「十二者、十上脫二字也」。另參劉操南，〈《史記》〈天官書〉恒星圖說〉，收於氏著《古籍與科學》（哈爾濱師範大學，1990年），頁179～211。特別是頁191～193。

〔註3〕 按《史記》〈天官書〉共有十次提及「十二」這個數目，而都各有不同的指涉。如「十二周天」、「十二州」、「十二度」……等。每次所云「十二」，皆為具體而肯定的事實，並非概括而統稱「十二」。

〈述而篇〉之「三人行行，必有我師焉」，〈子罕篇〉之「三軍可奪帥也」。這種實數虛指的例子，在其它子書裏不勝枚舉。但這種指涉的概念，仍富于某種程度的具象。清汪中在《述學》有〈釋三九篇〉對這些虛數觀念的運用，言之甚詳。〔註4〕

不同於上述實數運用的概念，如道家及陰陽五行。道家的典籍裏，將實數抽象化，以統攝天地自然現象。《道德經》第四十二章，言：

> 道生一，一生二，二生三，三生萬物。

像這樣的用途，較爲特殊；但在《老子》一書裏卻習見。其後在陰陽五行中，更將實數神秘化和術數化。蓋以實數配合五行配列範疇可以無限的擴大。就其形式來說，這是陰陽家在數的和諧體系中，尋求事物不變的規律。〔註5〕

是以，從「三」、從「五」及其後來衍伸出的倍數來喻其大，皆從這些基礎上發展起來。自此以後，以這些實數虛指來加強語氣，便成爲中國修辭學上，一項很突出的形容手法。「三」、「五」、「九」、「十八」、「三十六」、「七十二」，其數不同，但其所指涉的意義，在許多古籍中卻相通。〔註6〕

除了上揭各數以外，中國古代也有一個數字極富內涵，那就是「十二」。《國語》〈周語下〉記：

> 王（周景王）問律于伶州鳩。對曰：「律所以立均出度也。古之神瞽考中聲而量之以制，度律均鍾，百官軌儀，紀之以三，平之以六，成於十二，天之道也。

韋昭注「天之道也」曰：天之大數不過十二。韋昭的說法有所本。《春秋繁露》卷7〈官制象天〉第二十四，中云：

> 十二者，歲之度也，用歲之度，條天之數，十二而天數畢。

董仲舒這種概念，承繼了先秦以來，將「十二」視爲天道周數循環的終止點。因此，〈始皇本紀〉言始皇鑄金人，其數亦恰爲十二。這些極富象徵的作用，自然導引後代某些史家，將十二作一種數據上的概括。

然而再細究，雖然「十二」本身具有象徵意義。但在先秦及後世的典籍

〔註4〕 參汪中，《述學・內篇》，卷1，〈釋三九〉篇。

〔註5〕 參楊超，《先秦陰陽五行說》，收於《中國古代哲學論叢》（臺北：帛書出版社，1985年），頁32～55。

〔註6〕 參馮友蘭，〈論「七十二」〉，收於氏著《三松堂學術文集》（北京：大學出版，1984年），頁593～596。

中，並非一成不變的「象徵」在每種情況下；否則《荀子》〈非十二子〉〔註7〕與《莊子》〈天道篇〉中的「繙十二經以說」〔註8〕，就讓人無法理解了。按「十二」在古籍上的運用，亦常被賦予實際內容，而用來具體地指涉某些事。這種取「十二」而填實的使用，便不能將「十二」視為僅具象徵意義的虛指。因此，判定「十二」的實與虛，應以它出現在文獻中的實際狀況來判定。

　　雖然，《戰國策》並未具體揭出「泗上十二諸侯」係指那些國家？但從策文中，我們得之「十二諸侯」或「泗上十二諸侯」所指稱的都不是天下諸侯。《戰國策》〈秦策五〉：

　　　　梁君伐楚勝齊，制趙、韓之兵，驅十二諸侯以朝天子於孟津。

〈楚策一〉：

　　　　大王悉起兵以攻宋，不至數月而宋可齊，舉宋而東指、則泗上十二
　　　　諸侯，盡王之有已。

《史記》所提的「泗上十二諸侯」，據其文意研判，地當處淮、泗一帶，但也不是虛指〔註9〕。而《淮南子》〈齊俗訓〉之謂：

　　　　越王句踐霸天下，泗上十二諸侯皆率九夷以朝。

其中意義更為明顯。以句踐之勢，斷不能號令天下諸侯。「霸天下」係一種誇張的修飾。據《史記》〈越世家〉的記載，越國國勢最盛之時，也僅是「橫行於江淮東」其勢於號天下似有所不足。

　　因此，古籍上有所謂「十二」其意可能賦有天數的象徵意義。但當「十二」被用來指涉某些具體史實時，就不能一概以虛指視之了。

第二節　「逢澤之會」與「會徐州相王」

　　雖然「逢澤之會」及其日後所發展的列強形勢，與泗上十二諸侯等次級

〔註7〕《荀子》〈非十二子〉分別批評了：它囂、魏牟、陳仲、史鰌、墨子、宋鈃、慎到、田駢、惠施、鄧析、子思、孟子等十二人。但先秦何止十二家，何以荀子獨舉「十二」。

〔註8〕據《經典釋文》的解釋「十二經」：「詩、書、樂、春秋六經，加六緯，合為十二經也。一說云：易上，下經，並十翼為十二經。又一云：春秋十二公經也。」不管諸說，但皆莊子之後的解釋。何以莊子舉「十二經」，其數字與〈非十二子〉同樣耐人尋味。但似乎由此得知，「十二」的確富于象徵意義，但若填實則可成具體的指稱了。

〔註9〕參前章，第一節本文。

方國的關係不大。然而稽考文獻，「十二諸侯」一詞最早見於史籍，係在與會逢澤，而隨魏惠王一起朝周天子之時。是故，對於逢澤之會及其日後所發展的種種史實，仍應當考。

「逢澤之會」是戰國初期歷史發展中，關係列強對抗形勢轉變的重要事件之一。魏國從逢澤之會前的「桂陵之戰」與逢澤之會後的「馬陵之戰」，及日後「秦衛鞅伐梁西鄙」〔註10〕，這些戰事都直接造成魏、秦勢力的消長。而原來群雄均勢的對抗，也逐漸演變成強秦與齊為首的東方列國之間的對峙。雷學淇謂：「按惠王之敗於齊、秦，此勝衰一轉關也。顯王二十五年前，魏最強。敗齊、勝燕，拔趙、致魯、衛、宋、鄭之君而朝之。且率泗上十二諸侯朝天子於孟津，以西謀秦。為臼里之盟，欲復興周室，豈不勝哉！及彭喜言於鄭君，以敗其盟，而惠王亦侈然自放，乘夏車而稱夏王，此所以動天下之兵，而子申、子卬遂皆糜於鋒刃矣。自是而齊威奮於東夏，秦孝起於西陲，東帝、西帝之勢，即成於此日矣。」〔註11〕

蓋逢澤之會時，秦際孝公主政（前361～338），孝公圖強並得衛鞅輔助，「變法脩刑，內務耕稼，外勸戰死之賞罰」〔註12〕。是以，終孝公之世秦國的地位得以提昇而讓周「天子致伯」，且屢敗當時最強的魏國。〔註13〕

關於逢澤之會的史事，《戰國策》與《史記》所載，違誤甚大。因此後代提及逢澤之會史實，便呈紛歧。《史記》〈周本紀〉云：

> （周顯王）二十五年（前344），秦會諸侯於周。二十六年，周致伯於秦孝公。

然而〈秦本紀〉卻云：

> （秦孝公）十九年（前343）天子致伯。二十年諸侯畢賀，秦使公子少官率師會諸侯逢澤，朝天子。

究竟〈周本紀〉之言「會諸侯」與〈秦本紀〉之「會諸侯逢澤」是否同為一事〔註14〕，據《六國年表》的編年推斷，應分兩事。因為〈年表〉將兩事各

〔註10〕《古本竹書紀年》，〈魏紀〉惠王二十九年。

〔註11〕雷學淇，《竹書紀年義證》，頁582。

〔註12〕《史記》〈秦本紀〉。

〔註13〕〈秦本紀〉云：「（孝公）十九年，天子致伯（音霸）。……二十二年，衛鞅擊魏，虜魏公子卬，……二十四年，與晉（魏）戰鴈門，虜其將魏錯。」《史記》敘秦之年歷有誤，但史事大致不差。

〔註14〕楊寬就認為這兩處所言，所指應為一事。參氏著《戰國史》，頁315。

繫於不同年代。但是《戰國策》很明顯地記載，逢澤之會係由魏惠王發起。
《戰國策》〈秦策四〉云：

> 魏伐邯鄲，因退爲逢澤之遇，乘夏車，稱夏王，朝爲天子，天下皆
> 從，齊太公聞之，舉兵伐魏，壞地兩分，國家大危，梁王身抱質執
> 璧，請爲陳侯臣，天下乃釋梁，郢威王聞之，寢不寐，食不飽，帥
> 天下百姓以與申縛遇於泗水之上，而大敗申縛。

這段策文與〈齊策五〉的記載遙相呼應；而兩段策文遍讀，逢澤之會前後魏
國史事及其發起逢澤之會的前因後果亦極清晰。〈齊策五〉云：

> 昔者魏王擁土千里，帶甲三十六萬，其強北拔邯鄲，西圍定陽，又
> 從十二諸侯朝天子，以西謀秦。秦王恐之……魏鞅謀於秦王曰：「夫
> 魏氏其功大而令行於天下……以一秦而敵大魏，恐不如……。」衛
> 鞅見魏王，曰：「大王之功大矣！令行於天下矣！今大王之所從十二
> 諸侯，非宋、衛也，則鄒、魯、陳、蔡、此固大王之所以鞭箠使也……
> 大王不如先行王服，然後圖齊楚。」魏王說於衛鞅之言也，故身廣
> 公宮，制丹衣……此天子之位也，而魏王處之，於是齊楚怒……齊
> 人伐魏，殺其太子，覆其子萬之軍。

《國策》言魏惠主盟之事至明，但歷來史家似乎都從《史記》之說。直到錢
穆才據《國策》斷《史記》之非，而提出了「逢澤之會乃梁惠王非秦孝公」。
錢氏之說幾乎已成定論〔註15〕。楊寬〔註16〕、林劍鳴等〔註17〕，先後從錢氏
之說；然而令人不解的是，司馬遷作《史記》時，難到沒有看到《戰國策》
這些記載？抑或司馬遷另有所本，而認爲《國策》記載不可靠？眾知太史公
言秦國史事，多據《秦紀》惜該書今已佚，無法詳考。

逢澤之會的年代，錢穆考訂在梁惠王二十七年〔註18〕，其年同于楊寬所
考的周顯王二十五年〔註19〕。但楊寬似乎誤讀《史記》，而將《史記》的「諸
侯會」與「諸侯會逢澤」混爲一事。據〈六國年表〉將「諸侯會」繫於周顯
王二十五年，即梁惠王二十七年；如果《史記》僅及於此，那錢、楊等人，
也許判定此係言逢澤之會「朝天子」之事。但《史記》對這則「諸侯會」的

〔註15〕參錢穆，《先秦諸子繫年考辨》，卷3，頁252～254。
〔註16〕同註14，頁379～380。
〔註17〕林劍鳴，《秦史稿》（臺北：谷風出版社，1986年翻印），頁243～244。
〔註18〕同註15。
〔註19〕同註15。

史料未多加說明；而且兩年後又有「會于逢澤」的文字出現。這樣的重複及牴牾，便令人不得其解了。而這些究係太史公一時疏誤，或據他本所訂，也無從考查了。

再考逢澤之地望，則得以更確知發起逢澤之會應爲魏而非秦。古本《竹書紀年》記梁惠成王六年云：「四月甲寅，徙邦大梁。」同年又云：「梁惠王發逢忌之藪以賜民。」〔註 20〕這兩件事有何牽連？史無明文。但戰國之時，山林藪澤皆有屬禁，而梁惠王弛禁以加惠於民。雷學淇因而推論：「此王因遷都而施惠於百姓也。逢忌之藪，一名逢澤，此乃圃田之餘波，被于梁城東北者。」〔註21〕

《漢書・地理志》曰「開封」班固自註：「逢池在東北」；傅瓚注云：「《汲郡古文》梁惠王發逢忌之藪以賜民，今浚儀有逢陂忌澤是也。」《括地志》更清楚的指出：「逢澤，亦名逢池，在浚儀東南十四里。」按浚儀故城在今開封西北；逢澤諸侯會時，魏仍爲當時強國，按理秦斷不至於在魏境內會諸侯朝天子。

而在逢澤會後，魏國將率所從之十二諸侯圖西謀秦，因此，衛鞅對秦孝公獻計，尊魏以王。前引〈齊策五〉對此事敘述甚詳。魏惠稱王之事，本來就是衛鞅用以謀弱魏國之計，但魏國不察墮入其計，此後數年之間，魏國在齊、趙、韓、秦之間，各國的夾擊攻伐下，魏的國勢遂以中衰。其中影響魏國國勢較重的戰事，係對齊與對秦的戰役。

逢澤會後，齊、魏爆發了歷史上著名的「馬陵之役」；此役《國策》、《史記》俱載。馬陵之役的肇因，係由於魏惠稱王僭天子之位，而遭韓國抵制。《戰國策》〈韓策三〉：

> 魏王爲九里之盟，且復天子。房喜謂韓王曰：「勿聽之也！大國惡有
> 天子，而小國利之。王與大國弗聽，魏安能與小國立之。」

繆文遠考訂此策應繫年於周顯王二十五年（前 344，即魏惠二十七）〔註22〕。

〔註20〕《汲冢紀年》云：「梁惠成王九年四月甲寅，徙都大梁。」雷學淇考訂將「發逢忌之藪以賜民。」亦繫於此年。但據「四月甲寅」推斷，此年應爲梁惠六年。按《紀年》用夏正，惠成王九年四月已未朔，有甲子、甲戌、甲申而無甲寅。而惠王六年夏正四月丙午朔，九日甲寅，故繫於六年（前365）較可信。參方詩銘、王修齡，《古本竹書紀年輯證》，頁 111。

〔註21〕參雷學淇，《竹書紀年義證》，頁 275 上。

〔註22〕繆文遠所據以錢穆《先秦諸子繫年考辨》爲準。參繆氏，《戰國策考辨》，頁290〜291。

此年蓋與逢澤之會同年。

　　韓國的抵制，遂引起魏出兵伐韓。《竹書紀年》記「（梁惠王）二十八年穰苴帥師及鄭孔夜戰于梁赫，鄭師敗逋。」齊因此出兵援韓，而與魏戰於馬陵〔註23〕。1972 年，山東臨沂銀雀山一號漢墓出土竹簡一千九百餘枚，其中失傳已久的《孫臏兵法》至此出土。在這部兵法中，有一篇關於「馬陵之役」最直接的記載，題目〈陳忌問壘〉。在此篇中，藉著陳忌與孫臏之間的問答，非常詳盡地敘述孫臏在馬陵一役中的戰術佈署〔註24〕。這些記載補足了《史記》對此役記述的闕略。

　　馬陵之役，魏國遭受巨創。魏太子申及大將龐涓俱歿於此役。《孟子》〈梁惠王上〉云：「及寡人之身，東敗於齊，長子死焉。」長子即太子申。《戰國策》〈齊策一〉曰：「田忌爲齊將，係梁太子申，禽龐涓。」亦指此役。《史記》《國策》皆言此役擒殺龐涓而銀雀山《孫臏兵法》中有〈禽龐涓〉一篇，謂：孫子弗息而擊之桂陵，而禽龐涓〔註25〕。此役係指逢澤之會前，梁惠王十八年之「桂陵之役」〔註26〕。據此，林劍鳴以爲歷來記載龐涓見殺於馬陵一役的傳統說法有誤。〔註27〕

　　但是出土的《孫臏兵法》中，在〈陳忌問壘〉篇裏，亦有「是吾所以取龐□（缺）而禽泰子申也」的記載。按禽即擒字，有二義。《左傳》襄公二十四年（前 549）「收禽挾囚」，杜注：「獲也」。此義同于哀公二十三年（前 472）：「知伯親禽顏庚。」

　　「禽」字另一義爲「制服」之意。《戰國策》〈秦策三〉：「大夫種率四方士上下之力以禽勁吳。」《韓非子》〈存韓〉：「勁韓以威禽」。這些用法同于《淮南子》〈兵略〉：「吳王夫差西遇晉公，禽之黃池。」高注：「禽之，服晉也」。龐涓在桂陵之役遭「禽」，大概同于此義〔註28〕。一般人都習用第一義，而忽

〔註23〕《戰國策》〈齊策一〉記策士向田侯建言：「韓、魏之兵未弊，而我救之，我代韓而受魏之兵……我因陰結韓之親，而晚承魏之弊，則國可重，利可得，名可尊矣。」……「韓自以恃有齊國，五戰五不勝……齊因起兵擊魏，大破之馬陵……。」《史記》〈田敬完仲世家〉說與同，惟記此役在齊宣王時，乃誤。

〔註24〕張震澤撰，《孫臏兵法校理》，收於《新編諸子集成第 1 輯》（北京：中華書局，1984 年），頁 42～44。

〔註25〕同註 24，頁 1～2。

〔註26〕參錢穆，《先秦諸子繫年考辨》，頁 241～242。

〔註27〕林劍鳴，《秦史稿》（臺北：谷風出版社翻印，1986 年），頁 261，註 30。

〔註28〕同註 24，頁 4～5。

略了第二義；於是才有龐涓卒於馬陵或桂陵的爭議。

馬陵戰後，魏國東圍未解，西境的戰端又起。衛鞅趁魏在東境困於齊軍之際，向秦孝公建言：

> 「秦之與魏，譬若人之有腹心疾。非魏并秦，秦即并魏。何者？魏居嶺阨之西，都安邑與秦界河，而獨擅山東之利。利則西侵秦，病則東收地。今以君之賢聖、國賴以盛。而魏往年大破於齊、諸侯畔之。可因此時伐魏，魏不支秦、必東徙。東徙，秦據河山之固，東鄉以制諸侯，此帝王之業也。」孝公以為然。〔註29〕

秦孝公稱王之志顯見，則其東指必以剪魏為首要目標，亦在此表露無遺。《史記》言秦伐魏係在馬陵戰後第二年。惟《紀年》云：「（梁惠）二十九年五月，齊田盼伐我東鄙；九月，秦魏鞅伐我西鄙；十月，邯鄲伐我北鄙。王攻衛鞅，我師敗績。」《紀年》將魏東、西戰事皆繫於同年。

《史記》〈商君列傳〉載衛鞅以詭詐的手段虜魏軍主將公子卬，隨之擊潰魏軍。魏不得已予河西之地。其後秦、魏又有「岸門之戰」，秦虜魏將魏錯，魏勢愈衰〔註30〕。自此，秦取代魏在河西的地位，而戰國河東以齊為首與河西以秦為主的壁壘逐漸確立。

周顯王三十四年，魏惠成王改元稱「後元元年」，其時魏惠成在位已三十六年。惠王改元的理由，史無明文。惟改元之際，正值魏、齊會于「徐州相王」時。故魏惠改元的原因，應與「徐州相王」的事件極有關連。否則以當時的慣例來看，若非特殊理由如奪位等事，則不可能改元。《紀元》於此事曰：「（惠王）三十六年，王會諸侯于徐州，改元稱一年。」

「徐州相王」也是一樁政治陰謀，誘導這次事件的主謀係梁惠王，大概累積了長期的政治智慧，遂與其策士惠施共同策劃這個陰謀，其目的在用於謀弱齊國，以報魏在馬陵之戰的仇恨。《戰國策》〈魏策二〉極清楚記載此事，策云：

> 齊、魏戰於馬陵，齊大勝魏，殺太子申，覆十萬之軍。魏王召惠施而告之曰：「夫齊，寡人之讎也，怨之至死不忘！國雖小，吾常欲悉

〔註29〕 《史記》〈商君列傳〉。

〔註30〕 「岸門之戰」乃據《紀年》：「三十二年與秦戰岸門。」而《史記》〈秦本紀〉作「鴈門之戰」，其年繫於秦孝公二十四年；但〈六國年表〉卻繫於秦孝二十三年。雷學淇遂謂：「當亦夏正，周正之異。」參《竹書紀年義證》，頁 293上。

起兵而攻之，何如？」對曰：「不可。臣聞之，王者得度，而霸者知
計。……王若欲報齊乎，則不如因變服折節而朝齊，楚王必怒矣，
王游人而合其鬥，則楚必伐齊。以休楚而伐罷齊，則必爲楚禽矣。
是王以楚毀齊也！」魏王曰：「善。」……。

於是，在惠施的策動下，梁惠前去徐州屈下尊齊威爲王。「徐州相王」的政治
事件就此上演，自此以後，開啓了戰國諸君自尊爲王的風氣。事實上，齊、
魏在會徐州前，均已稱王。徐州之會，祇是在尋求國際間的承認。在此之前，
大夫稱侯，尚須得周室賜命。而「相王」事件後，列國除了無視於周命外，
同時有意提昇自己的地位與周室同等。然而列強相互間的尊王，也有認與不
認，於是也開啓以後會盟征伐的事端，如「五國相王」後，齊欲伐中山。〔註31〕

前述魏惠在「徐州相王」之際改元稱「後元」，這一舉措可能除了慶祝尊
王的事件外，恐怕亦有掩齊耳目的作用。蓋讓齊君深信魏國對「相王」的事
情十分熱衷。

齊、魏相王的事件上演後，一切果然如惠施的預料。楚對這個事件反應
極爲強烈。《戰國策》〈秦策四〉：

郢威王聞之，寢不寐，食不飽，帥天下百姓以與申縛遇於泗水之上，
而大敗申縛。

申縛，即《史記》〈楚世家〉所謂的申紀。在齊、魏相王後，楚圍徐州時，齊
國軍隊之將軍。據〈齊策一〉記載，楚之所以戰勝徐州，乃齊軍用申縛領軍。
但綜合這些史事的記敘頗耐人尋味，何以齊、魏相王，會令楚威寢食難安？
這其中的理由，恐非如錢穆所說「其時七國稱王者惟楚，故楚聞齊王而大怒，
遂有圍徐州之事」〔註32〕那麼單純。

當初惠施建議魏尊齊爲王時，張丑曾諫阻田嬰，謂：

臣萬乘之魏而卑秦、楚，此其暴於戾定矣。且楚王之爲人也，好用
兵而甚務名，終爲齊患者，必楚也。〈魏策二〉

然而，田嬰並沒有接受張丑之議，但亦未獨尊爲王，僅與魏相互尊王。是以
齊威稱王之意顯然來自田嬰。再者，楚威案勝於徐州之後，欲逐嬰子於齊，

〔註31〕《戰國策》〈中山策〉記「五國相王」事件餘波，謂：「犀首立五王，而中山
後持。齊謂趙，魏曰：『寡人羞與中山並爲王，願與大國伐之，以廢其王』中
山聞之大恐……。」這一史料說明，相王風氣雖開，但內部仍存在一些矛盾。
〔註32〕參錢穆，《先秦諸子繫年考辨》，頁 261。

此事《國策》及《史記》〈楚世家〉、〈孟嘗君列傳〉俱載。這事雖因張丑以遊說諫阻楚威而作罷。但楚威王對田嬰似乎有必欲去之而後快的感覺；因此在戰勝徐州後多年，齊封田嬰於薛，楚王聞之仍大怒。〈齊策一〉載：

> 齊將封田嬰於薛，楚王聞之，大怒，將伐齊。齊王有報志。

綜合上述史料研判，「徐州相王」事件可能祗是誘發楚威王圍徐州挑起戰端的導火線。但戰爭真正的原因，應該在於楚、齊之爭；或者更明確地說，是楚與田嬰之間的積怨已深，而楚威祗是藉「相王」的機會宣洩罷了。〈孟嘗君列傳〉云：「田嬰相齊，齊宣王與魏襄王（按《史記》在此有誤）〔註33〕會徐州而相王也，楚威王聞之、怒田嬰。」不過，除了積怨以外，這裏可能也牽涉了齊、楚對淮、泗地區爭奪的問題，此擬論於下節。

然則，楚對田嬰積怨何至如此深？《史記》〈越世家〉云：

> 王無彊當楚威王之時，北伐齊。齊威王使人說越王，釋齊而伐楚。

> 楚威王興兵大敗越，殺王無彊，盡取故吳地。北破齊於徐州。

〈越世家〉所云「齊威王使人說越王」所指大概係〈楚世家〉記「孟嘗君父田嬰欺楚，楚威王伐齊，敗之於徐州」之事。惟現存的文獻已無法證實齊王所使之人是否為田嬰；但齊王的離間越、楚，肯定與田嬰有關。

從「逢澤之會」到「徐州相王」短短的幾年，戰國得歷史進程經過了幾次重大的轉折。先是由魏惠主盟的逢澤朝天子，戰國列強在觀念上尚有周室的存在；雖然魏惠萌生僭天子之位的念頭，但尊周天子的觀念，仍然存在。是以在會諸侯之後，仍領十二諸侯朝天子。但到了「徐州相王」之後，各國開啓自尊、互尊為王的風氣。此時各諸侯殆已無視周室的存在。因為在尊王的背後所意味的，是各國諸侯在僭王後，其地位與周天子相侔。所謂「王室賜命」連形式上都不必要了。祗要國際間承認，大小諸侯都可以尊王；或者祗具備實力，一國自尊或兩國互尊都可以稱王。這也是日後齊、秦互尊為「東、西帝」的史實背景。

再從國際形勢上分析，逢澤之會以後，列強的權力結構開始變化。從春秋以降，三晉一直是中原的權力核心；這個核心膨脹到最高點是逢澤之會時。其後三晉的勢力走下坡，代之而起是中原邊陲的齊、秦兩強。這種流程的轉變，全由縱橫策士在其間穿梭捭闔。原先抵擋荊楚入主中原的歷史任務，也

〔註33〕按魏襄王應是魏惠王之誤也。參瀧川龜太郎，《史記會注考證》，卷75，頁3。

由三晉之手轉到齊人手中，這其中又予秦國日益坐大的機會。種種的歷史特色，在「逢澤之會」到「徐州相王」之間，展現地淋漓盡致。

這兩個事件，相距的時間很短，但在戰國初、中期的歷史發展中，其間的過程卻是一個重要的轉關。

第三節　田嬰「封薛」與昭陽「易薛」

《戰國策》〈齊策一〉載：

> 齊將封田嬰於薛，楚王聞之，大怒，將伐齊。齊王有輟志。公孫閈
> 曰：「封之成與不，非在齊也，又將在楚。閈說楚王，令其欲封公也，
> 又甚於齊。」

其後，公孫閈往見楚王，剖析田嬰封於薛，實有利於楚。蓋「齊削地而封田嬰，是其所以弱也」。於是，楚王乃罷兵，田嬰始得就封於薛。

按田嬰封薛之年有諸說，其中以《竹書紀年》：「（魏惠後元）十三年四月，齊（威）王封田嬰於薛。」較爲可信〔註34〕。其年當繫於齊威王三十五年（前322）。

田嬰，即靖郭君。雷學淇謂：「田嬰封薛之時，居仲虺城，去郭邑最近，故曰靖郭君。」〔註35〕《史記》〈孟嘗君列傳〉云：「文（孟嘗君田文）之父曰靖郭君田嬰。田嬰者，齊威王少子，而齊宣王庶弟也。」然而據戰國策士昆辨說齊宣王的話來判斷，田嬰似非齊宣王弟。〈齊策一〉載：

> 「……王（齊宣王）之方爲太子之時，辨謂靖郭君曰：『太子相不仁，
> 過頤逐視，若是者倍反，不若廢太子，更立衛姬嬰兒郊師。』靖郭
> 君泣而曰：『不可，吾不忍也。』……」宣王太息，動於顏色，曰：
> 「靖郭君之於寡人，一至乎此，寡人少，殊不知此！……。」

從這段策文研判，田嬰之封靖郭君早在宣王之前；且嬰在宣王父威王時，似已居齊執政大臣之位，是以多少操廢立太子之權。《史記》之謂「宣王之庶弟」，不知所據何本。〈索隱〉據王劭辨《史記》之非，謂田嬰乃「諸田之別

〔註34〕雷學淇，《竹書紀年義證》，卷 39 云：「據〈齊策〉及《呂氏春秋》〈知士篇〉，宣王立而嬰辭之薛，則薛封於威王可知；當宣王時而曰『受薛於先王』，則薛爲威王所封更可知。《史記》謂齊閔王三年始封田嬰於薛，其說誤；《通鑑》及鮑彪《策》注謂是宣王封之，亦誤。」參《竹書紀年義證》，頁 298 上。下。
〔註35〕引自錢穆，《先秦諸子繫年考辨》，頁 344。

子」。〔註36〕

田嬰的封邑——薛，又稱徐州。其地東北緊靠魯、倪，西北與滕接壤。
西與宋相錯，東南毗臨邳國，薛南則爲楚淮北之地。齊國之封田嬰於薛。原
就是利用執政大臣與封邑之間切身利益的關係去捍衛它〔註37〕，其目的亦有
齊將視此地爲拒楚北上的橋頭堡。因此在田嬰封薛之後，曾修築薛城以自固。
〈齊策一〉載：「靖郭君將城薛，客多以諫。……乃輟城薛。」《韓非子》〈說
林下〉語同《國策》。而《淮南》〈人間篇〉與《新序》〈雜事二〉亦據爲本，
認爲靖郭君因客諫而放棄「城薛」的計劃。

但《竹書紀年》云：「（梁惠王後元）十三年四月，齊威王封田嬰於薛。
十月，齊城薛。」事實上，以薛在泗上地區的戰略地位，齊國沒有理由任其
殘破而坐視不管。蓋齊據地進可西扼宋、魏的侵擾，南阻楚人的北進；退可
控制泗上局勢，囊括泗上諸國。因此，「城薛」之事，當爲可信。1964 年，中
國科學院考古研究所對薛城遺址作過一次實地調查，在故薛城「第二號缺口
東側發現了清楚的兩次修築的痕跡」。〔註38〕

對於齊國一再鞏固薛城的行動，楚人並非無動於衷。錢穆謂：「薛南近楚，
齊以封嬰而居之，猶如往者楚之城陳、蔡，不羹而窺北方也。」〔註39〕是以，
楚對於這個攸關重要的戰略地位，一直耿耿於懷。「相王」事件後數十年，楚、
齊在泗上的諸多事端，幾乎都與徐州有關。

前節述「徐州相王」事件後，楚藉口「田嬰欺楚」而興兵大敗齊將申縛
於徐州。楚國固然「怒田嬰欺楚」，而欲「令齊必逐田嬰」；但究深一層來看，
楚著眼的重點仍在徐州一城的歸屬問題。

楚懷王六年（齊威王三十四年，前 323）楚柱國昭陽率兵攻魏，敗魏於襄
陵，昭陽乘勝回師東指齊國。後因陳軫以「畫蛇添足」之喻，勸說昭陽「不
若引兵而去以德齊」，昭陽乃「引兵而去」。此事〈齊策一〉及《史記》〈楚世
家〉俱載。然而兩書對楚攻齊之地點都無明確記載。錢穆認爲此事「與公孫

〔註36〕參《史記會注考證》〈孟嘗君列傳〉，頁 2。
〔註37〕參何浩，《楚滅國研究》（武漢出版社，1989 年），頁 80。
〔註38〕故薛城的調查中，發現有兩次修築痕跡。其中一次疑爲田文所修。《孟子》〈梁
惠王下〉謂「齊人將築薛」以逼滕，此即爲田文於薛之時。參中國科學院考
古研究所山東工作隊，〈山東鄒縣、滕縣古城址調查〉，《考古》1965 年，第
12 期。
〔註39〕參錢穆，《先秦諸子繫年考辨》，頁 342～343。

閒說楚王使封嬰者乃一事而兩傳」〔註40〕。若此，則昭陽回師東指齊國，其目標仍在徐州。再以情理推斷，由襄陵回師的楚軍，大概不會越過宋境的西北或魯境之北的齊國本土。這是楚企圖以武力干預徐州的事實；然而兩次都未達到預期的效果。

周慎靚元年（楚懷王九年，前320），齊威王薨，宣王繼立。宣王與田嬰之間似乎存在一些心結。〈齊策一〉云：「靖郭君之交大不善於宣王，辭之而薛。」楚國昭陽見機不可失，企圖利用這個矛盾，再一次對徐州進行干預。在同〈齊策一〉中，田嬰的策士昆辨對齊宣王的諫說中透露出這個訊息。〈齊策一〉載：

> 辨曰：「……至於薛，昭陽請以數倍之地易薛，辨又曰：『必聽之！』靖郭君曰：『受薛於先王，雖惡於後王，吾獨謂先王何乎？且先王之廟在薛，吾豈可以先王之廟與楚乎？』」又不肯聽辨。

表面上看來，這是一件很單純的「以地易地」的交易行為，而昭陽所提出的條件亦極優厚，蓋「以數倍之地易薛」。

然究深一層來看，昭陽之欲得薛邑，有著深刻的戰略意圖。其易薛的條件，若非經過楚當局的授意，至少需得楚中樞的同意；絕不是昭陽個人行為。所以「易薛」的計劃，祇是楚欲兼泗上的戰略，再一次表現其意圖罷了。但老謀深算的田嬰，反而用拒絕「易薛」的行動博得宣王的信任，重新擔任齊相。田嬰拒絕的理由冠冕堂皇，他說：「先王之廟在薛，吾豈可以先王之廟與楚乎？」以這番話，再驗同策云：「靖郭君衣威王之衣冠，帶其劍。宣王自迎靖郭君於郊，望之而泣。」（〈齊策一〉）便知田嬰將昭陽「易薛」的計謀，反過來發揮地淋漓盡致；而這一影響亦澤及其後代田文身上。

〈齊策三〉載：

> 孟嘗君在薛，荊人攻之。淳于髡為齊使于荊，還返過薛。而孟嘗君令人禮貌而親郊迎之，謂淳于髡曰：「荊人攻薛，夫子弗憂，文無以復侍矣！」淳于髡曰：「敬聞命。」至於齊，畢報。王曰：「何見於荊？」對曰：「荊甚固，而薛亦不量其力。」王曰：「何謂也？」對曰：「薛不量其力，而謂先王立清廟，荊固而攻之，清廟必危。故曰：『薛不量力而荊亦甚固』。」齊王和其顏色，曰：「譆！先君之廟在焉！疾興兵救之！」

據此則得知，田嬰在薛邑計立「先君之廟」，實有其深謀遠慮。否則以大臣貴族的封邑，實無必要爲先君立廟，何況這於禮也不合〔註41〕。蓋田嬰以「先君之廟」爲籌碼，作爲日後徐州接受齊國永久的保障，而「世世無患」於楚或其它列國的威脅。這個推論，從〈齊策四〉可以更得到證實，〈齊策四〉載：

> 馮諼誡孟嘗君曰：「願請先王之祭器，立宗廟於薛。」廟成，還報孟
> 嘗君曰：「三窟已就，君姑高枕爲樂矣！」

按馮諼師田嬰之故技，在薛邑另立宗廟。鮑彪注云：「靖郭君時已立廟矣，今又請立，則所謂宗廟者，非一王也。」田氏父子立宗廟於薛的動機與齊國封嬰於薛的原意，形成一種很微妙的互動。

從昭陽提出「易薛」的計劃被拒後，戰國列強的形勢又因秦國的崛起而注入新的變數。這個影響對楚國尤爲明顯，而楚國似乎也無力與齊國爭雄於泗上地區了。

楚懷王十六年（前313），秦惠王使張儀欺楚懷，楚的元氣大爲斲傷。《史記》〈楚世家〉載：

> 秦欲伐齊，而處與齊從親。秦惠王患之……使張儀南見楚王。謂楚
> 王曰：「……王爲儀閉關而絕齊，今使使者從儀西取故秦所分，楚高
> 之於地方六百里。」

秦惠以地誘楚絕於齊，而楚懷王遂「北絕齊交」。楚、齊絕交後，秦卻否認這個條件。於是楚遂興兵伐秦。〈楚世家〉又云：

> 十七年春，與秦戰丹陽，秦大敗我軍，斬甲士八萬，虜我大將軍屈，
> 裨將逢侯丑等七十餘人，遂取漢中之郡。楚懷王大怒，乃悉國兵，
> 復襲秦，戰於藍田。大敗楚軍。韓、魏聞楚之困，乃南襲楚至於鄧。
> 楚聞，乃引兵歸。

楚國一連串的折兵、損將、失地，其後楚的處境遂急轉直下。

〔註41〕《禮記》，卷25，〈郊特牲〉云：「諸侯不敢祖天子，大夫不敢祖諸侯。」但春
秋以來，這一規定漸被破壞，爲大夫的往往爲諸侯立廟。〈郊特牲〉又云：「公
廟之設私家，非禮也，由三桓始也。」但史料所傳，公廟私設也僅三桓及田
氏父子而已。

第四章　泗上諸侯的考古發現

　　本章所界定「泗上諸侯」，純就第二章所考出的「泗上十二諸侯」爲準。其中所選擇遺址、遺物的時間範圍，也以春秋戰國，尤其戰國時期爲主；蓋在此之前並沒有「泗上十二諸侯」一詞，而在此之後亦沒有「十二諸侯」之列國的存在。撰寫本章的目的，係以考古上的發現來補充說明前面幾章，祇從文獻上探求「泗上十二諸侯」種種之不足。

第一節　列國的城址與墓葬

一、城　址

　　考古界對泗上地區城址的調查中，以魯國曲阜所作的調查最爲完整。在曲阜的調查中，又以 1942 及 1943 年日人關野雄，駒井和愛等最早；不過他們所作的調查，基本上都是曲阜在兩漢及其以後的遺跡及遺物爲主。〔註1〕

　　1977 年，考古界對魯國故城展開較大規模的勘察〔註2〕。這是總合在此之前所調查的成果爲基礎，再對曲阜作較完整而深入的勘察。勘察工作從 1977 年 3 月到 1978 年 10 月結束。（見圖 4-1）

　　文獻上記載魯都曲阜的建立，係在西周初期，前面已敘。此其後又經過考古調查的證實，文獻上的記載可信。這是從遺址及城垣上的堆積所作的判斷，因爲在曲阜城垣的試掘中，都發現了早、晚期城垣互相疊壓的現象。而

〔註 1〕駒井和愛，〈曲阜魯城の遺跡〉，收於《考古學研究》冊 2（東京大學文學部考古學研究室），1951 年。

〔註 2〕《曲阜魯國故城》，山東文物考古研究所等編（山東：齊魯書社，1982 年）。這是第一部關於先秦故都的田野考古專集。

在城垣夯築技術日益進步的情況下，后期祇不過在前期城垣的基礎上增高加寬而已〔註3〕。從這些遺址、城垣的堆積看來、曲阜城的延續性很強，從兩周、春秋戰國到漢代都未中斷。這說明了魯自建都曲阜後，並未再他遷。這在先秦列國中，似乎是一項很獨特的例子。

圖4-1：魯故城東門遺址（南－北）

據實地探測，曲阜故城的城垣，四周不成直線，除南垣較直外，東、西、北三面均向外凸出，城垣四角成圓角。城垣總周長 11,771 公尺；其中東垣長 2,531 米、南垣 3,250 公尺，西垣 2,430 公尺、北垣 3,560 公尺〔註4〕。目前曲阜已發現十一座城門，東、西、北面各三座，南面兩座，各門都與城內大道相通。在先秦列國故城的城垣中，曲阜是保存較好的一座。（見圖4-2）

魯國故城在城市佈局上有其特點。曲阜與其它先秦列國都城不同。它的平面呈不規則的橫長方形，圓角。除南牆較直外，其他三面均彎曲不成直線，城內有較規整的佈局，中部偏北有宮城，宮城南有道通東南門、南門一公里餘有郊壇。宮城、東南門、郊壇成直線，構成魯城一條中軸線。在宮城東、東北、北、西北和西部，分佈著許多手工業作坊和居住址。西南部被曲阜縣城所壓，未知其詳。東南部則為大片空地〔註5〕。這種城廓分明，大圈圈套小

〔註3〕 同註2，參頁211～212。

〔註4〕 同註2，頁4。

〔註5〕 參《曲阜魯國故城》，〈魯城遺址鑽探〉，頁4～37。另參張學海〈關於齊，魯文化的幾個問題〉，收於蘇秉琦編《考古學文化論集》第2輯，頁184～198。

圖 4-2：魯故城城垣

● T602———604 城垣遺跡（西北－東南）

● T505 一期城垣里皮和殘高

● T505 三（中）、四（右）、五（左）期城垣疊壓關係

圈圈，宮城廓之中，東、西、北三面圍繞手工業作坊和居住區的格局，不同于其他東周城址，可能反映了西周城市的特點，也可能是〈冬官‧考工記〉所云：「匠人營國，旁三門……，左祖右社，面朝後市」的營國制度之藍本。

在魯國之南，有邾、滕、薛三個小諸侯國。其城址都已經發現了。

1941 年，日本關野雄繼曲阜調查後、曾到滕縣調查過滕城與薛城〔註6〕。1964 年，考古界對邾城、滕城、薛城作了系統的調查〔註7〕，成果甚豐。

邾城舊稱「紀王城」，在今山東鄒縣南，鄒嶧山下。城牆依山勢築建，東西兩牆均自嶧山南麓延自南面的廓山山頂；北牆則在今嶧山街村南，東至點將台；南牆則在廓山的山梁山，通過山的三嶧。東、西牆一般高，三至四公尺；南、北牆則高約一公尺餘。〔註8〕

薛城在今山東滕縣南約二十公里，官橋鎮西南二公里。薛城的城牆保存較爲完善，一般高約四公尺，最高處有七公尺多。〔註9〕

從 1984 年冬到 1986 年底，考古界繼續對滕縣薛國故城進行鑽探，試掘。經過測試的結果，得知薛城大城可能建于戰國時期，漢代繼續使用。在城的東南部探出一座小城，其東、南牆成直線與大城的東、南垣合一，西、北牆已湮沒於地下，地上全無痕跡。小城內的堆積厚二至三公尺不等，爲全城文化堆積最厚之處。試掘提供的地層疊壓關係自下而上依次爲山東龍山文化、岳石文化、商、西周、東周和漢。〔註10〕

從考古鑽探的結果，再結合文獻上的記載，對於薛城的修築經過，我們大致可以作如下的判斷，薛之小城爲舊城，其建城即爲始封之初〔註11〕，大抵在殷商以前。至戰國之際，田嬰受封於薛，因鑒于薛城地勢至要及薛舊城弱小，是以再修築薛城以自固〔註12〕。蓋薛邑小城總周長僅二千七百五十公

〔註6〕 關野雄，〈滕城と薛城の遺跡について〉，《中國考古學研究》（東京大學東洋文化研究所，1956 年）。此處微引自：李學勤，《東周與秦代文明》（臺北：駱駝出版社，1983 年），頁 119 及 126，註 16。

〔註7〕 中國科學院考古研究所山東工作隊，〈山東鄒縣，滕縣古城址調查〉，《考古》1965 年第 12 期。

〔註8〕 同註 7。

〔註9〕 李學勤，《東周與秦代文明》，頁 121。

〔註10〕 《文物考古工作十年》，文物編輯委員會編（北京：文物出版社，1991 年），頁 171。

〔註11〕 參第二章，第四節：「薛」。

〔註12〕 參第三章，第三節：「田嬰封薛」。

尺左右。而修築竣工之薛城，東牆長六百四十公尺，南牆六百六十公尺，西牆長七百三十公尺，北牆長七百二十公尺〔註 13〕，其面積遠較原小城寬廣多了。

滕在今山東滕縣西南七公里的東、西滕村一帶。滕舊城呈長方形，城牆平均高約二公尺，最高處保存有三公尺。滕城城牆的長度分別是，東五百五十公尺，南八百五十公尺，西五百九十公尺，北八百公尺。四周城牆均彎曲不成直線。〔註 14〕

泗上列國的城址，除了上述幾座考古界已經挖掘而提出報告以外，其餘各國的城址均未發現。

二、墓　葬

古墓葬和古遺址在研究社會歷史方面是相互補充的。在泗水地區發現的古墓葬數量甚多，這多少填補了此區在文獻上記載不足的缺憾。從墓葬的形式及出土的陪葬物，反應了泗水地區貴族及百姓的精神及物質種種層面。

魯國的墓葬，主要也是在其都城發現的。在魯城西部發現了五、六處墓地，其中四處作了試掘，共發掘各個時代的墓葬有一百三十七座，而可以確定為兩周墓葬有一百二十八座〔註 15〕。從這些墓室結構和葬式，可以區分出各不相混的兩種類型。考古界分別稱之為「甲組墓」與「乙組墓」。〔註 16〕

甲組墓是土著人（奄遺民）的墓，乙組是周人墓。在西周到春秋前期，兩者各自保持著自身特點；后來逐步融合而不可分，目前學術界仍無法做出結論。〔註 17〕

魯城西周甲組墓流行腰坑，內殉狗。春秋時期，殉狗、腰坑之風消失。葬式仰身直肢，西周時的頭朝南、春秋時期南、朝北皆有。隨葬陶器流行簋、豆等圈足器。陶器組合有「四偶」配組的原則，即皆呈二件或四件組合。四器之外一般都另加一罐。（見圖 4-3）

〔註 13〕同註 9。
〔註 14〕同註 6。
〔註 15〕同註 2，頁 89。
〔註 16〕參李學勤，〈曲阜周代墓葬的兩個類型〉，收於氏著《比較考古學隨筆》（中華書局，香港，1991 年），頁 20～29。
〔註 17〕張學海，〈關於齊、魯文化的幾個問題〉，頁 191。

圖 4-3：甲組春秋墓銅器

❶ 鼎 I 式 M201：1

❶ 鼎 II 式 M116：4

❶ 盤 M202：5

❶ 匜 M202：6

　　乙組墓中無腰坑，不殉狗，葬式皆仰身直肢，頭都朝北，墓葬中槨壁周圍經常有銅魚、蚌魚，出土時兩者經常放一起，當是「懸魚槨籠」的反應。隨葬陶器祇有鬲和平底罐，不見簋、豆等圈足器，也沒有盂。陶器的組合一般是鬲、罐，有的祇有鬲〔註 18〕。魯城墓葬的墓室結構、葬制、葬俗本身有其特點，與其它地區的周墓不同。而這些墓葬的發現，提供了研究魯國文化的資料。（見圖 4-4）

　　1984 年～1986 年，考古界對滕縣薛國故城進行鑽探、試掘。勘探中在薛城內和東牆外發現五處墓地；從中挖掘了一百餘座墓，年代自西周晚期到戰國時期。隨葬的陶器組合和器物形態獨具特徵，與齊、魯墓葬不同，特別是與魯墓差別很大。〔註 19〕

〔註18〕 參《曲阜魯國故城》，〈魯城墓葬試掘〉頁 89～132。另張學海，〈關於齊、魯文化的幾個問題〉。

〔註19〕 同註 10，頁 171。

圖 4-4：乙組墓銅器

⌒ 簋 I 式 M46：2

⌒ 簋 II 式 M49：2

⌒ 簋 I 式 M48：9

⌒ 壺 I 式 M30：32

⌒ 罐 M58：99

⌒ 缽 M58：91

1955 年，安徽壽縣城西門內蔡侯土坑墓中，出土大量的先秦陪葬器，數量及種類之多，在已知的春秋墓葬中罕見。計有簋、簠、鼎、段、尊、方鑒、圓鑒、編鐘、甬鐘等青銅器四百六十八件；另外還有玉器五十一件、金飾十二件、骨器二十八件及一些殘漆器和礪石。〔註20〕（見圖 4-5）

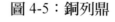

圖 4-5：銅列鼎

壽縣蔡侯墓，是 1955 年治淮工程中暴露出來的。這座墓的墓坑東、西寬七公尺，南、北長八公尺以上。沒有發現墓道，也沒有發現車馬坑。棺槨的重數不詳，墓底中央的棺痕東側有平行的殘朽肢骨，頭朝北，疑是殉葬的人牲。〔註21〕

在鄰近壽縣的淮南市蔡家崗，也發現兩座蔡侯墓。但這兩座墓葬已遭盜掘，殘存文物銅器較少。〔註22〕

淮南蔡家崗的兩座墓葬，墳丘都較爲龐大，兩者相距約兩百公尺。兩墓的規模與結構相似。墓坑均長五公尺，寬四公尺，北端又有墓道。由於盜掘者破壞得頗爲徹底，棺槨的結構與青銅禮器已莫知其詳了。但就其大致形制與壽縣的蔡侯墓大致相同。〔註23〕

古代墓葬是考古調查發掘的對象之一，而其所提供的資料遠遠超過了研究墓葬制度本身的範圍；因爲各個時代、民族和地區的特點，在墓葬制度中得到了充分的反映。春秋戰國時代，是中國古代民族分合轉變的關鍵之一；此時期的墓葬，各地區雖保持自身的特點，但稍稍逐漸融合的趨勢，已略見

〔註20〕安徽省文管會，博物館，《壽縣蔡侯墓出土遺物》（北京：科學出版社，1956 年）。
〔註21〕《文物考古工作三十年》（北京：文物出版社，1979 年），頁 232～233。
〔註22〕〈安徽淮南市蔡家崗趙家孤堆戰國墓〉，《考古》1963 年，第 4 期。
〔註23〕《新中國的考古發現和研究》，中國社科院考古研究所編著（北京：文物出版社，1984 年），頁 303。

端倪了。蓋墓葬制度在各地文化傳統的遞嬗中，是轉變最爲緩慢的一環；然而經過春秋戰國數百年的震盪與整合，各地的獨特文化逐步在融解中。取而代之的，是大地區的共同文化。這是時代的趨勢，但多少也可視爲戰國結束，秦統一天下前夕的文化基礎之一罷！

第二節　泗上列國銅器的發現

中國歷史上青銅器的制作，從夏、商時期一直到春秋戰國持續發展。在這二、三千年的過程裡，先後創造了幾個高峰〔註 24〕。而每一段時期的銅器制作，均富于某些時代的特色；以東周至春秋戰國爲例，此時期制作的青銅器，一般而言，以器形大，制作精，種類繁複爲其特點〔註 25〕。尤其進了戰國時代，隨著生產技術的普遍提高，銅器制作也不斷的創新與突破。就用途來說，此時期的青銅器幾乎涉及社會各個方面，這反應了青銅手工業，在列國社會生活中居於很重要的地位。（見圖 4-6）

泗上列國出土的銅器，數量甚多；而其種類亦極繁複，從禮器、兵器、用器到樂器均有。在文化圈的區分上，泗上列國出土的銅器，不像墓葬那麼獨具地區特色，而也被納入中原銅器文化圈裡，即此區在銅器制作上，和中原其它地區一樣，彼此出土的青銅器均具有很大的共性，而伴隨青銅器出土的其它器物，卻具有較多的地方色彩。〔註 26〕

傳世的魯國銅器不多；1932 年，曲阜孔林南的林前村，出土一批青銅器，爲魯大司徒元所作〔註 27〕。1969 年，曲阜縣城城外近西北城角處的護城河北

〔註 24〕 參《中國青銅器》，馬承源主編（上海：新華書店，1988 年），頁 2～4，在此書中，中國青銅器發展的起源，被訂在夏代二里頭文化時期。此說同于李學勤的主張；見李學勤，《中國青銅器的奧秘》（臺北：駱駝出版社翻印，1985年），頁 2～5；但也有些學者不同意上述説法，見白川靜，《金文的世界》（臺北：聯經出版社，1979 年），頁 2～3、白川靜氏認爲：青銅器最早產生於殷代中葉，即鄭州期。

〔註 25〕 《新中國的考古發現與研究》，中國社科院考古研究所編（北京：文物出版社，1984 年），頁 334～335。另參郭沫若，〈彝器形象學試探〉，該文收錄於氏著《兩周金文辭大系圖錄》，又收於氏著《青銅時代》附錄（重慶：文治出版社，1945 年；1983 年臺灣翻印），該文標識中國青銅器發展的幾個時期，其中以春秋戰國爲青銅器之新式期。

〔註 26〕 參李學勤，《中國青銅器的奧秘》第十一章〈中原青銅文化的傳播〉（臺北：駱駝出版社翻印，1985 年），頁 163～169。

〔註 27〕 曾毅公，《山東金文集存》上十五，1940 年。

圖 4-6：青銅時代鼎形器之演進

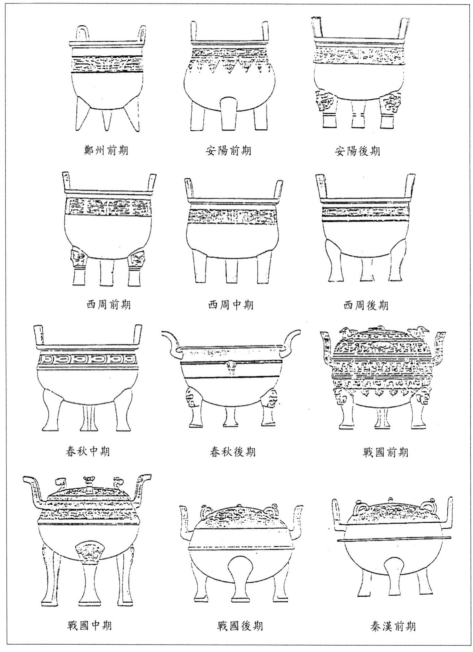

鄭州前期　　　　　　安陽前期　　　　　　安陽後期

西周前期　　　　　　西周中期　　　　　　西周後期

春秋中期　　　　　　春秋後期　　　　　　戰國前期

戰國中期　　　　　　戰國後期　　　　　　秦漢前期

🎧 由商代早期鄭川式的小耳、深腹、尖椎形足，到安陽及西周淺腹圓柱形足，發展到西周中晚期的獸蹄形足，都是基於實用的須要而改變的，獸蹄形足腹下空間較大，受火亦較多。而後到了春秋就設計了鼎蓋，煮肉易熟而味美。但戰國的銅鼎一般來說器壁較薄，花紋精美，而獸蹄形足較短，此類鼎或許是「列鼎而食」的列鼎之一。

岸發現了一批魯國青銅器，其中有簋、豆、銅鈴等。〔註28〕

　　從 1971 年起，考古界對魯城曲阜進行全面鑽探，陸續在曲阜的墓葬中，發現數量甚多的青銅器；在器制的種類上，亦較以往繁複多了。出土銅器中，大致有禮器、兵器、車馬器等〔註29〕。其中有兩座墓葬出土的銅器，分別刻有「魯司徒仲齊」和「魯伯悆」的銘文〔註30〕，這大概可以說明該墓葬的性質。（見圖 4-7）

圖 4-7：侯母壺

　　春秋早期
　　通高 38 公分
　　腹徑 20 公分
　　1977～1978 年山東曲阜望父臺出土曲阜文管會藏。
　　壺蓋作蟠龍形。器為直領，腹下膨，低圈足。蓋側有兩小繫，器身有四繫，可以穿繩。器肩飾兩首相對成橫 S 形的蝸紋。器腹飾三角編織紋，中夾卷曲龍紋帶。圈足飾垂鱗紋。器領有銘文一行，計十五字。壺同出共一對，出自魯司徒仲齊墓。從墓中青銅器形制看，此壺造型特異，應屬春秋初期。

〔註28〕 齊文濤，〈概述近年來山東出土的商周青銅器〉，《文物》1972 年，第 5 期。

〔註29〕 魯城甲組墓共出土銅器皿二十二件，器形有鼎、盆、、盤、匜、蓋豆、舟等七種，另有少量兵器和車馬器；乙組墓中出土的銅器，器形包括容器、服飾器、兵器、車馬器、器形有鼎、甗、簋、簠、壺、盤、匜罐、缶、鐎壺、等十二種四十六件。參《曲阜魯國故城》，頁 107 及頁 145。

〔註30〕 參《新中國的考古發現和研究》，頁 288。

　　邾雖然小國，但是傳世的青銅器卻很多。著錄邾國傳世銅器，有「邾公
牼鐘」、「邾公華鐘」、「邾公鐘」、「邾公釷鐘」〔註31〕。其中能確定作鐘之邾
國國君、爲邾宣公牼及邾悼公華〔註32〕。這些器物雖很重要，可惜都缺少可
靠的出土地點。1972 年，嶧山之陽邾國故城，出土銅鼎一件，鼎腹內有銘文
十七字。〔註33〕

　　　弗敏父乍孟姒

　　　□朕鼎其眉

　　　壽萬年永寶用

據其意判斷，大概是媵器之類的銅鼎。

　　1963 年，山東肥城小王莊發現過一批陳侯爲其女陪嫁用的媵器。有二壺、
二鼎、二鬲、二簠、盤、勺、匜，共十三件。傳世陳國銅器不少，但確知出
土地點的成組陳器，這是第一次發現。〔註34〕

　　陳侯壺，高五十公分左右。兩耳作象首銜環，象鼻上捲。腹飾十字帶紋。
蓋、器同銘，三行十三字：

　　　敶侯乍嫣

　　　曶媵壺

　　　□其萬年永寶用

陳國在今河南，田氏代齊之陳，金文均從土，兩者易于區別。嫣曶爲陳侯之
女；陳侯爲嫣姓，文獻已載。銅器的銘文與文獻記載相符。

　　在小王莊出土的銅器銘文裡，也出現了一個春秋中葉的小國——「蓼」。
「土父鬲」、束領、蹄足、腹有三稜、腹飾捲體，口內有銘文十八字：

　　　嬰土父乍爲改障鬲

　　　其萬年子子孫孫永寶用

按嬰爲姓、土父其名，爲字疑爲蓼。蓼，古國，《左傳》文公五年云：「冬，

〔註31〕郭沫若，《兩周金文辭大系》（北京：科學出版社，1957 年），頁 190～192。
　　　另參陳槃，《譔異》，頁 131 下，〈邾〉。
〔註32〕見郭沫若前註。另參陳公柔，〈滕國、邾國青銅器及其相關問題〉，收於《中
　　　國考古學研究——夏鼐先生五十周年考古紀念論文集》、（北京：文物出版社，
　　　1986 年），頁 182～183。
〔註33〕見王言京，〈山東鄒縣春秋邾國附近發現一件銅鼎〉，《文物》1974 年，第 1
　　　期，頁 76。
〔註34〕齊文濤，〈概述近年山東出土的商周青銅器〉，《文物》1972 年，第 5 期，頁 3
　　　～18。

楚公子爕滅蓼。」蓼在今河南固始，霍邱一帶〔註35〕。另外出土的「象首紋
簠」造型獨特，是同類器物中比較罕見的。

　　1973 年，薛城遺址發現四件春秋時期有銘銅簠。這四件銅簠皆爲薛國貴
族所作。其中薛子仲安簠三件，薛仲赤簠一件。〔註36〕（見圖 4-8）

圖 4-8：青銅簠

銘　文

🎵 西周（公元 11 世紀～公元前 771 年）
　通高 17.3 公分　1984 年安徽省利辛縣管台子出土
　簠是古人盛黍、稷、稻、粱之器，文獻中又稱“胡”或“瑚”。
　銅簠兩件，均作長方形。口外侈，腹下收，下有四矩形短足，上有蓋。蓋與器形
　狀相同，上下對稱，合成一體。在蓋與器的兩短邊坡面鑄有上下相應的獸首耳。
　器身與蓋上布滿富麗的花紋，有夔龍紋、象首紋、鳳鳥紋、雲紋等。二器蓋頂圖
　案，一爲爲夔龍紋，另一爲夔鳳紋。
　兩器造型規整，製作考究，花紋細密。尤其是鳳鳥紋與其他紋飾的有機結合，增
　強了裝飾效果，是同類青銅器中的佼佼者。

　　滕州市姜屯鄉的莊里西遺址，舊志稱漢公丘縣城，近年來了出土了許多
滕國的青銅器，如滕侯鼎、滕公鬲等〔註37〕。李學勤認爲「滕公鬲」應即滕
國祭祀首封之君錯叔繡之遺物〔註38〕。1983 年，莊里西遺址出土了編鐘，編
鎛、編磬、兵器和車馬器，特別是滕侯編鐘一套九件、保存十分完整，非常
珍貴〔註39〕。由于不斷出土滕侯、滕公之器，說明這裡曾是滕國貴族的墓地。

　　衛國沒有戰國時期著錄傳世的青銅器，而泗上列國出土的銅器中，屬於

〔註35〕同註34。另見楊伯峻，《春秋左傳注》，頁 540。
〔註36〕萬樹瀛、楊孝義，〈山東滕縣出土杞薛銅器〉，《文物》1978 年，第 4 期，頁
　　　　94～96。
〔註37〕萬樹瀛、楊孝義，〈山東滕縣出土西周滕國銅器〉，《文物》，1979 年，第 4 期。
〔註38〕李學勤，《東周與秦代文明》，頁 121。
〔註39〕《文物考古工作十年》，文物編委會編（北京：文物出版社，1990 年），頁 171。

衛國的青銅器，目前能辨認的，也僅一組而已。1978 年，泌陽秦墓出土器物
四十二件，計有銅器鼎、壺、蒜頭壺、鍪、盤、匜、盒、勺、漆器盒。耳杯，
舟等，其中出土鼎器的蓋，身各刻有銘文兩處。蓋上銘文一處十行二十三字：

　　二八年

　　坪安

　　邦𣄴

　　（司）客財（鼎）

　　四分霝

　　一益（鎰）

　　十釿

　　半釿

　　四分釿

　　之冢（重）

另外一處八行十七字：

　　三十二年

　　單父

　　上官

　　勺（庖）亏（宰）熹

　　所受

　　坪安

　　君者

　　也

器身銘文與蓋銘基本相同。漆盒上有紀年「三十五年」題記〔註 40〕。李學勤
考證器、蓋上銘文之「單父」的地點，認為單父在今山東曹縣境內，春秋時
屬魯，戰國時屬衛。這些平安君鼎器銘字體為六國古文，原係衛器，後成為
秦人之戰利品〔註 41〕。平安君鼎及漆器盒是目前能夠辨認出來的唯一一組戰
國晚期衛國文物。

　　1954 年，山東省文物管理處收到嶧縣文化館送來銅罍二件。兩件銅罍造
型一致，惟一件耳缺一環。銅罍器高 28.5 公分，口徑 21.3 公分，腹徑 36 公

<hr>

〔註40〕 李芳芝，〈河南泌陽秦墓〉，《文物》1980 年，第 9 期，頁 15～24。

〔註41〕 李學勤，〈秦國文物的新認識〉，《文物》1980 年，第 9 期，頁 25～31。

分，口緣環有銘文二十九字：

　　佳（惟）正月初吉

　　丁亥

　　不白（邳伯）夏子自乍（作）障（尊）罍

　　用蘄釁（眉）壽無疆

　　子〞孫〞永寶用之

兩罍同銘，其制作亦十分規整，似為戰國時期之作品〔註42〕。這兩件罍器的發現，多少對邳國在文獻上的闕失，具有啟示的作用。（見圖4-9、4-10、4-11）

圖4-9：邳伯罍（一）　　圖4-10：邳伯罍（二）

⍾戰國早期　器高28.5公分　口徑21.3公分　腹徑36公分
1954年，山東峰縣文化館送交山東文物管理處

　兩罍口緣環有銘文：佳（惟）正月初吉，丁亥，不白（伯）夏子自乍（作）障（尊）
　　　　　　　　　罍，用蘄釁（眉）壽無強，子〞孫〞永寶用之。

　兩罍同銘，造型一致：均大腹，上為細鉤曲紋，中為蟠虺紋一道，接以垂葉紋，
內作蟠虺。製作規整，似為戰國早期作品。圖4-10資料同前，惟耳邊之圈已掉。

圖4-11：銅罍腹部花紋拓片（3/5）

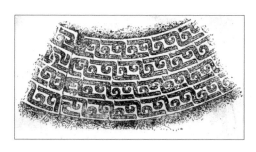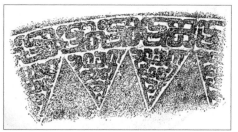

〔註42〕王獻唐，〈邳伯罍考〉，《考古學報》1963年，第2期。另收錄於氏著《山東古
　　　　國考》（齊魯書社，1983年），頁263～275。

圖 4-12：
蔡侯銘文

1955 年，安徽壽縣蔡侯墓出土了一批春秋戰國之際的標準青銅器。這批出土的青銅器數量之多是已知春秋戰國墓葬中罕見的。經整理出來，銅器計有鼎、尊、鬴、鼎等四百八十六件，其中有銘銅器六十二件。〔註43〕

在壽縣蔡侯墓所出土銅器的銘文，屢見作器者「蔡侯
▓」之名。對此學術界曾展開熱烈的討論，因而提出蔡侯
▓為平侯（前 530～522）〔註44〕，悼侯（522～519）〔註45〕，
昭侯（前 518～491）〔註46〕，成侯（前 490～472）〔註47〕，
聲侯（前 471～457）〔註48〕，元侯（前 456～451）〔註49〕，
六種不同的說法。據文獻及其它出土資料考證，似以昭侯
申較為可信。〔註50〕（見圖 4-12、4-13、4-14）

圖 4-13：蔡侯申蟠螭紋鼎

◖ 春秋晚期
通高 69 公分　口徑 62 公分
1955 年安徽壽縣西門出土
安徽省博物館藏
平蓋，中起六小柱承環，成為捉手，周圍有三環鈕。器為附耳，深腹，口沿下飾弦紋，下為蟠螭紋帶。蹄足較細長，上部飾浮雕狀獸面。蓋器對銘二行六字。
鼎自名為鼎。器主據銘文為蔡侯申，即蔡昭侯，立於公元前 518 年，卒於公元前 491 年。蔡侯名以往頗多爭論，近年始為學者釋出。

〔註43〕《壽縣蔡侯墓出土遺物》，安徽省文物管理委員會編（科學出版社，1956 年）。
　　　　另參陳夢家，〈壽縣蔡侯墓銅器〉，《考古學報》，1956 年，第 2 期，頁 95～123。
〔註44〕《五省出土重要文物展覽圖錄》唐蘭〈序言〉（文物出版社，1958 年）。
〔註45〕同註 44。
〔註46〕陳夢家，〈壽縣蔡侯墓銅器〉，《考古學報》，1956 年，第 2 期，頁 95～123。
〔註47〕史樹青，〈對《五省出土文物展覽》中幾件銅器的看法〉，《文物參考資料》，
　　　　1956 年，第 8 期，頁 49～50。
〔註48〕郭沫若，〈由壽縣蔡器論到蔡墓的年代〉，《考古學報》，1956 年，第 1 期，頁
　　　　1～5。
〔註49〕李學勤，〈談近年新發現的幾種戰國文字資料〉，《文物參考資料》，1956 年，
　　　　第 1 期，頁 48～49。
〔註50〕參本書第二章第三節：「泗上十二諸侯」分國考述（中），六：蔡。另見于省
　　　　吾，〈壽縣蔡侯墓銅器銘文考釋〉，《古文字研究》第 1 輯，頁 40。

圖 4-14：蔡侯申鼎

♪ 春秋晚期　高 46.5 公分　口徑 44 公分
1955 年安徽壽縣西門出土　安徽省博物館藏
鼎立耳外撇，束腰，平底，蹄足。口沿及腹下緣
飾密點紋，腹中間一道弦紋，周圍有六雲片狀扉
稜。足上部飾獸面。腹內銘二行六字。出土時內
有一匕。
形制類似王子午鼎，但無蓋，紋飾亦較簡素，自
名爲鼎，與同出蟠螭紋大鼎有區別。同出七件，
尺寸遞減，最大的高約 52 公分，最小的高約 42
公分。壽縣西門蔡侯墓青銅器顯然受楚國影響，
鼎的形制是其明證。

圖 4-15：嵌紅銅龍紋敦

♪ 春秋晚期
通高 33 公分　口徑 22 公分
1955 年安徽壽縣西門出土
安徽省博物館藏
蓋器相合近球形。蓋上有三鈕，可
卻置，並有雙環耳。器側環耳與蓋
耳相應，下有三蹄足。通體飾嵌紅
銅龍紋。足上部有獸面，下端作獸
首形。此類敦俗稱「西瓜鼎」。壽
縣蔡侯墓出兩件，此件較大，是這
種敦較早的實例。

　　蔡昭侯墓出土鼎的器制有三種，自銘爲「鼎」的帶蓋大鼎；另外七件自
銘爲「鼎」的平底無蓋鼎，及十件帶蓋鼎，形制相近，其中六件成對，大小相
次，都自銘爲「鼎」，另一件鼎無銘。其它伴著出土的有：八簋、四簠、八鬲、
鋪、豆、敦、壺、盥缶各二，方圓兩種形制的尊缶和鑒各二，以及盤、匜等。
（見圖 4-15）

　　在樂器方面，有自銘爲「歌鐘」的編鎛及銘爲「行鐘」及「歌鐘」的紐
鐘；另外還有金鈲和錞于各一件。

　　繼壽縣蔡侯墓的發掘，1959 年，在淮南市蔡家崗趙家孤堆又發掘一座蔡
侯產墓。此墓發掘時已被盜過，但仍出土鐶、劍、戈、鏃、鐵等兵器、車馬
器共一百零二件〔註 51〕。其中較重要的錯金絲鳥篆文的「蔡侯產」劍三把；
鑄文六十三字的「紹侯」戈一件；鑄文三十六字的「吳王諸樊」劍和十字的

〔註 51〕馬道闊，〈安徽淮南市蔡家崗趙家孤堆戰國墓〉，《考古》1963 年，第 4 期，頁
　　　　204～212。

「吳王夫差」戈各一件；另十二字的「越王者旨于賜」劍兩把。（見圖 4-16）

圖 4-16：越王丌北古劍

（267.銘文）　 1.5cm

⚲ 戰國（公元前 475 年～公元前 221 年）
長 64 厘米　1987 年安徽省安慶市出土
劍身中脊棱起，兩從坡下。圓莖，莖上有雙箍，圓形劍首。莖、身間有護手的"格"。
劍格兩面和劍首上有鳥篆銘文。部分銘文錯金。劍格銘文："越王丌北古自作用劍"。劍
首銘文："唯越王丌北古自作公之用之劍"。丌古即越王盲姑，《史記。越王句踐世家》又稱
他為"不壽"。是越王句踐之孫，越王鼫與之子。
該劍保存完好，鋒刃銳利，鳥篆銘文富麗高雅，為研究越國歷史提供了資料。

　　這座墓出的器物有吳、越、蔡等國器物，多少啓發了我們對這些國家彼
此溶合的史實聯想。關於蔡聲侯墓所出之蔡器與吳、越兵器，其間對銘文的
考釋及史實的疏證，陳夢家、商承祚、容庚等人有一些專文可供參考。〔註52〕
（見圖 4-17、4-18）

圖 4-17：蔡公子加戈

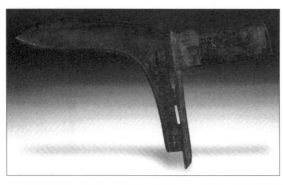

1.3cm
（297.銘文）

⚲ 春秋晚期　長 22.5 公分　胡長 8.1 公分　上海博物館藏
戈三穿中胡，方內。內上一狹長穿，另有一圓孔。援上刃與內平行。內面有錯
金紋飾，胡上錯金銘文「蔡公子加之用」二行六字。
銘文字體已美術化，「用」字附加鳥形裝飾，即鳥書。錯金銘文當時在南方各
諸侯國盛行。

〔註52〕見《新出土金文分域簡目》，中華社科院考古所編《考古學專刊。乙種第二十
　　　　二號》（北京：中華書局，1983 年），頁 172～174。

圖 4-18：銅　戈

　　壽縣、淮南兩地外的蔡侯墓外，湖北宜城和河南潢川也發現過蔡國銅器。
宜城安樂垞出土的「蔡侯朱之缶」，是 1955 年發現的〔註53〕。其器物形制與
蔡昭侯墓鹽缶相似。（見圖 4-19）1966 年，潢川高稻場發現七件銅器，器物出
土排列整齊，疑是出自墓葬。出土銅簠銘文有「蔡公子義工作飲簠」八字，
其它鼎、敦、舟、盤、匜和鹽缶皆沒有銘文，但其形制也近似蔡昭侯墓出土
的銅器。〔註54〕

圖 4-19：蔡侯朱缶

局　部

❶ 春秋晚期　高 40 公分　1958 年湖北宜城安樂垞出土　湖北省博物館藏
　　缶為素面，小口直領。圖肩鼓腹，假圈足，平底。肩部兩側各有二繫，連接垂
　　鏈式環。環呈兩首蛇形，蛇身飾絢紋。肩上銘「蔡侯朱之缶」五字。
　　蔡侯朱於公元前 522 年即位，次年被迫奔楚。缶出於楚地，與史事相合。

〔註53〕仲卿，〈襄陽專區發現的兩件銅器〉，《文物》，1962 年，第 11 期，頁 64～65。
〔註54〕歐潭生等，〈河南潢川縣發現黃國和蔡國銅器〉，《文物》1980 年，第 1 期，頁
　　　　46～50。

　　1978 年春，河南固始縣城東南，發掘了一座古墓旁邊的隨葬坑，坑內的大型木槨埋藏有編鐘、編鎛、列鼎等銅器和車馬飾，（見圖 4-20、4-21）還有木瑟、鼗鼓等漆木器；最罕見的是出土大、中、小型肩輿三乘。小肩輿制作極為精美，表面髹漆，并有許多花紋精美的銅飾。〔註55〕

圖4-20：龍紋壺　　　　　　圖4-21：嵌紅銅龍紋方豆

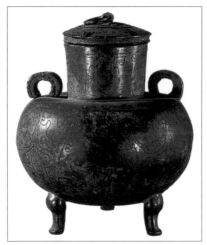 

🎧 春秋晚期

通高 19 公分　口徑 7.5 公分

1978 年河南固始侯古堆出土

河南省文物研究所藏

壺蓋中央有鈕貫環。器直領，鼓腹，肩上有兩環耳。腹下有三小蹄足。飾線刻的龍紋。此器形制特異，花紋類於常見嵌紅的龍紋，而改有線刻勾勒，別出心裁。

🎧 春秋晚期

通高 30.5 公分　口徑 7.3 公分

1978 年河南固始侯古堆出土

河南省文物研究所藏

蓋頂四隅有一環紐，兩側有環耳。器兩側有環耳，與蓋耳上下相應。通體鑲嵌紅銅龍紋。方豆同出偶件，光澤無銹，色彩金紅分明。類似器物的年代有可下限到戰國早期。

　　此坑出土另有銅簠二件，腹內銘文三行二十字，銘為：

　　　有殷天乙唐孫宋公

　　　乍其妹勾敔（吳）夫人季子

　　　媵匿（簠）

從銘文上判斷，此簠當是宋景公為其妹「吳國夫人」季子所作的陪嫁媵器。（見圖 4-22）據此可知隨葬坑的年代約當春秋末年至戰國初期〔註56〕。編鎛八件，

〔註55〕　〈河南固始侯古堆一號墓發掘簡報〉，固始侯古堆一號墓發掘組，《文物》，1981年，第 1 期，頁 1〜8。

〔註56〕　同註 55。

其中除了編號 4 號無銘外，其餘鎛鐘的鉦、鼓部均有相同的銘文，皆七行四
十六字：

　　　隹正月初吉丁亥
　　　□□擇其吉金自
　　　乍龢鐘□□倉嘉
　　　乎方來子樂父兄
　　　萬年無期□□參
　　　壽其永鼓之百歲
　　　外□之韻

編鐘九件，每件均有銘文，唯銘文的字數與位置不盡相同。鐘銘上的原有人
名均被鏟掉，再刻上「鄱子成周」〔註57〕。鄱即番（潘），亦即寢邱，即今固
始縣北關外的春秋戰國時代大型遺址，部份城垣至今尚存。〔註58〕

　　從泗上地區發現的戰國銅器來看，泗上列侯與中原文化圈關係較為密
切。他有別於九夷與吳越涵蓋下的文化圈，而較接近齊魯文化。

<h3 style="text-align:center">圖 4-22：宋公欒簠</h3>

♪ 春秋晚期　通高 25 公分　口長 33.5 公分
　1978 年河南固始侯古堆出土　河南省文物研究所藏
　蓋器形基本相同，有伏獸形耳，曲尺形足，使蓋能卻置。飾細密的卷
　雲紋。器銘二十字，記宋公欒為其幼妹勾吳夫人製作該器。
　簠出一對。宋公欒即宋景公，即位於公元前 516 年，過去曾有他所作
　鼎、戈見於著錄。此簠形制樸質，花紋也不多見，為宋器特有風格。

────────────────

〔註57〕《新出土金文分域簡目》，頁 42 上。
〔註58〕《文物考古工作三十年》，文物編委會編（北京：文物出版社，1979 年），頁
　　　　280。

第五章　結　論

　　齊、楚兩強在泗上地區的對立，顯示出這個地區在戰國時期戰略地位的重要，而這種對立的狀態，一直到齊國滅宋之後，局勢始得改觀。自此以後，列國混戰的局勢更爲加劇。

　　按齊國滅宋之後，兼有宋之淮北地，一時聲勢很盛，直接威脅到三晉和楚，同時也令遠在西鄙的秦感到不安。於是各國之間的活動頻繁，列國的矛頭同時指向齊。於是秦國便以盟主的地位來主謀合縱伐齊了。

　　前 284 年，秦、燕、韓、趙、魏五國之兵伐齊。齊將觸子率兵，與五國戰於濟西。但齊國因內部失和〔註1〕，將帥毫無鬥志，故一再潰敗，幾至滅國。魏、燕趁機占領齊國大部分土地。

　　而楚國也趁著「五國伐齊」之際，打著「將兵救齊」的名義，揮軍北上。最後楚將淖齒殺齊閔王，與燕共分齊之侵地、鹵器〔註2〕。在諸國攻齊時，魯國渾水摸魚，也就近佔領齊的薛邑〔註3〕。薛邑因此又改稱徐州，成爲魯邑。但魯占領徐州後不久，楚考烈王又興兵伐魯，同時也入據徐州。〔註4〕

〔註1〕《戰國策》〈齊策六〉云：齊負郭之民有狐咺者、正議，閔王斲之檀衢，百姓不附；齊孫室子陳舉，直言，殺之東閭，宗族離心；司馬穰苴、爲政者也，殺之，大臣不親。」百姓、宗族、大臣的離心，導致齊國內部不穩，而令各國有機可乘。

〔註2〕事見《戰國策》〈齊策六〉與《史記》〈田敬仲完世家〉。

〔註3〕《呂氏春秋》〈首時篇〉載：「齊以東帝困于天下，而魯取徐州。」《史記》〈魯國公世家〉載楚考烈王（前261）：「楚伐我（魯），取徐州。」徐州之地終於淪爲楚國之手，而楚也自至發展出併吞泗上其它列國的戰略。（見何浩，《楚滅國研究》，頁 84～86。）

〔註4〕同註3。

　　泗上諸侯在戰國列強的紛擾中，並不具有左右局勢的地位；但其地分佈在齊、楚與晉等列強的交戰之域，以當時的國際情勢而言，這裡除了扮演列強之間的緩衝地區以外，別無其它選擇。蓋列強在此連年的征戰，使其無法發展起來，應是最重要的關鍵。另外，這地區的列小侯又多半是以城邑為國，其發展的潛力，又不如秦、楚或三晉等，可以發展腹地甚廣的國家。然而在列強均勢的對立下，這些國家也賴此倖存下去。否則以其周圍環伺的各強國，如齊、楚、魏等，大概都具有實力兼併此區的列小侯。再者，環伺四圍的列強，似乎也以引領「泗上十二諸侯」為代表某些意義上的指涉。因此，在此四周的列強動輒以「右縈右拂」泗上十二諸侯，來抬昇某種象徵地位。〔註5〕

　　但不管「泗上十二諸侯」，在什麼情況下被提出引用，這個「集合」數字應是具有實際的涵義；也許我們可以更具體地解釋「泗上十二諸侯」，為戰國之時邊近泗上之側的十二個弱小諸侯國家。它們能在錯綜複雜的戰國險惡環境下生存，實在具有不尋常的意義。

〔註 5〕見《史記》〈楚世家〉。

徵引書目

徵引書目說明：

一、甲項收清及清代以前著作，其下又別爲五類：一、經部；二、史部；三、
　　子部；四、集部；五、類書、經說、考訂、箚記、小學、地理等。

二、乙項收民國以後之專著。

三、丙項收民國以來見於叢書或期刊之單篇論文。

四、甲項以類分先後；乙、丙兩項依書名筆劃爲序，以便查索；其無作者姓
　　名者，則附於該項之末。

五、本書目僅列論文徵引者，其它相關參考書，若文中未引者一概省略。爲
　　尋統一，出版年代均以西元書寫。

一、清及清代以前著作

（一）經　部

1. 唐‧孔穎達等，《十三經注疏》：藝文印書館景嘉慶二十年南昌府學刻本。

2. 晉‧杜預，《春秋經傳集解》：上海古籍出版社，1978 年。

3. 晉‧杜預，《春秋釋例》：中華書局景《古經解彙函》本。

4. 宋‧葉夢得，《春秋考》：武英殿《聚珍版全書》本。

5. 宋‧葉夢得，《春秋左傳讞》：商務景《文淵閣四庫全書》本。

6. 宋‧胡安國，《春秋胡氏傳》：商務印書館《四部叢刊續編》景常熟瞿氏
　　鐵琴銅劍樓藏宋刊本。

7. 清‧陳厚耀，《春秋世族譜》：《鶴壽堂叢書》本。

8. 清‧顧棟高，《春秋大事表》：廣學社印書館景同治十三人山東尚志堂刊
　　本。

9. 清・惠棟，《春秋左傳補註》：復興書局景《清經解》本。

10. 清・沈欽韓，《春秋左氏傳補注》：復興書局景《清經解續編》本。

11. 清・洪亮吉撰，李解民點校，《春秋左傳詁》：中華書局，1987 年。

12. 清・馬宗璉，《春秋左傳補注》復興書局景《清經解》本。

13. 清・高士奇，《左傳紀事本末》：里仁書局景排本。

14. 日・安井衡，《左傳輯釋》：廣文書局景本。

15. 日・竹添光鴻，《左氏會箋》：廣文書局景本。

16. 清・孫詒讓撰，王文錦、陳玉霞點校，《周禮正義》：北京中華書局，1987 年。

17. 清・孫希旦集解，沈嘯寰、王星賢點校，《禮記集解》：北京中華書局，1989 年。

18. 清・王聘珍解詁，王文錦點校，《大戴禮記解詁》：北京中華書局，1983 年。

19. 清・劉寶楠，《論語正義》：復興書局景《清經解》本。

20. 清・焦循，《孟子正義》：中華書局《四部備要》本。

21. 清・陳士珂，《韓詩外傳疏證》：《文淵樓叢書》本。

22. 清・焦循，《毛詩補疏》：《皇清經解》本。

23. 清・陳奐，《毛詩傳疏》：《續清經解》本。

24. 清・雷學淇，《介庵經說》：《叢書集成初編》本。

（二）史　部

1. 漢・司馬遷撰，日・瀧川龜太郎考證，《史記會注考證》：東方文化學院原刊本。

2. 漢・司馬遷，《史記》（三家注本）：鼎文書局景點校本。

3. 漢・班固撰，唐・顏師古注，《漢書》：鼎文書局景排本。

4. 漢・班固撰，清・王先謙補注，《漢書補注》：新文豐出版公司景長沙虛受堂刊本。

5. 南朝・范曄撰，唐・李賢注，《後漢書》：鼎文書局景排本。

6. 〔舊題〕周・左丘明撰，吳・韋昭解，《國語》（明道本）：藝文印書館景嘉慶庚申讀未見書齋重雕本。

7. 〔舊題〕周・左丘明撰，吳・韋昭解，《國語》（點校本）：九思出版社景排本。

8. 清・林春溥等，《竹書紀年八種》：世界書局《史學名著》本。

9. 清・徐文靖，《竹書紀年統箋》：藝文印書館景光緒三年浙江書局刻本。

10. 清・雷學淇，《竹書紀年義證》：藝文印書館景排本。

11. 清・陳逢衡，《竹書紀年集證》：嘉慶十八年裛露軒刻本。

12. 漢・劉向編，《戰國策》：里仁書局景排本。

13. 東漢・宋衷注，清・秦嘉謨等輯，《世本八種》：西南書局景排本。

14. 宋・司馬光，《資治通鑑》：華世出版社景排本。

15. 宋・司馬光撰，王令亦點校，《稽古錄點校本》：中國友誼出版公司，1987年。

16. 清・朱右曾，《逸周書集訓校釋》：藝文印書館景道光二十六年刻本。

17. 清・馬驌，《左傳事緯》：廣文書局景《筆記叢編》本。

18. 清・馬驌，《繹史》：廣文書局景《筆記叢編》本。

19. 清・高士奇，《左傳紀事本末》：里仁書局景排本。

20. 清・陳厚耀，《春秋戰國異辭》：鼎文書局《文淵閣四庫全書》本。

21. 唐・劉知幾撰，清・浦起龍釋，《史通通釋》：里仁書局景排本。

22. 元・馬端臨，《文獻通考》：商務印書館《十通》本。

（三）子　部

1. 〔舊題〕周・墨翟撰，清・孫詒讓閒詁，《墨子閒詁》：河洛圖書出版社景日本《漢文大系》本。

2. 〔舊題〕周・莊周撰，清・郭慶藩集釋，王孝魚點校，《莊子集釋》：華正書局景排本。

3. 周・荀卿撰，清・王先謙集解，《荀子集解》：蘭臺書局景日本《漢文大系》本。

4. 漢・董仲舒撰，清・蘇輿義證，《春秋繁露義證》：商務出版社景刻本，1976年。

5. 清・陳立，《白虎通疏證》：復興書局景《清經解續編》本。

6. 漢・劉向編，日本・武井驥纂註，《新序纂註》：廣文書局景本。

7. 漢・劉向編，《說苑》：中華書局《四部備要》本。

8. 清・郝懿行，《山海經箋疏》：藝文印書館景刻本。

（四）集　部

1. 宋・朱熹，《晦菴先生朱文公文集》：商務《四部叢刊正編》景上海涵芬樓藏明刊本。

2. 清・錢大昕，《潛研堂文集》：商務印書館《萬有文庫》本。

3. 清・崔述撰，顧頡剛等點校，《崔東壁遺書》：河洛圖書出版社景排本。

（五）類書、經說、考訂、小學、劄記、地理

1. 唐・虞世南，《北堂書鈔》：北京・中國書店景本，1989 年。

2. 宋・樂史，《太平寰宇記》：古逸叢書本《百部叢書集成》。

3. 宋・羅泌，《路史》：四部備要本。

4. 宋・李昉等奉敕撰，《太平御覽》：商務印書館景宋刊本。

5. 宋・呂祖謙，《春秋左氏傳說》：商務景《文淵閣四庫全書》本。

6. 宋・呂祖謙，《春秋左氏傳續說》：商務景《文淵閣四庫全書》本。

7. 清・顧炎武，《左傳杜解補正》：復興書局景《清經解》本。

8. 清・顧炎武，《原鈔本日知錄》：粹文堂排印本，1974 年。

9. 清・惠士奇，《惠氏春秋說》：復興書局景《清經解》本。

10. 清・李貽德，《左傳賈服注輯述》：復興書局景《清經解》本。

11. 清・梁履繩，《左通補釋》：復興書局景《清經解續編》本。

12. 清・劉文淇，《春秋左氏傳舊注疏證》：明倫出版社景本。

13. 清・劉逢祿，《左氏春秋考證》：復興書局景《清經解》本。

14. 清・閻若璩，《潛邱劄記》：復興書局景《清經解》本。

15. 清・閻若璩，《四書釋地三續》：復興書局景《清經解》本。

16. 清・劉文淇，《春秋左傳舊注疏證》：北京中華景本，1959 年重排。

17. 清・王念孫，《讀書雜志》：洪氏出版社景刻本。

18. 清・孫星衍，《尚書今古文疏》：廣文書局景本，1980 年再版。

19. 清・王引之，《經義述聞》：中華書局《四部備要》本據自刻本校刊。

20. 宋・洪邁，《容齋隨筆》：大立出版社景排本。

21. 宋・黎德靖編，王星賢點校，《朱子語類》：華世出版社景排本。

22. 宋・葉圭綬，《續山東考古錄》：《百部叢書集成本》。

23. 清・俞正燮，《癸巳類稿》：復興書局景《清經解》本。

24. 清・俞正燮，《史記志疑》：學生書局景光十三年廣雅書局刊本。

25. 清・俞正燮，《古今人表考》：藝文印書館景廣雅書局史學叢書本。

26. 清・段玉裁，《說文解字注》：藝文印書館景經韻樓原刊本。

27. 清・阮元，《積古齋鐘鼎彝器款識》：嘉慶九年阮元原刊本。

28. 後魏・酈道元注，楊守敬、熊會貞疏，段熙仲點校，陳橋驛復校，《水經注疏》：江蘇古籍出版社，1989 年。

29. 清・江永，《春秋地理考實》：復興書局景《清經解》本。

30. 清・沈欽韓，《春秋地名補注》：商務印書館《叢書集成初編》本。

31. 清・沈淑，《春秋左傳分國土地名》：商務《叢書集成初編》本。

32. 清・高士奇，《春秋地名考略》：商務景《文淵閣四庫全書》本。

33. 清・顧觀光，《國策編年》。

34. 清・顧觀光，《七國地理考》：《顧氏叢書二種》（該書臺灣未刊，善本僅存中研院傅斯年圖書館）。

35. 清・程恩澤，《國策地名考》：《粵雅堂叢書本》。

36. 清・張琦，《戰國策釋地》：臺灣世界書局景本，1962 年重印。

37. 清・于鬯，《戰國策年表》：附於里仁景《戰國策標點本》後，1982 年。

38. 清・顧祖禹，《讀史方輿紀要》：臺灣洪氏景氏，1981 年再版。

39. 清・鄭曉，《古言類編》：《叢書集成初編本》。

40. 清・全祖望，《漢書地理志稽疑》：《二十五史補編本》。

41. 清・王應麟，《通鑑地理通釋》：臺北廣文景本，1975 年。

二、民國以來專書

1. 陳夢家，《卜辭綜述》：臺北大通，1971 年。

2. 王獻唐，《山東古國考》：山東齊魯，1983 年。

3. 馮友蘭，《三松堂學術文集》：北京大學，1984 年。

4. 徐仲舒，《上古史論》：臺灣天山翻印，1986 年。

5. 陳槃，《不見于春秋大事表之春秋方國稿》：中研院史語所專刊五十九，1982 年再版。

6. 徐旭生，《中國古史的傳說時代》（增訂本）：北京文物，1985 年。

7. 臧勵龢等編，《中國古今地名大辭典》：香港商務，1982 年重印。

8. 臧勵龢等編，《中國歷史地名大辭典》：復旦大學史地研究所編，江西教育，1986 年。

9. 中國考古學研究編委會，《夏鼐先生考古五十年紀念論文集》：北京文物，1986 年。

10. 馬承源主編，《中國青銅器》：上海古籍，1988 年。

11. 蕭黎主編，《中國歷史四十年》：北京書目文獻，1989 年。

12. 顧頡剛、史念海合編，《中國疆域沿革史》：長沙商務，1938 年。

13. 文物編委會，《文物考古工作三十年》：北京文物，1979 年。

14. 文物編委會，《文物考古工作三十年》：北京文物，1990 年。

15. 錢穆，《史記地名考》：臺北三民，1968 年。

16. 顧頡剛，《史林雜識》：出版社及年月不詳。

17. 趙鐵寒，《古史考述》：臺北正中，1975 年台 3 版。

18. 劉操南，《古籍與科學》：哈爾濱師大，1990 年。

19. 李學勤，《比較考古學隨筆》：香港中華，11991 年。

20. 葉達雄，《西周政治史研究》：臺灣明文，1982 年。

21. 許倬雲，《西周史》：臺灣聯經，1984 年。

22. 錢穆，《先秦諸子繫年》：北京中華，1985 年重印。

23. 呂思勉，《先秦史》：臺灣開明，1977 年台 6 版。

24. 屈萬里，《先秦文史資料考辨》：臺灣聯經，1983 年。

25. 許倬雲，《求古篇》：臺灣聯經，1982 年。

26. 山東考古所等編，《曲阜魯國故城》：山東齊魯，1982 年。

27. 林泰輔著‧錢穆譯，《周公》：臺灣商務，1968 年。

28. 李學勤，《東周與秦代文明》：臺灣駱駝，1986 年。

29. 郭沫若，《青銅時代》：臺灣谷風翻印，1983 年。

30. 程發軔，《春秋人譜》：臺灣商務，1990 年。

31. 程發軔，《春秋左傳地名圖考》：臺灣廣文，1967 年。

32. 童書業，《春秋左傳研究》：上海人民，1980 年。

33. 童書業，《春秋史》：臺灣開明，1978 年。

34. 張琦，《戰國策釋地》：臺灣世界，1962 年重印。

35. 陳槃，《春秋大事表列國爵姓及存滅表譔異》：中研院史語所專刊五十二，
    1988 年第 3 版。

36. 劉伯驥，《春秋會盟政治》：臺灣黎明，1977 年再版。

37. 張以仁，《春秋史論集》：臺灣聯經，1990 年。

38. 于省吾，《商周金文錄遺》：北京科學，1957 年。

39. 林劍鳴，《秦史稿》：臺灣谷風翻印，11986 年。

40. 蒙文通，《越史叢考》：北京人民，1983 年再版。

41. 傅斯年，《傅斯年全集》：臺灣聯經，1980 年。

42. 何浩，《楚滅國研究》：湖北、武漢，1989 年。

43. 何光岳，《楚滅國考》：上海人民，1990 年。

44. 何光岳，《楚源流史》：湖南人民，1988 年。

45. 宋公文，《楚史新探》：河南大學，1988 年。

46. 中科院考古所編，《新中國考古發現和研究》：北京文物，1984 年。

47. 繆文遠，《戰國策考辨》：北京中華，1984 年。

48. 楊寬，《戰國史》：上海人民，1980 年。

49. 嚴耕望,《嚴耕望史學論文選集》:臺灣聯經,1991 年。

50. 顧頡剛,《顧頡剛讀書筆記》:臺灣聯經,1989 年。

51. 王國維,《觀堂集林》:臺灣河洛翻印,1975 年。

52. 容庚,《金文編》、《金文續編》:樂天景印本,未著年代。

53. 容庚,《商周彝器通考》:大通書局景本,未著年代。

三、論文目錄

1. 王言京,〈山東鄒縣春秋郳國附近發現一件銅鼎〉:《文物》第 1 期,1974 年。

2. 萬樹瀛,〈山東滕縣出土杞薛銅器〉:《文物》第 4 期,1978 年。

3. 中國科學院考古研究所山東工作隊,〈山東鄒縣滕縣古城址調查〉:《考古》第 12 期,1965 年。

4. 中國科學院考古研究所山東工作隊,〈山東滕縣古遺址調查〉:《考古》第 1 期,1981 年。

5. 石泉,〈古文獻中的「江」不是長江的專稱〉:《文史》第 6 輯,1979 年。

6. 唐蘭,〈司馬遷所沒有見過的珍貴史料〉:此文收於標點本《戰國策》之後,(臺灣里仁翻印,1982 年)。

7. 郭沫若,〈由壽縣蔡器論到蔡墓年代〉:《考古學報》第 1 期,1956 年。

8. 駒井和愛,〈曲阜魯城の遺址〉:東大《考古學研究》第 2 冊,1951 年。

9. 田岸,〈曲阜魯城勘探〉:《文物》第 12 期,1982 年。

10. 陳夢家,〈西周銅器斷代(一)(二)(三)(四)(五)(六)〉:《考古學報》第 1 期至第 2 期,1955 年、第 1 期至第 6 期,1956 年。

11. 馬道闊,〈安徽淮南市蔡家崗趙家孤堆戰國墓〉:《考古》第 4 期,1963 年。

12. 固始侯古堆一號墓發掘組,〈河南固始侯古堆一號發掘簡報〉:《文物》第 4 期,1981 年。

13. 歐潭生,〈河南潢川縣發現黃國和蔡國銅器〉:《文物》第 1 期,1980 年。

14. 李芳芝,〈河南泌陽秦墓〉:《文物》第 9 期,1980 年。

15. 陳夢家,〈隹夷考〉:《禹貢》第 5 卷,第 6 期。

16. 王獻唐,〈邾伯鼏考〉:《考古學報》第 3 卷,1963 年。

17. 陳槃,〈春秋列國遷徙考〉:《春秋三傳研究》,臺北黎明,1981 年。

18. 錢林書,〈春秋戰國時期宋國的城邑及疆域考〉:《歷史地理》第 7 輯,1990 年。

19. 許倬雲,〈春秋戰國間的社會變動〉:《史語所集刊》第 34 本,1963 年。

20. 勞榦，〈秦的統一及其覆亡〉：《史語所集刊》第 48 本第 2 分，1977 年。

21. 徐仲舒，〈殷商之際史蹟之檢討〉：《史語所集刊》第 7 本第 2 分。

22. 史樹青〈對『五省出土文物展覽』中幾件銅器的看法〉：《文物參考資料》第 8 期，1956 年。

23. 李學勤，〈談近年新發現的幾種戰國文字資料〉：《文物參考資料》第 1 期，1956 年。

24. 葉達雄，〈論徙封於衛者非康叔封〉：《先秦史研究論文集》，1975 年。

25. 齊文濤，〈概述近年山東出土的商周青銅器〉：《文物》第 5 期，1972 年。

26. 勞榦，〈戰國七雄及其他小國〉：《史語所集刊》第 48 本第 4 分，1977 年。

27. 陳夢家，〈壽縣蔡侯墓銅器〉：《考古學報》第 2 期，1956 年。

28. 于省吾，〈壽縣蔡侯墓銅器銘文考釋〉：《古文字研究》第 1 輯，不著年代。

29. 仲卿，〈襄陽專區發現的兩件銅器〉：《文物》第 10 期，1962 年。

走過四分之一世紀（後記）

　　本書成於近二、三十年前；是研究生時期的學位論文，也可以當作個人學習先秦史的「習作」作品。論文中的觀點與所據材料，大都已泛黃而顯老舊，有些甚或需要根據新出資料而重新訂正。但此次出版並無根據新出考古資料作增補或修改；因此，出版的意義祇在說明個人在先秦史追尋、探索的過程，所留下的記錄。

　　按先秦考古資料不斷新出，有些歷史觀點亦應隨之修正，但出版社的考量並非著眼在此，他們搜錄了近數十年來國內碩、博士論文，作計劃性的出版發行。在學術出版事業日益式微的情況下，他們有此勇氣，除了為他們喝采鼓勵外，也願意盡棉力響應。因此，本文若有校對、誤植的謬誤，作者應負全責。

　　四分之一世紀的追尋，對人生而言，不算短的歲月。回憶當時，兩岸學術交流未如現在方便，所有的考古資料都在所謂的「淪陷區」，而對岸學者較學術性的著作，也不易取得。但國內研究先秦學術的傳統並未因此而中斷；雖談不上人才輩出，但終究還是代代相承。先秦史難，固然是此時期文獻難於解讀，多少也因為它的資料較難取得。

　　先秦史是中國古代歷史、學術的源頭，但與各個時期的研究比較，投入研究的人數明顯較少；因此，各項研究領域有待開發。我期望藉花木蘭文化出版社以「千萬人，吾亦往矣」的精神，出版這些市場不可能叫座的學位論文，能引起學術界關注那段清寂的歷史。